D1700940

GoA visuell

GoA visuell

Strukturierte grafische Darstellung aller vom IDW veröffentlichten Grundsätze ordnungsmäßiger Abschlussprüfung

IDW (Hrsg.)

Das Thema Nachhaltigkeit liegt uns am Herzen:

Diese Publikation enthält Passagen der ISA [DE]. Die International Standards on Auditing (ISAs) werden von dem International Auditing and Assurance Standards Board (IAASB) der International Federation of Accountants (IFAC) in englischer Sprache veröffentlicht. Der genehmigte Text sämtlicher ISA ist nur der von der IFAC in englischer Sprache veröffentlichte Text.

Die ISA wurden vom Institut der Wirtschaftsprüfer in Deutschland e.V. (IDW) ins Deutsche übersetzt und für nationale Besonderheiten ergänzt. Die entsprechenden Ergänzungen wurden in speziell gekennzeichneten Textziffern (sog. „D.-Textziffern") oder in eckigen Klammern unmittelbar in die als „ISA [DE]" bezeichneten Standards eingefügt. Die ISA [DE] zusammen mit den IDW Prüfungsstandards stellen die deutschen Grundsätze ordnungsmäßiger Abschlussprüfung (GoA) dar. Auf Basis der GoA wurden die in dieser Publikation „GoA visuell" enthaltenen Visualisierungen vorgenommen.

Quelle des englischen Textes der ISA: Originaltitel „Handbook of International Quality Control, Auditing, Review, Other Assurance, and Related Services Pronouncements" 2018 Edition, Volume 1, International Federation of Accountants, ISBN 978-1-60815-389-3.

Das Werk einschließlich aller seiner Teile ist urheberrechtlich geschützt. Jede Verwertung außerhalb der engen Grenzen des Urheberrechtsgesetzes ist ohne vorherige schriftliche Einwilligung des Verlages unzulässig und strafbar. Dies gilt insbesondere für Vervielfältigungen, Übersetzungen, Mikroverfilmungen und die Einspeicherung und Verbreitung in elektronischen Systemen. Es wird darauf hingewiesen, dass im Werk verwendete Markennamen und Produktbezeichnungen dem marken-, kennzeichen oder urheberrechtlichen Schutz unterliegen.

© 2020 IDW Verlag GmbH, Tersteegenstraße 14, 40474 Düsseldorf

Die IDW Verlag GmbH ist ein Unternehmen des Instituts der Wirtschaftsprüfer in Deutschland e. V. (IDW).

Satz: Reemers Publishing Services GmbH, Krefeld
Druck und Bindung: Druckerei C.H.Beck, Nördlingen

KN 11804

Die Angaben in diesem Werk wurden sorgfältig erstellt und entsprechen dem Wissensstand bei Redaktionsschluss. Da Hinweise und Fakten jedoch dem Wandel der Rechtsprechung und der Gesetzgebung unterliegen, kann für die Richtigkeit und Vollständigkeit der Angaben in diesem Werk keine Haftung übernommen werden. Gleichfalls werden die in diesem Werk abgedruckten Texte und Abbildungen einer üblichen Kontrolle unterzogen; das Auftreten von Druckfehlern kann jedoch gleichwohl nicht völlig ausgeschlossen werden, so dass für aufgrund von Druckfehlern fehlerhafte Texte und Abbildungen ebenfalls keine Haftung übernommen werden kann.

ISBN 978-3-8021-2170-8

Bibliografische Information der Deutschen Bibliothek
Die Deutsche Bibliothek verzeichnet diese Publikation in der Deutschen Nationalbibliografie; detaillierte bibliografische Daten sind im Internet über http://www.d-nb.de abrufbar.

Coverfoto: © mbbirdy

www.idw-verlag.de

Vorwort

Zur Durchführung einer gewissenhaften, sorgfältigen und unparteiischen Abschlussprüfung sind fachliche Regeln – häufig als GoA bezeichnet – zu beachten. In § 317 Abs. 5 HGB werden die von der EU-Kommission angenommenen internationalen Prüfungsstandards, d.h. vor allem die ISA, als jene fachlichen Regeln genannt, die bei der Durchführung von Abschlussprüfungen anzuwenden sind. Obwohl die Annahme durch die EU noch nicht erfolgt und vorerst auch nicht absehbar ist, hat sich das IDW dazu entschieden, die ISA transparent in die vom IDW festgestellten deutschen GoA zu integrieren.

Die vom IDW festgestellten deutschen GoA bestehen künftig aus um zwingende nationale Anforderungen modifizierten, in die deutsche Sprache übersetzten ISA („ISA [DE]") und in bestimmten Bereichen weiterhin bestehenden IDW Prüfungsstandards.

Die entsprechenden Anpassungen wurden in speziell gekennzeichneten Textziffern (sog. „D.-Textziffern") unmittelbar in die als „ISA [DE]" bezeichneten Standards eingefügt. Eine verpflichtende Anwendung der neuen Standards ist vorgesehen für die Prüfung von Abschlüssen für Zeiträume, die am oder nach dem 15.12.2021 beginnen, mit Ausnahme von Rumpfgeschäftsjahren, die vor dem 31.12.2022 enden.

Anknüpfend an die Darstellung der Prüfungsstandards in den früheren Auflagen von IDW PS visuell, soll auch dieses Buch einen möglichst eingängigen Zugang zu den neu gefassten Verlautbarungen ermöglichen. Durch Referenzen zu den Textziffern des Standards ist das jederzeitige Nachlesen von Details möglich. Ebenfalls hat es sich bewährt, den visualisierten Standards jeweils Einleitungsseiten mit einer kurzen schriftlichen Zusammenfassung wesentlicher Inhalte voranzustellen.

Verbesserungsvorschläge und Ergänzungswünsche sind jederzeit willkommen und können einfach und schnell an service@idw-verlag.de geschickt werden. Unser besonderer Dank gilt Herrn WP StB Dr. Holger Wirtz für die strukturierte visuelle Aufbereitung der GoA.

Düsseldorf, im April 2020

Prof. Dr. Klaus-Peter Naumann
Institut der Wirtschaftsprüfer in
Deutschland e.V.

Inhaltsübersicht

IDW QS 1	IDW Qualitätssicherungsstandard: Anforderungen an die Qualitätssicherung in der Wirtschaftsprüferpraxis (Stand: 09.06.2017)	15

ISA [DE] und ISA

ISA [DE] 200	Übergeordnete Ziele des unabhängigen Prüfers und Grundsätze einer Prüfung in Übereinstimmung mit den International Standards on Auditing	21
ISA [DE] 210	Vereinbarung der Auftragsbedingungen für Prüfungsaufträge	29
ISA 220	Qualitätssicherung bei einer Abschlussprüfung	35
ISA [DE] 230	Prüfungsdokumentation	37
ISA [DE] 240	Verantwortlichkeiten des Abschlussprüfers bei dolosen Handlungen	43
ISA [DE] 250 (Revised)	Berücksichtigung von Gesetzen und anderen Rechtsvorschriften bei einer Abschlussprüfung	53
ISA 260 (Revised)	Kommunikation mit den für die Überwachung Verantwortlichen	59
ISA 265	Mitteilung von Mängeln im Internen Kontrollsystem an die für die Überwachung Verantwortlichen und das Management	61
ISA [DE] 300	Planung einer Abschlussprüfung	63
ISA [DE] 315 (Revised)	Identifizierung und Beurteilung der Risiken wesentlicher falscher Darstellungen aus dem Verständnis von der Einheit und ihrem Umfeld	69
ISA [DE] 320	Wesentlichkeit bei der Planung und Durchführung einer Abschlussprüfung	81
ISA [DE] 330	Reaktionen des Abschlussprüfers auf beurteilte Risiken	87
ISA [DE] 402	Überlegungen bei der Abschlussprüfung von Einheiten, die Dienstleister in Anspruch nehmen	95
ISA [DE] 450	Beurteilung der während der Abschlussprüfung identifizierten falschen Darstellungen	103
ISA [DE] 500	Prüfungsnachweise	109
ISA [DE] 501	Prüfungsnachweise – Besondere Überlegungen zu ausgewählten Sachverhalten	115
ISA [DE] 505	Externe Bestätigungen	121
ISA [DE] 510	Eröffnungsbilanzwerte bei Erstprüfungsaufträgen	127
ISA [DE] 520	Analytische Prüfungshandlungen	133
ISA [DE] 530	Stichprobenprüfungen	139
ISA [DE] 540 (Revised)	Prüfung geschätzter Werte in der Rechnungslegung und der damit zusammenhängenden Abschlussangaben	147
ISA [DE] 550	Nahe stehende Personen	149

ISA [DE] 560	Nachträgliche Ereignisse	159
ISA 570 (Revised)	Fortführung der Geschäftstätigkeit	165
ISA [DE] 580	Schriftliche Erklärungen	167
ISA [DE] 600	Besondere Überlegungen zu Konzernabschlussprüfungen (einschließlich der Tätigkeit von Teilbereichsprüfern)	173
ISA [DE] 610 (Revised 2013)	Nutzung der Tätigkeit interner Revisoren	185
ISA [DE] 620	Nutzung der Tätigkeit eines Sachverständigen des Abschlussprüfers	191
ISA 700 (Revised)	Bildung eines Prüfungsurteils und Erteilung eines Vermerks zum Abschluss	197
ISA 701	Mitteilung besonders wichtiger Prüfungssachverhalte im Vermerk des unabhängigen APr	197
ISA 705 (Revised)	Modifizierungen des Prüfungsurteils im Vermerk des unabhängigen APr	197
ISA 706 (Revised)	Absätze im Vermerk des unabhängigen Abschlussprüfers zur Hervorhebung eines Sachverhalts und zu sonstigen Sachverhalten	197
ISA [DE] 710	Vergleichsinformationen – Vergleichsangaben und Vergleichsabschlüsse	199
ISA [DE] 720 (Revised)	Verantwortlichkeiten des Abschlussprüfers im Zusammenhang mit sonstigen Informationen	205

IDW Prüfungsstandards

IDW PS 201	IDW Prüfungsstandard: Rechnungslegungs- und Prüfungsgrundsätze für die Abschlussprüfung	215
IDW PS 208	IDW Prüfungsstandard: Zur Durchführung von Gemeinschaftsprüfungen (Joint Audit)	219
IDW PS 270 n.F.	IDW Prüfungsstandard: Die Beurteilung der Fortführung der Unternehmenstätigkeit im Rahmen der Abschlussprüfung	223
IDW PS 340	IDW Prüfungsstandard: Die Prüfung des Risikofrüherkennungssystems nach § 317 Abs. 4 HGB	229
IDW PS 345	IDW Prüfungsstandard: Auswirkungen des Deutschen Corporate Governance Kodex auf die Abschlussprüfung	235
IDW PS 350 n.F.	IDW Prüfungsstandard: Prüfung des Lageberichts im Rahmen der Abschlussprüfung	239
IDW PS 400 n.F.	IDW Prüfungsstandard: Bildung eines Prüfungsurteils und Erteilung eines Bestätigungsvermerks	247
IDW PS 401	IDW Prüfungsstandard: Mitteilung besonders wichtiger Prüfungssachverhalte im Bestätigungsvermerk	257
IDW PS 405	IDW Prüfungsstandard: Modifizierungen des Prüfungsurteils im Bestätigungsvermerk	263
IDW PS 406	IDW Prüfungsstandard: Hinweise im Bestätigungsvermerk	269
IDW PS 450 n.F.	IDW Prüfungsstandard: Grundsätze ordnungsmäßiger Erstellung von Prüfungsberichten	273
IDW PS 470 n.F.	IDW Prüfungsstandard: Grundsätze für die Kommunikation mit den für die Überwachung Verantwortlichen	285
IDW PS 475	IDW Prüfungsstandard: Mitteilung von Mängeln im internen Kontrollsystem an die für die Überwachung Verantwortlichen und das Management	291

Abkürzungsverzeichnis

APr	Abschlussprüfer
AR	Aufsichtsrat
BestV	Bestätigungsvermerk
BS WP/vBP	Berufssatzung für Wirtschaftsprüfer / vereidigte Buchprüfer
DCGK	Deutscher Corporate Governance Kodex
DRSC	Deutsches Rechnungslegungs Standards Committee
EK	Eigenkapital
EU-APrVO	EU-Abschlussprüferverordnung
ggf.	gegebenenfalls
GoA	Grundsätze ordnungsmäßiger Abschlussprüfung
GoB	Grundsätze ordnungsmäßiger Buchführung
GuV	Gewinn- und Verlustrechnung
HGB	Handelsgesetzbuch
HR	Handelsregister
HV	Hauptversammlung
i.d.R.	in der Regel
i.S.d.	im Sinne der/des
IAS	International Accounting Standards
IASB	International Accounting Standards Board
IDW	Institut der Wirtschaftsprüfer in Deutschland
IFRS	International Financial Reporting Standards
IKS	Internes Kontrollsystem
insb.	insbesondere
ISA	International Standards on Auditing
ISA [DE]	Übersetzung der ISA mit deutschen Modifikationen zu Einzelaspekten
JA	Jahresabschluss
KA	Konzernabschluss
KLB	Konzernlagebericht
LB	Lagebericht
PA	Prüfungsausschuss
PH	Prüfungshandlung
PIE	Public Interest Entities
PrB	Prüfungsbericht
PS	Prüfungsstandard
QS	Qualitätssicherung
RFS	Risikofrüherkennungssystem
RL	Rechnungslegung
TU	Tochterunternehmen
US-GAAP	United States Generally Accepted Accounting Principles
US-GAAS	United States Generally Accepted Auditing Standards
vBP	vereidigte Buchprüfer
VFE-Lage	Vermögens-, Finanz- und Ertragslage
WP	Wirtschaftsprüfer
WpHG	Wertpapierhandelsgesetz
WPK	Wirtschaftsprüferkammer
WPO	Wirtschaftsprüferordnung

Einführung

Grundsätze ordnungsmäßiger Abschlussprüfung (GoA)

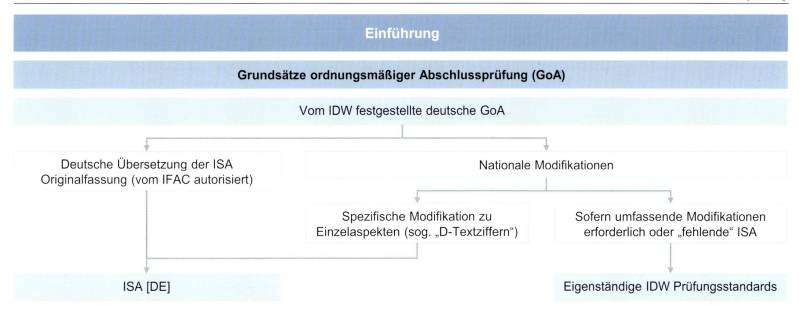

Zeitliche Anwendung

Geschäftsjahr 2020	Freiwillige vorzeitige Anwendung sämtlicher Standards (kein „cherry picking")
Geschäftsjahr 2021	Verpflichtende Anwendung

Einführung

In den GoA behandelte Themen

Übergeordnete Ziele und Grundsätze einer Prüfung in Übereinstimmung mit den ISA (→ ISA [DE] 200):

Standards zur Prüfungsdurchführung

| Vorbereitende Tätigkeiten | ▶ | Identifikation und Beurteilung von Risiken | ▶ | Festlegung und Durchführung von Prüfungshandlungen | ▶ | Bildung des Prüfungsurteils und Berichterstattung |

Standards für spezifische Fragestellungen

Standards zur Prüfungsdurchführung

Vorbereitende Tätigkeiten	» ISA [DE] 210: Vereinbarung der Auftragsbedingungen für Prüfungsaufträge » ISA [DE] 250 (Revised): Berücksichtigung von Gesetzen und anderen Rechtsvorschriften » IDW PS 201: Rechnungslegungs- und Prüfungsgrundsätze für die Abschlussprüfung
Identifikation und Beurteilung von Risiken	» IDW PS 270 n.F.: Die Beurteilung der Fortführung der Unternehmenstätigkeit im Rahmen der Abschlussprüfung » ISA [DE] 240: Verantwortlichkeiten des Abschlussprüfers bei dolosen Handlungen » ISA [DE] 300: Planung einer Abschlussprüfung » ISA [DE] 315 (Revised): Identifizierung und Beurteilung der Risiken wesentlicher falscher Darstellungen aus dem Verständnis von der Einheit und ihrem Umfeld » ISA [DE] 320: Wesentlichkeit bei der Planung und Durchführung einer Abschlussprüfung » ISA [DE] 330: Reaktionen des Abschlussprüfers auf beurteilte Risiken » ISA [DE] 450: Beurteilung der während der Abschlussprüfung identifizierten falschen Darstellungen

Standards zur Prüfungsdurchführung

Festlegung und Durchführung von Prüfungshandlungen	» ISA [DE] 500: Prüfungsnachweise » ISA [DE] 501: Prüfungsnachweise – Besondere Überlegungen zu ausgewählten Sachverhalten » ISA [DE] 505: Externe Bestätigungen » ISA [DE] 520: Analytische Prüfungshandlungen » ISA [DE] 530: Stichprobenprüfungen » ISA [DE] 540 (Revised): Prüfung geschätzter Werte in der Rechnungslegung und der damit zusammenhängenden Abschlussangaben » ISA [DE] 550: Nahe stehende Personen » ISA [DE] 560: Nachträgliche Ereignisse » ISA [DE] 580: Schriftliche Erklärungen
Bildung des Prüfungsurteils und Berichterstattung	» ISA [DE] 230: Prüfungsdokumentation » IDW PS 400 n.F.: Bildung eines Prüfungsurteils und Erteilung eines Bestätigungsvermerks » IDW PS 401: Mitteilung besonders wichtiger Prüfungssachverhalte im Bestätigungsvermerk » IDW PS 405: Modifizierungen des Prüfungsurteils im Bestätigungsvermerk » IDW PS 406: Hinweise im Bestätigungsvermerk » IDW PS 450 n.F.: Grundsätze ordnungsmäßiger Erstellung von Prüfungsberichten » IDW PS 470 n.F.: Grundsätze für die Kommunikation mit den für die Überwachung Verantwortlichen » IDW PS 475: Mitteilung von Mängeln im internen Kontrollsystem » ISA [DE] 710: Vergleichsinformationen – Vergleichsangaben und Vergleichsabschlüsse » ISA [DE] 720 (Revised): Verantwortlichkeiten des APr im Zusammenhang mit sonstigen Informationen

Standards für spezifische Fragestellungen

- ISA [DE] 402: Überlegungen bei der Prüfung von Einheiten, die Dienstleister in Anspruch nehmen
- ISA [DE] 510: Eröffnungsbilanzwerte bei Erstprüfungsaufträgen
- ISA [DE] 600: Besondere Überlegungen zu Konzernabschlussprüfungen
- ISA [DE] 610: Nutzung der Tätigkeit interner Revisoren
- ISA [DE] 620: Nutzung der Tätigkeit eines Sachverständigen des Abschlussprüfers
- IDW PS 208: Zur Durchführung von Gemeinschaftsprüfungen (Joint Audit)
- IDW PS 340: Die Prüfung des Risikofrüherkennungssystems nach § 317 Abs. 4 HGB
- IDW PS 345: Auswirkungen des Deutschen Corporate Governance Kodex auf die Abschlussprüfung
- IDW PS 350 n.F.: Prüfung des Lageberichts im Rahmen der Abschlussprüfung

IDW QS 1
IDW Qualitätssicherungsstandard: Anforderungen an die Qualitätssicherung in der Wirtschaftsprüferpraxis (Stand: 09.06.2017)

Anwendungsbereich:
Anforderungen an die Gestaltung eines Qualitätssicherungssystems zur Einhaltung der Berufspflichten durch den Wirtschaftsprüfer bzw. die Wirtschaftsprüferpraxis.

Zusammenfassung:
Die Anforderungen an die Ausgestaltung eines Qualitätssicherungssystems ergeben sich aus Gesetzen und satzungsrechtlichen Vorgaben (vor allem aus der Verordnung (EU) Nr. 537/2014, der WPO und der Berufssatzung WP/vBP vom 21.06.2016).
IDW QS 1 enthält eine geschlossene Darstellung der gesetzlichen und satzungsmäßigen Vorschriften und berücksichtigt darüber hinausgehend die Anforderungen der internationalen Standards ISQC 1 und ISA 220. Somit werden hinsichtlich der Regelungen zur Auftragsabwicklung alle betriebswirtschaftlichen Prüfungen und verwandte Leistungen erfasst.
Weiterhin beschreibt *IDW QS 1* einen risikoorientierten Qualitätsmanagement-Prozess zur Einrichtung, Durchsetzung und Überwachung eines Qualitätssicherungssystems. Dieser Prozess ist künftig nach *IDW PS 140 n.F.* auch Gegenstand der Qualitätskontrolle und stärkt die Eigenverantwortlichkeit der Berufsangehörigen und den Skalierungsgedanken. So sind vor allem dort Regelungen zu schaffen bzw. Maßnahmen zu ergreifen, wo qualitätsgefährdende Risiken die Einhaltung der Berufspflichten gefährden. Da Art und Umfang der Regelungen und Maßnahmen folglich mit der Risikobeurteilung der Wirtschaftsprüferpraxis variieren können, kommt der Identifizierung der qualitätsgefährdenden Risiken für die Einrichtung eines nach den Verhältnissen der Praxis angemessenen Qualitätssicherungssystems eine entscheidende Bedeutung zu; sie ist mit der notwendigen Sorgfalt durchzuführen und für Dritte nachvollziehbar zu dokumentieren.

Kreis der Betroffenen:
Alle Wirtschaftsprüferpraxen.

IDW QS 1: Anforderungen an die Qualitätssicherung in der Wirtschaftsprüferpraxis

Anwendungsbereich von IDW QS 1 im Vergleich zum gesetzlichen Regelungsbereich

	IDW QS 1 im Vergleich zu gesetzlichen Regelungen	Alle Tätigkeiten nach § 2 WPO	Abschlussprüfung nach § 316 HGB und nachgebildeter Bestätigungsvermerk	Abschlussprüfung von PIE nach § 316 HGB	Andere Assurance- und verwandte Leistungen
WPO	Allgemeine Pflicht für internes Qualitätssicherungssystem (QSS)	X	X	X	X
	Mindestanforderungen		X	X	
	Nachschau		X	X	
IDW QS 1	Allgemeine Praxisorganisation	X	X	X	X
	Auftragsabwicklung		X	X	X
	Nachschau	X	X	X	X
EU-VO	Zusätzliche QSS-Anforderungen			X	

Der Qualitätsmanagement-Prozess: Prozess der Einrichtung, Durchsetzung und Überwachung eines QSS (Abschnitt 3)

1 Schaffung eines günstigen Qualitätsumfelds
- » Verhaltensweisen der Praxisleitung und Verantwortungsträgern („tone at the top")
- » Verhaltensregeln werden im Rahmen von Schulungen kommuniziert und in Leistungsbeurteilung und Vergütungsgrundsätzen berücksichtigt

2 Festlegung von Qualitätszielen
- » Festlegung durch die Praxisleitung ausgehend von der Unternehmensstrategie
- » Einhaltung der Berufspflichten: Compliance-Ziele stehen im Fokus der Regelungen des QSS nach IDW QS 1
- » Sonstige Qualitätsziele (finanzielle Ziele, Begrenzung von Haftungsrisiken, Erwartungen bestimmter Stakeholder)

3 Feststellung und Einschätzung qualitätsgefährdender Risiken
- » Systematische Erfassung qualitätsgefährdender Risiken: Risiken ergeben sich aus Umfeld und aus praxisinternen Sachverhalten (z.B. mangelnde Qualifikation der Mitarbeiter, risikoreiche Aufträge, Änderung gesetzlicher Vorschriften und fachlicher Regeln) (vgl. IDW PS 140 n.F., Tz. 46 ff.)
- » Beurteilung von Auswirkungen und Eintrittswahrscheinlichkeit

4 Festlegung von QS-Regelungen, Einführung von Regelungen (vgl. IDW QS 1, Abschnitt 4)
- » zur Praxisorganisation,
- » zur Auftragsabwicklung,
- » zur Nachschau

5 Kommunikation und Dokumentation
- » Information Mitarbeiter und ggf. Dritter über Rollen und Verantwortlichkeiten sowie über Risiken
- » Information der Verantwortlichen über festgestellte Verstöße
- » Dokumentation des QSS und Aufbewahrung der Dokumentation

6 Überwachung und Verbesserung
- » Prozessintegrierte und prozessunabhängige Überwachung (Nachschau)
- » Nachschau in angemessenen Zeitabständen (bei AP jährlich)
- » Systematische Ursachenanalyse
- » Verbesserung des QSS, Abstellung von Mängeln
- » Periodische und ggf. ad-hoc-Berichterstattung an Praxisleitung

Regelungen zur Steuerung und Überwachung der Qualität in der Wirtschaftsprüferpraxis (Abschnitt 4)

Allgemeine Praxisorganisation

4.1. Beachtung der allgemeinen Berufspflichten

- Unabhängigkeit, Unparteilichkeit und Vermeidung der Besorgnis der Befangenheit (4.1.1.)
  - Unterrichtung über die Unabhängigkeitsvorschriften
  - Unabhängigkeitserklärungen
  - Erfassung von mandanten- und auftragsbezogenen Informationen
  - Schutzmaßnahmen bei Unabhängigkeitsgefährdungen
  - Dokumentationspflichten
  - Verpflichtung der Mitarbeiter zur Kommunikation von Verstößen
- Gewissenhaftigkeit (4.1.2.)
- Verschwiegenheit (4.1.3.)
  - Verpflichtung der Mitarbeiter und Gehilfen
- Eigenverantwortlichkeit (4.1.4.)
- Berufswürdiges Verhalten (4.1.5.)
- Grundsätze der Honorarbemessung, Vergütung, Gewinnbeteiligung (4.1.6.)

4.2. Annahme, Fortführung und vorzeitige Beendigung von Aufträgen

- Auftragsannahme und -fortführung
  - Regelung der Zuständigkeiten
  - Beurteilung möglicher Unabhängigkeits- oder Interessenkonflikte
  - Beurteilung der Auftragsrisiken
  - Pflichten nach dem GwG
  - Verfügbarkeit von ausreichenden Kenntnissen und Ressourcen
  - Auftragserteilung
- Vorzeitige Beendigung von Aufträgen
  - Vorgehen bei Niederlegung des Mandats
  - Vorgehen bei Übernahme eines Auftrags, der von einem anderen Wirtschaftsprüfer niedergelegt wurde
  - Kommunikationspflichten mit Mandant, Aufsichtsorgan und Vorprüfer
  - Übergabeakte

4.3. Mitarbeiterentwicklung

- Einstellung von Fachmitarbeitern (4.3.1.)
- fachliche Fortbildung der Wirtschaftsprüfer (4.3.2.)
- Aus- und Fortbildung von Fachmitarbeitern (4.3.2.)
- Mitarbeiterbeurteilungen (4.3.3.)
  - Systematisches Beurteilungsverfahren
  - Hervorhebung der Einhaltung von Qualitätszielen als Voraussetzung für persönliche Karriere
- Bereitstellung von Fachinformationen (4.3.4.)

Allgemeine Praxisorganisation	**4.4. Gesamtplanung aller Aufträge**	» Planungszuständigkeit » Einzelplanung der Aufträge als Ausgangsgrundlage » Zusammenfassung der Einzelplanungen zu einem Gesamtplan » Vorgehen bei Änderungen der Einzelplanungen bzw. der Annahme neuer Aufträge » Planungsauswertungen
	4.5. Umgang mit Beschwerden und Vorwürfen	» Informationen über Beschwerden/Vorwürfe » Untersuchung der Fälle durch Praxisleitung oder zuständige Person » Maßnahmen bei begründeten Beschwerden und Vorwürfen » Einrichtung eines Hinweisgebersystems » Aufnahme nicht geringfügiger Verstöße in den Nachschaubericht

Auftragsorganisation	**4.6. Auftragsabwicklung**	» Organisation der Auftragsabwicklung (4.6.1.)
		» Einhaltung der gesetzlichen Vorschriften und der fachlichen Regeln für die Auftragsabwicklung (4.6.2.)
		» Anleitung des Auftragsteams (4.6.3.)
		» Laufende Überwachung der Auftragsabwicklung (4.6.4) und abschließende Durchsicht der Auftragsergebnisse (4.6.5.)
		» Auftragsbezogene Qualitätssicherung (4.6.6.)
		  » Einholung fachlichen Rats (4.6.6.1.)
		  » Berichtskritik (4.6.6.2.)
		  » Auftragsbegleitende Qualitätssicherung (4.6.6.3.)
		    » Durchführung der auftragsbegleitenden Qualitätssicherung
		    » Auswahl des Qualitätssicherers
		    » Dokumentation der auftragsbegleitenden Qualitätssicherung
		» Lösung von Meinungsverschiedenheiten (4.6.7.)
		» Auftragsdokumentation (4.6.8.)
		  » Führung der Prüfungsakte (4.6.8.1.)
		  » Abschluss der Auftragsdokumentation (4.6.8.2.)
		  » Integrität und Vertraulichkeit der Datenverarbeitungssysteme und Arbeitspapiere (4.6.8.3.)
		  » Verfügbarkeit und Archivierung der Arbeitspapiere (4.6.8.4.)
		  » Eigentum an den Arbeitspapieren (4.6.8.5.)
		» Auslagerung wichtiger Prüfungstätigkeiten (4.6.9.)

Überwachung	**4.7. Nachschau**	» Ziel der Nachschau (4.7.1.) » Anforderungen an die mit der Nachschau betrauten Personen (4.7.1.) » Planung der Nachschau (4.7.2.) » Durchführung der Nachschau (4.7.2.) » Würdigung der Nachschauergebnisse (Ursachenanalyse) (4.7.2.) » Maßnahmen zur Beseitigung von Mängeln im Qualitätssicherungssystem (kontinuierliche Verbesserung) (4.7.2.) » Nachschau-Berichterstattung und Dokumentation (4.7.3.)

ISA [DE] 200
Übergeordnete Ziele des unabhängigen Prüfers und Grundsätze einer Prüfung in Übereinstimmung mit den International Standards on Auditing

Zusammenfassung:

ISA [DE] 200 ist die um spezifische Modifikationen zu Einzelaspekten (sog. „D.-Textziffern") ergänzte autorisierte deutsche Übersetzung von ISA 200. ISA [DE] 200 thematisiert Grundsätze und übergreifende Anforderungen an eine Prüfung in Übereinstimmung mit den ISA und hat den **Charakter eines Rahmenstandards**. Wesentlicher Bestandteil von ISA [DE] 200 ist zunächst die Einführung des risikoorientierten Prüfungsansatzes sowie des Konzepts der Wesentlichkeit. In diesem Zusammenhang wird klargestellt, dass im Rahmen einer Prüfung ausreichende geeignete Prüfungsnachweise einzuholen sind, um das Prüfungsrisiko auf ein vertretbar niedriges Maß reduzieren zu können. Das Prüfungsrisiko selbst ergibt sich aus der Kombination der Risiken wesentlicher falscher Darstellungen sowie des Entdeckungsrisikos. Mithin werden in ISA [DE] 200 die methodischen Grundlagen skizziert und grundlegende Begriffe definiert, die für das Verständnis des ISA-Prüfungsansatzes und das Zusammenwirken der in den einzelnen Standards geregelten Detailfragen erforderlich sind.

Durch ISA [DE] 200 werden Abschlussprüfern **berufliche Verhaltensanforderungen** aufgegeben, zu denen vor allem auch die Beibehaltung einer „kritischen Grundhaltung" (professional scepticism) zählt. Diese berufliche Verhaltensanforderung tritt als Generalnorm neben die Detailvorgaben der einzelnen ISA. Bei der Planung und Durchführung einer Abschlussprüfung haben Abschlussprüfer zudem ein „pflichtgemäßes Ermessen" (professional judgement) auszuüben. Pflichtgemäßes Ermessen ist vor allem notwendig für Entscheidungen über die Prüfungsstrategie sowie bei der Beurteilung von Prüfungsnachweisen und Ermessensentscheidungen des Managements. Klargestellt wird schließlich, dass Abschlussprüfer grundsätzlich zur **Einhaltung aller relevanten Anforderungen** der relevanten einzelnen Standards verpflichtet sind. Für den Abschlussprüfer bedeutet dies, dass bei Abschlussprüfungen die einzelnen ISA auf ihre Relevanz hin im Einzelfall zu überprüfen sind. Wenn ein Standard im Einzelfall einschlägig ist, ist zu überprüfen, ob jede der darin enthaltenen Anforderungen im Einzelfall einschlägig ist. Vor allem im Hinblick auf die Prüfung von kleineren und mittelgroßen Unternehmen sind verschiedene Anforderungen im Einzelfall nicht relevant.

Verweise:
— IDW QS 1: Anforderungen an die Qualitätssicherung in der Wirtschaftsprüferpraxis
— ISA [DE] 315 (Revised): Identifizierung und Beurteilung der Risiken wesentlicher falscher Darstellungen aus dem Verständnis der Einheit und ihrem Umfeld
— ISA [DE] 320: Wesentlichkeit bei der Planung und Durchführung einer Abschlussprüfung
— ISA [DE] 450: Beurteilung der während der Abschlussprüfung identifizierten falschen Darstellungen

ISA [DE] 200

ISA [DE] 200: Übergreifende Zielsetzungen des unabhängigen Prüfers und Grundsätze einer Prüfung in Übereinstimmung mit den International Standards on Auditing

Einführung in den ISA-Prüfungsansatz (3-9)

Zweck einer Abschlussprüfung (3)	Erlangung eines **Prüfungsurteils** darüber, ob der Abschluss in **allen wesentlichen Belangen** in Übereinstimmung mit einem maßgebenden Regelwerk der Rechnungslegung aufgestellt wurde.

Grundlage des Prüfungsurteils (5)	Erlangung einer **hinreichenden Sicherheit** darüber, ob der Abschluss als Ganzes frei von einer **wesentlichen** - beabsichtigten oder unbeabsichtigten - falschen Darstellung ist.

Erlangung hinreichender Sicherheit (7)	» Durch Einholung ausreichend geeigneter Prüfungsnachweise, um **das Prüfungsrisiko** auf ein vertretbar niedriges Maß zu reduzieren. UND » Durch die Ausübung von **pflichtgemäßem Ermessen** und die Beibehaltung einer **kritischen Grundhaltung**. UND » Durch die Identifizierung und Beurteilung von **Risiken wesentlicher falscher Darstellungen** sowie durch die Planung und Umsetzung von angemessenen Reaktionen auf beurteilte Risiken.

Konzept der Wesentlichkeit (6)	Falsche Darstellungen sind wesentlich, wenn erwartet werden kann, dass sie einzeln oder in der Summe die wirtschaftlichen **Entscheidungen von Nutzern beeinflussen**, die diese auf der Grundlage des Abschlusses treffen.

Definitionen (13) (1/2)

Abschluss (13f)	Strukturierte Darstellung vergangenheitsorientierter Finanzinformationen (einschließlich Angaben)
Vergangenheitsorientierte Finanzinformation (13g)	Aus dem Rechnungswesensystem einer Einheit abgeleitete Informationen über wirtschaftliche Ereignisse in vergangenen Zeiträumen oder über wirtschaftliche Gegebenheiten oder Umstände zu bestimmten Zeitpunkten in der Vergangenheit
Maßgebendes Regelwerk der Rechnungslegung (13a)	Das vom Management und ggf. von den für die Überwachung Verantwortlichen bei der Aufstellung des Abschlusses gewählte Regelwerk
Management (13h)	Personen mit Verantwortung für die Geschäftstätigkeit einer Einheit (je nach Rechtsraum teilweise auch einige oder alle der für die Überwachung Verantwortlichen)
Die für die Überwachung Verantwortlichen (13o)	Personen, die für die Aufsicht über die strategische Ausrichtung der Einheit und über die Verpflichtungen im Zusammenhang mit der Rechenschaft der Einheit verantwortlich sind
Abschlussprüfer (13d)	Die Person(en), die die Prüfung durchführt/en
Voraussetzung (einer Abschlussprüfung) (13j)	Das Management hat die ihnen obliegenden Pflichten, die für die Durchführung einer Prüfung grundlegend sind, anerkannt und verstanden
Pflichtgemäßes Ermessen (13k)	Anwenden von relevanter Aus- und Fortbildung, Kenntnis und Erfahrung, um fundierte Entscheidungen über die Vorgehensweise zu treffen, die unter den Umständen des Prüfungsauftrags angemessen ist
Kritische Grundhaltung (13l)	Eine hinterfragende Haltung, eine Aufmerksamkeit für Umstände, die auf mögliche falsche Darstellungen hindeuten können, und eine kritische Beurteilung von Prüfungsnachweisen

Definitionen (13) (2/2)

Falsche Darstellung (13i)	Abweichung zwischen einem im Abschluss abgebildeten Sachverhalt und der in Übereinstimmung mit dem maßgebenden Regelwerk der Rechnungslegung erforderlichen Darstellung des Sachverhalts
Hinreichende Sicherheit (13m)	Ein hoher, jedoch kein absoluter Grad an Sicherheit
Prüfungsrisiko (13c)	» Das Risiko, dass der Abschlussprüfer ein unangemessenes Prüfungsurteil abgibt, wenn der Abschluss wesentliche Fehler enthält » Eine Funktion der Risiken wesentlicher falscher Darstellungen und des Entdeckungsrisikos
Risiko falscher Darstellungen (13n)	Risiko, dass der Abschluss vor der Abschlussprüfung wesentliche falsche Darstellungen enthält. Komponenten des Risikos sind: » Inhärentes Risiko: Anfälligkeit einer Aussage für wesentliche falsche Darstellungen » Kontrollrisiko: Risiko, dass wesentliche falsche Aussagen vom IKS einer Einheit nicht verhindert oder rechtzeitig aufgedeckt und korrigiert werden
Entdeckungsrisiko (13e)	Das Risiko, dass wesentliche falsche Darstellungen nicht durch Prüfungshandlungen aufgedeckt werden
Prüfungsnachweise (13b)	Informationen, die vom Abschlussprüfer zur Ableitung der Schlussfolgerungen verwendet werden, auf denen das Prüfungsurteil basiert

ISA [DE] 200

	Anforderungen (14-17)
Beachtung relevanter Verhaltensanforderungen (14)	» Einhaltung von in Gesetzen und der Berufsatzung festgelegten Berufspflichten (einschließlich der Regelungen zur Unabhängigkeit) » Beachtung einschlägiger beruflicher Verlautbarungen (z.B. IESBA-Kodex, ISQC 1, IDW QS 1)
Beibehaltung der kritischen Grundhaltung (15 i.V.m. 13l)	Wichtige Anwendungsbereiche der kritische Grundhaltung: » Identifizierung von möglichen Widersprüchlichkeiten sowie ungewöhnlichen Umständen » Kritische Beurteilung der Aussagekraft und Verlässlichkeit von Prüfungsnachweisen » Aufmerksamkeit für Gegebenheiten, die auf mögliche dolose Handlungen hindeuten (z.B. fraud triangle) » Vermeidung zu starker Verallgemeinerungen beim Ziehen von Schlussfolgerungen
Ausübung von pflichtgemäßem Ermessen (16 i.V.m. 13k)	Wichtige Anwendungsbereiche des pflichtgemäßen Ermessens: » Bestimmung von Wesentlichkeit und Prüfungsrisiko » Planung von Prüfungshandlungen nach Art, zeitlicher Einteilung und Umfang » Beurteilung von Prüfungsnachweisen » Beurteilung von Ermessensentscheidungen des Managements
Einholung ausreichender geeigneter Prüfungsnachweise (17)	Anwendung des risikoorientierten Prüfungsansatzes zur Reduzierung des Prüfungsrisikos; dabei ist das Prüfungsrisiko eine Funktion der Risiken wesentlicher falscher Darstellungen und des Entdeckungsrisikos
Prüfung in Übereinstimmung mit den ISA [DE] (18 ff.)	Einhaltung aller für die Prüfung relevanten ISA [DE]

Risikoorientierter Prüfungsansatz und Komponenten des Prüfungsrisikos

Risiken wesentlicher falscher Darstellungen ⬅

- Inhärentes Risiko = Anfälligkeit für falsche Darstellungen (vor Berücksichtigung von Kontrollen)
- ✖
- Kontrollrisiko = Risiko, dass falsche Darstellungen vom IKS nicht verhindert oder identifiziert und korrigiert werden

⎫ Risiken der Einheit, welche unabhängig von der Abschlussprüfung bestehen

✖

Entdeckungsrisiko ⬅ Funktion der Wirksamkeit einer Prüfungshandlung und ihrer Anwendung durch den Abschlussprüfer

Je höher bspw. die Risiken wesentlicher falscher Darstellungen sind, die nach Ansicht des Abschlussprüfers bestehen, desto niedriger ist das vertretbare Entdeckungsrisiko

=

Prüfungsrisiko ⬅ Das vertretbare Maß an Prüfungsrisiko wird durch das Erfordernis einer »hinreichenden Sicherheit« bestimmt

Beispiel: Wird als Grad der hinreichenden Sicherheit ein Konfidenzniveau von 95 % gewählt, dann darf das nach Durchführung der Prüfungshandlungen verbleibende Prüfungsrisiko einen Wert von 5 % nicht übersteigen.

Grundsätze einer Prüfung in Übereinstimmung mit den ISA [DE] (18-20)

1 — Der Abschlussprüfer muss **alle** für die Prüfung relevanten ISA [DE] einhalten. Voraussetzung dafür ist ein Verständnis der einzelnen Standards und ihrer jeweiligen Zielsetzung.

Beispiel: Verfügt eine Einheit über keine interne Revision, ist keine der Anforderungen aus ISA [DE] 610 relevant.

2 — Jede Anforderung eines relevanten ISA [DE] ist einhalten, sofern nicht unter den Umständen der Prüfung
- » der gesamte ISA [DE] nicht relevant ist oder
- » die Anforderung nicht relevant ist, weil sie bedingt ist und diese Bedingung nicht erfüllt ist.

Sind die Anforderungen in Ausnahmefällen unter den besonderen Umständen einer Prüfung zur Erreichung des Zwecks nicht wirksam, muss der Abschlussprüfer alternative Prüfungshandlungen durchführen.

Beispiel: Die Anforderung, das Prüfungsurteil zu modifizieren, wenn ein Prüfungshemmnis vorliegt, sowie die die Anforderung, während der Prüfung festgestellte bedeutsame Mängel im IKS den für die Überwachung Verantwortlichen mitzuteilen, sind bedingte Anforderungen.

3 — Um die übergreifende Zielsetzung eines relevanten ISA [DE] zu erreichen, ist zu beurteilen, ob ggf. zusätzliche (d.h. nicht explizit im Standard genannte) Prüfungshandlungen erforderlich sind.

ISA [DE] 210
Vereinbarung der Auftragsbedingungen für Prüfungsaufträge

Zusammenfassung:

ISA [DE] 210 ist die um spezifische Modifikationen zu Einzelaspekten (sog. „D.-Textziffern") ergänzte autorisierte deutsche Übersetzung von ISA 210. ISA [DE] 210 behandelt die bei der Vereinbarung von Prüfungsaufträgen zu beachtenden Anforderungen. Gegenstand dieser Vereinbarung ist insbesondere die Regelung von Verantwortlichkeiten.

Nach ISA [DE] 210 hat der Abschlussprüfer zunächst festzustellen, ob bestimmte Vorbedingungen für eine Abschlussprüfung erfüllt sind. Zu den Vorbedingungen für eine Prüfung gehört die Beurteilung, ob das bei der Aufstellung des Abschlusses anzuwendende **Regelwerk der Rechnungslegung vertretbar** ist. Bei Anwendung von anerkannten nationalen oder internationalen Rechnungslegungsgrundsätzen kann der Abschlussprüfer indes voraussetzen, dass das anzuwendende Regelwerk vertretbar ist.

Weitere Vorbedingung ist, dass der Abschlussprüfer mit dem Management Einvernehmen darüber erzielt, dass das Management seine **Verantwortlichkeit im Rahmen der Abschlussaufstellung** und -prüfung anerkennt und versteht. ISA [DE] 210 formuliert zudem die Anforderung, dass der Abschlussprüfer die Bedingungen des Prüfungsauftrags mit dem Management oder – soweit einschlägig – mit den für die Überwachung Verantwortlichen zu vereinbaren hat.

Die vereinbarten Bedingungen des Prüfungsauftrags müssen in einem Auftragsbestätigungsschreiben oder in einer anderen geeigneten Form von **schriftlicher Vereinbarung** festgehalten werden. Klargestellt wird zudem, dass auch bei Folgeprüfungen jeweils eine neue Auftragsvereinbarung abzuschließen ist.

Verweise:

— IDW QS 1: Anforderungen an die Qualitätssicherung in der Wirtschaftsprüferpraxis
— ISA [DE] 200: Übergeordnete Ziele des unabhängigen Prüfers und Grundsätze einer Prüfung in Übereinstimmung mit den International Standards on Auditing
— IDW PS 405: Modifizierungen des Prüfungsurteils im Bestätigungsvermerk
— IDW PS 406: Hinweise im Bestätigungsvermerk

ISA [DE] 210: Vereinbarung der Auftragsbedingungen für Prüfungsaufträge

Anwendungsbereich und Zielsetzung (1-3)

ISA [DE] 210 behandelt die Verantwortlichkeiten des APr bei der Vereinbarung der Auftragsbedingungen.
- Dazu gehört es festzustellen, dass bestimmte Vorbedingungen für eine Abschlussprüfung gegeben sind.
- Zudem bedarf es der Bestätigung, dass der APr, das Management und ggf. die für die Überwachung Verantwortlichen ein gemeinsames Verständnis über die Bedingungen des Prüfungsauftrags haben.

Vorbedingungen für eine Abschlussprüfung (4, 6)

1. Die bei der Aufstellung des Abschlusses anzuwendenden Rechnungslegungsgrundsätze sind vertretbar
2. Einvernehmen mit dem Management, dass das Management seine Verantwortlichkeit anerkennt und versteht

Der APr darf einen vorgeschlagenen Prüfungsauftrag nicht annehmen,
- wenn durch die Bedingungen eines vorgeschlagenen Prüfungsauftrags der Umfang der Tätigkeit des APr derart einschränkt ist, dass die Einschränkung nach Ansicht des APr dazu führen wird, dass die Nichtabgabe eines Prüfungsurteils zu erklären ist (Prüfungshemmnis vor Annahme des Prüfungsauftrags) (7)
- wenn die Vorbedingungen nicht gegeben sind (8)
- Nach § 51 Satz 1 WPO hat der Wirtschaftsprüfer die Ablehnung des Prüfungsauftrags unverzüglich zu erklären. **D.7.1**
- Bei gesetzlichen Abschlussprüfungen hat sich der APr zu vergewissern, dass die Bestellung ordnungsgemäß erfolgt ist. **D.8.1**

Vereinbarung der Auftragsbedingungen für Prüfungsaufträge (9, 10)

Der APr hat die Auftragsbedingungen mit dem Management zu vereinbaren und diese in einem Auftragsbestätigungsschreiben oder in einer anderen geeigneten Form von **schriftlicher Vereinbarung** festzuhalten.

= Engagement Letter

1. Vorbedingung: Vertretbares Regelwerk der Rechnungslegung (6(a))

Ohne ein vertretbares Regelwerk der Rechnungslegung verfügt der APr nicht über geeignete Kriterien für die Prüfung des Abschlusses

In vielen Fällen kann der APr voraussetzen, dass das maßgebende Regelwerk der Rechnungslegung vertretbar ist. Die vom International Accounting Standards Board veröffentlichten International Financial Reporting Standards (IFRS) und die deutschen handelsrechtlichen Vorschriften zur Rechnungslegung gelten stets als vertretbare Rechnungslegungsgrundsätze (A8, D.A9.1).

2. Vorbedingung: Vereinbarung der Verantwortlichkeiten des Managements (6(b))

Der APr hat Einvernehmen mit dem Management zu erzielen, dass das Management seine Verantwortung anerkennt und versteht	Verantwortung für die Aufstellung des Abschlusses in Übereinstimmung mit dem maßgebenden Regelwerk der Rechnungslegung, einschließlich einer sachgerechten Gesamtdarstellung des Abschlusses, sofern dies relevant ist,
	Verantwortung für ein IKS, wie es das Management als notwendig erachtet, um die Aufstellung eines Abschlusses zu ermöglichen, der frei von wesentlichen falschen Darstellungen ist,
	Verantwortung dafür, dem APr » Zugang zu allen dem Management bekannten und für den Abschluss relevanten Informationen zu verschaffen, » zusätzliche Informationen, die der APr zum Zwecke der Abschlussprüfung vom Management verlangen kann, bereitzustellen und » unbeschränkten Zugang zu Personen innerhalb der Einheit, von denen der APr es für notwendig hält, Prüfungsnachweise einzufordern, zu verschaffen.

Vereinbarung der Auftragsbedingungen für Prüfungsaufträge (9, 10)

Der APr hat die Auftragsbedingungen mit dem Management zu vereinbaren und diese in einem Auftragsbestätigungsschreiben oder in einer anderen geeigneten Form von **schriftlicher Vereinbarung** festzuhalten

Inhalt des Prüfungsauftrags (10)

- » Ziel und Umfang der Abschlussprüfung
- » Die Verantwortlichkeiten des APr
- » Die Verantwortlichkeiten des Managements
- » Angabe des für die Aufstellung des Abschlusses maßgebenden Regelwerks der Rechnungslegung
- » Hinweis auf die voraussichtliche Form und den voraussichtlichen Inhalt von Vermerken, die vom APr zu erteilen sind
- » eine Erklärung, dass Gegebenheiten vorliegen können, unter denen ein Vermerk von der voraussichtlichen Form und dem voraussichtlichen Inhalt abweichen kann.

Empfohlene Ergänzungen und Hinweise (A24)

- » ausführliche Darstellung des Umfangs der Abschlussprüfung
- » die Form jeglicher anderer Kommunikation von Ergebnissen des Prüfungsauftrags
- » Anforderungen an den APr
- » Die Tatsache, dass einige wesentliche falsche Darstellungen möglicherweise nicht aufgedeckt werden
- » Vereinbarungen über die Planung und Durchführung der Abschlussprüfung
- » Die Erwartung, dass das Management schriftliche Erklärungen abgibt und Zugang zu sämtlichen ihm bekannten Informationen gewährt
- » Die Einwilligung des Managements, dem APr rechtzeitig einen Entwurf des Abschlusses zur Verfügung zu stellen und dem APr über Tatsachen, die sich auf dem Abschluss auswirken können, zu informieren
- » die Berechnungsgrundlage des Honorars und Vereinbarungen zur Rechnungsstellung
- » Bestätigung des Empfangs Auftragsbestätigungsschreibens und den damit verbunden Auftragsbedingungen durch das Management

Folgeprüfungen (13)

Der APr hat zu beurteilen, ob die Umstände es erforderlich machen, die Bedingungen des Prüfungsauftrags zu ändern, und ob es notwendig ist, die Einheit an die bestehenden Bedingungen des Prüfungsauftrags zu erinnern (13).

Bei gesetzlichen Abschlussprüfungen hat die Bestellung zum Abschlussprüfer für jedes Geschäftsjahr neu zu erfolgen. Der APr hat auch bei Folgeprüfungen eine neue Auftragsvereinbarung zu schließen (D.13.1).

Annahme einer Änderung der Auftragsbedingungen (14-17)

APr darf einer Änderung der Bedingungen des Prüfungsauftrags nicht ohne nachvollziehbare Begründung zustimmen (14)
» APr hat zu entscheiden, ob es eine nachvollziehbare Begründung für die Umwandlung des Prüfungsauftrag in einen Auftrag mit einen geringeren Grad an Prüfungssicherheit gibt (15)
» Bei geänderten Auftragsbedingungen haben sich APr und Management auf die neuen Auftragsbedingungen zu einigen und diese in einem Auftragsbestätigungsschreiben oder in einer anderen geeigneten Form schriftlicher Vereinbarung festzuhalten (16)

Wenn der APr einer Änderung der Bedingungen des Prüfungsauftrags nicht zustimmen kann und das Management dem APr die Fortführung des ursprünglichen Prüfungsauftrags nicht gestattet, hat der APr
» den Prüfungsauftrag niederzulegen, wenn dies nach den maßgebenden Gesetzen oder anderen Rechtsvorschriften möglich ist, und
» festzustellen, ob vertragliche oder anderweitige Verpflichtungen bestehen, die Umstände Dritten zu berichten. (17)

Bei einer gesetzlichen Abschlussprüfung nach § 317 HGB ist eine Auftragsniederlegung grundsätzlich nicht zulässig. (D.17.1)

ISA [DE] 210

Zusätzliche Überlegungen bei der Auftragsannahme (18-21)

Durch Gesetze oder andere Rechtsvorschriften ergänzte Rechnungslegungsstandards (18)

Wenn zwischen den Rechnungslegungsstandards und den zusätzlichen Anforderungen Konflikte bestehen, hat der APr mit dem Management zu erörtern, ob
» den zusätzlichen Anforderungen durch zusätzliche Angaben im Abschluss entsprochen werden kann oder
» die Beschreibung des maßgebenden Regelwerks der Rechnungslegung im Abschluss entsprechend geändert werden kann

Wenn keine der Maßnahmen möglich ist, hat der APr zu entscheiden, ob das Prüfungsurteil modifiziert werden muss.

Durch Gesetze oder andere Rechtsvorschriften vorgeschriebenes Regelwerk der Rechnungslegung (19, 20)

Wenn ein durch Gesetz oder andere Rechtsvorschriften vorgeschriebene Regelwerk der Rechnungslegung nicht vertretbar wäre, wenn es nicht durch Gesetz oder andere Rechtsvorschriften vorgeschrieben wäre, müssen folgende Voraussetzungen vorliegen:
» Das Management erklärt sich damit einverstanden, zusätzliche Angaben im Abschluss vorzunehmen
» In den Bedingungen des Prüfungsauftrags wird anerkannt, dass der Vermerk des Abschlussprüfers eine Hervorhebung enthält

Durch Gesetze oder andere Rechtsvorschriften vorgeschriebener Vermerk des Abschlussprüfers (21)

Unterscheiden sich der vorgeschriebene Aufbau oder Wortlaut des Vermerks des APr erheblich von den Anforderungen der ISA, so hat der APr zu beurteilen, → ob Nutzer die aus der Abschlussprüfung erlangte Sicherheit missverstehen könnten, und, wenn dies der Fall ist, → ob ein mögliches Missverständnis durch eine zusätzliche Erläuterung im Vermerk des Abschlussprüfers abgemildert werden kann

ISA 220: Qualitätssicherung bei einer Abschlussprüfung

ISA 220 ist nicht Bestandteil der vom IDW festgestellten deutschen Grundsätze ordnungsmäßiger Abschlussprüfung, weil hierfür ein gesonderter IDW PS existiert.

Anforderungen zu dieser Thematik sind dargestellt im IDW Qualitätssicherungsstandard: Anforderungen an die Qualitätssicherung in der Wirtschaftsprüferpraxis (IDW QS 1).

ISA [DE] 230
Prüfungsdokumentation

Zusammenfassung:

ISA [DE] 230 ist die um spezifische Modifikationen zu Einzelaspekten (sog. „D-Textziffern") ergänzte autorisierte deutsche Übersetzung von ISA 230. ISA [DE] 230 regelt die allgemeinen Anforderungen, die an eine Prüfungsdokumentation zu stellen sind. Die prinzipienorientierten Anforderungen nach ISA [DE] 230 werden durch die besonderen Anforderungen und Hinweise zur Prüfungsdokumentation in anderen ISA ergänzt. In einer Anlage sind Textziffern anderer Standards aufgeführt, die besondere Dokumentationsanforderungen enthalten.

Als nationale Besonderheit wird klargestellt, dass auch der **Prüfungsbericht** i.S. des § 321 HGB ein Teil der Prüfungsdokumentation ist. Folglich ist es nicht erforderlich, Ausführungen im Prüfungsbericht in den übrigen Teilen der Prüfungsdokumentation zu wiederholen.

Grundsätzlich muss die Prüfungsdokumentation nach Form, Inhalt und Umfang ausreichend sein, um einen erfahrenen, zuvor mit der Prüfung nicht befassten Prüfer in die Lage zu versetzen, die Abwicklung der Prüfung nachvollziehen zu können. Im Einzelnen sind dazu darzustellen:

— Art, zeitliche Einteilung und Umfang der Prüfungshandlungen, die durchgeführt wurden; zu dokumentieren sind dabei kennzeichnende bzw. Identifizierende Merkmale der geprüften Elemente oder Sachverhalte, von wem die Prüfungsarbeit durchgeführt und wann sie abgeschlossen wurde sowie von wem, wann und in welchem Umfang die durchgeführte Prüfungsarbeit durchgesehen wurde;
— Ergebnisse der durchgeführten Prüfungshandlungen und die erlangten Prüfungsnachweise sowie
— bedeutsame Sachverhalte, die sich während der Prüfung ergeben, die dazu gezogenen Schlussfolgerungen und bedeutsame Beurteilungen nach pflichtgemäßem Ermessen, die im Zusammenhang mit diesen Schlussfolgerungen getroffen wurden.

ISA [DE] 230 benennt zudem konkrete Dokumentationspflichten im Hinblick auf Gespräche zu bedeutsamen Sachverhalten, erkannte Unstimmigkeiten, Abweichungen von ISA-Anforderungen sowie Sachverhalten, die nach dem Datum des Vermerks bekannt werden. In einer Anlage zu ISA [DE] 230 werden zudem besondere Anforderungen zur Prüfungsdokumentation in anderen IDW PS und ISA [DE] zusammengefasst.

Die Prüfungsdokumentation hat jeweils zeitnah zu erfolgen. ISA [DE] 230 enthält zudem die weitere Anforderung, dass der **Abschluss der Prüfungsdokumentation** in angemessener Zeit nach dem Datum des Vermerks des Abschlussprüfers zu erfolgen hat; i.d.R. sollte der Zeitraum des Abschlusses der Auftragsdokumentation 60 Tage nach dem Datum des Vermerks des Abschlussprüfers nicht überschreiten.

ISA [DE] 230: Prüfungsdokumentation

Zielsetzung (2, 5)

Ziel des APr ist die Erstellung einer Dokumentation, die
- eine ausreichende und geeignete Aufzeichnung der Grundlage für den Vermerk des APr bietet und
- Nachweise darüber liefert, dass die Prüfung in Übereinstimmung mit den ISA [DE] und den maßgebenden gesetzlichen und anderen rechtlichen Anforderungen geplant und durchgeführt wurde.

Weitere Zwecke der Prüfungsdokumentation (3)

Unterstützung …
- des Prüfungsteam bei der Planung und Durchführung der Abschlussprüfung,
- der für die Überwachung der Auftragsabwicklung zuständigen Mitglieder des Prüfungsteams bei der Anleitung und Überwachung sowie bei der Durchsicht der Prüfungsergebnisse

Durchführung …
- von auftragsbegleitender Qualitätssicherung
- externer Inspektionen und Qualitätskontrollen

- Das Prüfungsteam in die Lage zu versetzen, über seine Tätigkeit Rechenschaft ablegen zu können

- Aufbewahrung der Aufzeichnungen über Sachverhalte mit bleibender Bedeutung für zukünftige Prüfungen

Definitionen (6)

Prüfungs-dokumentation	Aufzeichnung der durchgeführten PH, der erlangten relevanten Prüfungsnachweise und der vom APr gezogenen Schlussfolgerungen. Der Prüfungsbericht ist Teil der Prüfungsdokumentation.
Prüfungsakte	Ein oder mehrere Ordner oder andere Aufbewahrungsmedien in physischer oder elektronischer Form, welche die Aufzeichnungen enthalten, aus denen die Prüfungsdokumentation für einen bestimmten Auftrag besteht.
Erfahrener Prüfer	Eine Person (innerhalb oder außerhalb der Prüfungspraxis), die über praktische Prüfungserfahrung verfügt und ein ausreichendes Verständnis besitzt von » Prüfungsprozessen, » den GoA den maßgebenden gesetzlichen und anderen rechtlichen Anforderungen, » dem Geschäftsumfeld, in dem die Einheit tätig ist, und » Prüfungs- und Rechnungslegungsfragen, die für die Branche relevant sind, der die Einheit angehört

Prüfungsbericht i.S. des § 321 HGB ist ein Teil der Prüfungsdokumentation (D.6.1)

Es nicht erforderlich, Ausführungen im Prüfungsbericht in den übrigen Teilen der Prüfungsdokumentation zu wiederholen (D.A3.1).

Zeitgerechte Erstellung der Prüfungsdokumentation (7)

Der APr hat die Prüfungsdokumentation zeitgerecht zu erstellen, um
» eine verbesserte Prüfungsqualität zu erreichen
» die effektive Durchsicht und Beurteilung der erlangten Prüfungsnachweise sowie der gezogenen Schlussfolgerungen zu erleichtern

Form, Inhalt und Umfang der Prüfungsdokumentation (8)

Der APr hat die Prüfungsdokumentation so zu erstellen, dass **ein erfahrener, zuvor nicht mit der Prüfung befasster Prüfer** in der Lage ist, Folgendes zu verstehen:
a) Art, zeitliche Einteilung und Umfang der PH, die durchgeführt wurden,
b) die Ergebnisse der durchgeführten PH und die erlangten Prüfungsnachweise sowie
c) bedeutsame Sachverhalte, die sich während der Prüfung ergeben, die dazu gezogenen Schlussfolgerungen und bedeutsame Beurteilungen nach pflichtgemäßem Ermessen, die im Zusammenhang mit diesen Schlussfolgerungen getroffen wurden.

Einflussfaktoren auf Form, Inhalt und Umfang der Prüfungsdokumentation (A2)

- Größe und Komplexität der Einheit
- Art der durchzuführenden PH
- festgestellte Risiken wesentlicher falscher Darstellungen
- Bedeutung der erlangten Prüfungsnachweise
- Art und Umfang der erkannten Auffälligkeiten
- Notwendigkeit zur Dokumentation einer Schlussfolgerung oder der Grundlage für eine Schlussfolgerung, die nicht ohne Weiteres aus der Dokumentation der durchgeführten Arbeit oder aus den erlangten Prüfungsnachweisen feststellbar ist
- angewendete Prüfungsmethode und Prüfungshilfsmittel.

Bestandteile und Aufzeichnungsmedien (A3)

Zur Prüfungsdokumentation gehören z.B.:
- Prüfungsprogramme
- Analysen
- Memoranden zu besonderen Sachverhalten
- Zusammenfassungen bedeutsamer Sachverhalte
- Bestätigungsschreiben und schriftliche Erklärungen
- Checklisten
- Schriftverkehr zu bedeutsamen Sachverhalten.

Die Prüfungsdokumentation kann auf Papier oder auf elektronischen oder anderen Medien aufgezeichnet werden.

Dokumentationspflichten (9-13)

Art, zeitlicher Einteilung und Umfang der PH (9)	» die kennzeichnenden Merkmale der geprüften Elemente oder Sachverhalte, » von wem die Prüfungsarbeit durchgeführt und wann sie abgeschlossen wurde sowie » von wem, wann und in welchem Umfang die durchgeführte Prüfungsarbeit durchgesehen wurde.
Gesprächen zu bedeutsamen Sachverhalten (10)	APr hat Gespräche mit dem Management, den für die Überwachung Verantwortlichen und anderen Personen über bedeutsame Sachverhalte zu dokumentieren. Dies schließt die Thematik der besprochenen bedeutsamen Sachverhalte, das Datum und die Gesprächspartner ein.
Unstimmigkeiten (11)	Hat der APr Informationen erkannt, die nicht mit seiner endgültigen Schlussfolgerung zu einem bedeutsamen Sachverhalt in Einklang stehen, hat er zu dokumentieren, wie er mit dieser Unstimmigkeit umgegangen ist.
Abweichungen von ISA-Anforderungen (12)	Wird in Ausnahmefällen von einer relevanten ISA-Anforderung abgewichen, sind die durchgeführten alternativen Prüfungshandlungen und die Gründe für die Abweichung anzugeben
Sachverhalte, die nach dem Datum des Vermerks bekannt werden (13)	Führt der APr in Ausnahmefällen nach dem Datum des Vermerks des APr neue oder zusätzliche PH durch oder zieht neue Schlussfolgerungen, hat er Folgendes zu dokumentieren: » die gegebenen Umstände, » die neu oder zusätzlich durchgeführten PH, die erlangten Prüfungsnachweise und die gezogenen Schlussfolgerungen sowie deren Auswirkung auf den Vermerk des APr und » wann und von wem die resultierenden Änderungen der Prüfungsdokumentation vorgenommen und durchgesehen wurden.

Zusammenstellung der endgültigen Prüfungsakte (14-16)

Der APr hat die Prüfungsdokumentation in einer Prüfungsakte zusammenzustellen und den redaktionellen Prozess der Zusammenstellung der endgültigen Prüfungsakte **in angemessener Zeit** nach dem Datum des Vermerks des APr abzuschließen (14).

ISQC 1: I.d.R. gilt ein Zeitraum von höchstens **60 Tagen** nach dem Datum des Vermerks als angemessen (A21).

Datum Vermerk des APr		bis 60 Tage	ab 60 Tagen	
Zulässig (A22)	Nicht zulässig		Zulässig	Nicht zulässig
» Löschen oder Entfernen überholter Dokumentation » Sortieren und Ordnen der Arbeitspapiere, Einfügen von Querverweisen » Abzeichnen von Vollständigkeitschecklisten » Dokumentation von Prüfungsnachweisen, der der APr vor dem Datum des Vermerks des APr erlangt und mit den relevanten Mitgliedern des Prüfungsteams erörtert und abgestimmt hat	Durchführung neuer PH und Ziehen neuer Schlussfolgerungen		Änderungen oder Ergänzungen mit Dokumentation » der spezifischen Gründe für deren Vornahme » Wann und von wem die Änderung oder Ergänzung vorgenommen und durchgesehen wurde	Entfernen oder Löschen von Prüfungsdokumentation

Nach Abschluss der endgültigen Prüfungsakte darf der APr jegliche Art von Prüfungsdokumentation nicht vor dem Ende des jeweiligen Aufbewahrungszeitraums löschen oder entfernen (15).

ISA [DE] 240
Verantwortlichkeiten des Abschlussprüfers bei dolosen Handlungen

Zusammenfassung:

ISA [DE] 240 ist die um spezifische Modifikationen zu Einzelaspekten (sog. „D.-Textziffern") ergänzte autorisierte deutsche Übersetzung von ISA 240. ISA [DE] 240 behandelt die Prüfungshandlungen zur Identifikation und Beurteilung der Risiken wesentlicher falscher Darstellungen aufgrund von dolosen Handlungen sowie die angemessene Reaktionen des Abschlussprüfers in Bezug auf beurteilte Risiken sowie bei entdeckten oder vermuteten dolosen Handlungen.

In Abschlüssen können falsche Darstellungen enthalten sein, die entweder aus dolosen Handlungen oder aus Irrtümern resultieren. Irrtümer sind unbeabsichtigte falsche Darstellungen im Abschluss, z.B. aufgrund von Schreib- oder Rechenfehlern oder einer nicht bewussten falschen Anwendung von Rechnungslegungsgrundsätzen. Dolose Handlungen hingegen sind beabsichtigte falsche Darstellungen im Abschluss, die auf Manipulationen der Rechnungslegung oder Vermögensschädigungen resultieren.

Risikofaktoren für dolose Handlungen – ob es sich dabei um Manipulationen der Rechnungslegung oder um Vermögensschädigungen handelt – bestehen bei einem Anreiz oder Druck zum Begehen doloser Handlungen, bei der Wahrnehmung einer Gelegenheit dazu und bei einer inneren Rechtfertigung der Tat.

Als wesentliche Anforderung benennt ISA [DE] 240 zunächst das Erfordernis zur Beibehaltung einer kritischen Grundhaltung. Zudem sind Risiken falscher Darstellungen aufgrund von dolosen Handlungen im Prüfungsteam zu besprechen. Zur Identifizierung möglicher Risiken werden die Anforderungen aus ISA [DE] 315 (Revised) im Hinblick auf diese Thematik konkretisiert. Dabei wird klargestellt, dass der Abschlussprüfer grundsätzlich von der Vermutung ausgehen muss, dass bei der Erlöserfassung Risiken doloser Handlungen bestehen. Grundsätzlich vorgesehen ist zudem die Einholung einer schriftlichen Erklärung des Managements und der für die Überwachung Verantwortlichen. ISA [DE] 240 enthält zudem spezifische Dokumentationspflichten.

Verweise:

— ISA [DE] 250 (Revised): Berücksichtigung von Gesetzen und anderen Rechtsvorschriften bei einer Abschlussprüfung
— ISA [DE] 315 (Revised): Identifizierung und Beurteilung der Risiken wesentlicher falscher Darstellungen aus dem Verständnis von der Einheit und ihrem Umfeld
— ISA [DE] 580: Schriftliche Erklärungen

ISA [DE] 240: Verantwortlichkeiten des Abschlussprüfers bei dolosen Handlungen

Zielsetzung (10)

Die Ziele des APr sind,
» die Risiken wesentlicher falscher Darstellungen im Abschluss aufgrund von dolosen Handlungen zu identifizieren und zu beurteilen,
» durch die Planung und Umsetzung angemessener Reaktionen ausreichende geeignete Prüfungsnachweise in Bezug auf die beurteilten Risiken wesentlicher falscher Darstellungen aufgrund von dolosen Handlungen zu erhalten und
» in angemessener Weise auf die in einer Abschlussprüfung entdeckten oder vermuteten dolosen Handlungen zu reagieren.

Merkmale doloser Handlungen (2-3)

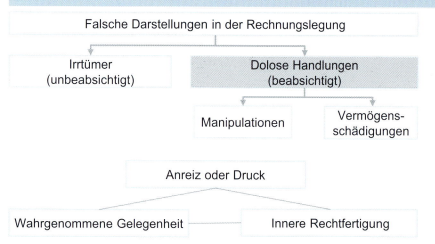

Definitionen (12):

Dolose Handlung: Eine absichtliche Handlung einer oder mehrerer Personen aus dem Kreis des Managements, der für die Überwachung Verantwortlichen, der Mitarbeiter oder Dritter, wobei durch Täuschung ein ungerechtfertigter oder rechtswidriger Vorteil erlangt werden soll.

Risikofaktoren für dolose Handlungen: Ereignisse oder Gegebenheiten, die auf einen Anreiz oder Druck zum Begehen doloser Handlungen hindeuten oder eine Gelegenheit zum Begehen doloser Handlungen bieten.

Verantwortlichkeit für die Verhinderung und die Aufdeckung doloser Handlungen (4-9)

	Für die Überwachung der Einheit Verantwortliche	Management
Hauptverantwortung für die Verhinderung und Aufdeckung doloser Handlungen	» Aktive Aufsicht des Managements » Abwägung der Möglichkeit, dass Kontrollen außer Kraft gesetzt werden oder anderweitig unangemessener Einfluss auf den Rechnungslegungsprozess genommen wird	» Besonderes Augenmerk auf die Verhinderung doloser Handlungen legt » Selbstverpflichtung zur Schaffung einer Kultur von Ehrlichkeit und ethischem Verhalten
Pflichten des APr	Hinreichende Sicherheit darüber zu erlangen, dass der Abschluss als Ganzes frei von einer wesentlichen - beabsichtigten oder unbeabsichtigten - falschen Darstellung ist. » Beibehaltung einer kritischen Grundhaltung (12 ff.) » Besprechung im Prüfungsteam (15) » PH zur Risikobeurteilung (16 ff.) » Identifizierung und Beurteilung der Risiken wesentlicher falscher Darstellungen aufgrund von dolosen Handlungen (25 ff.) » Planung von PH zur Aufdeckung von falschen Darstellungen aufgrund von dolosen Handlungen (28 ff.) » Beurteilung der Prüfungsnachweise (34 ff.) » Einholung von schriftlichen Erklärungen (39) » Mitteilungen an das Management und Kommunikation mit den für die Überwachung Verantwortlichen (40 ff.) » Mitteilungen an Aufsichtsbehörden und Überwachungsstellen (43) » Dokumentationspflichten (44 ff.)	

Kritische Grundhaltung (13-14, A7 ff.)

Der APr muss während der gesamten Prüfung eine kritische Grundhaltung (→ ISA [DE] 200) beibehalten.
» Der APr muss sich der Möglichkeit bewusst sein, dass ungeachtet der Erfahrungen mit der Ehrlichkeit und Integrität des Managements und der für die Überwachung Verantwortlichen wesentliche falsche Darstellungen aufgrund von dolosen Handlungen vorliegen können.
» Der APr darf von der Echtheit der Aufzeichnungen und Dokumente ausgehen, es sei denn, es besteht Grund zur gegenteiligen Annahme. Wenn Antworten des Managements oder der für die Überwachung Verantwortlichen auf Befragungen unstimmig sind, hat der APr die Unstimmigkeiten zu untersuchen.

Besprechung im Prüfungsteam (16, A10 ff.)

Der APr hat eine Besprechung mit den Mitgliedern des Prüfungsteams durchzuführen (→ ISA [DE] 315 (Revised)). Dabei ist zu erörtern:
» In welcher Weise und an welchen Stellen könnte der Abschluss für wesentliche falsche Darstellungen aufgrund von dolosen Handlungen anfällig sein?
» Wie könnte es zu dolosen Handlungen kommen?

PH zur Risikobeurteilung und damit zusammenhängende Tätigkeiten (17-25)

Der APr muss ein Verständnis von der Einheit und ihrem Umfeld, einschließlich ihres IKS gewinnen (→ ISA [DE] 315 (Revised)). Dabei sind PH zur Identifizierung der Risiken wesentlicher falscher Darstellungen aufgrund von dolosen Handlungen durchzuführen.

Befragung des Management und ggf. weiterer Personen innerhalb der Einheit (z.B. Interne Revision) zur Beurteilung des Risikos, zum Prozess zur Identifizierung von Risiken und zur Reaktion auf diese, zur Berichterstattung an die für die Überwachung Verantwortlichen und zur Kommunikation ggü. den Mitarbeitern.	Gewinnung eines Verständnis von Art und Weise der Aufsicht der für die Überwachung Verantwortlichen	Berücksichtigung ungewöhnlicher oder unerwarteter Verhältnisse bei analytischen PH	Überlegungen, ob andere vom APr erlangte Informationen auf Risiken wesentlicher falscher Darstellungen hindeuten	Beurteilung von Risikofaktoren für dolose Handlungen (z.B. Erwartungen Dritter, Boni-Regelungen, unwirksames IKS)

Identifizierung und Beurteilung der Risiken wesentlicher falscher Darstellungen aufgrund von dolosen Handlungen (26-28)

APr muss die Risiken wesentlicher falscher Darstellungen aufgrund von dolosen Handlungen **auf Abschlussebene** sowie **auf Aussageebene** für Arten von Geschäftsvorfällen, für Kontensalden und für Abschlussangaben **identifizieren und beurteilen**.

» Risiken wesentlicher falscher Darstellungen aufgrund von dolosen Handlungen sind **stets als bedeutsame Risiken** zu behandeln
» Der APr muss ein Verständnis von den diesbezüglich **vorhandenen Kontrollen** der Einheit, einschließlich der dafür relevanten Kontrollaktivitäten, gewinnen.

APr muss von der Vermutung ausgehen, dass bei der **Erlöserfassung** Risiken doloser Handlungen bestehen, und beurteilen, welche Erlösarten, erlösrelevante Geschäftsvorfälle oder Aussagen solche Risiken zur Folge haben

→ Ausnahmen sind begründet zu dokumentieren (47)

Reaktionen auf beurteilte Risiken wesentlicher falscher Darstellungen aufgrund von dolosen Handlungen (29-34)

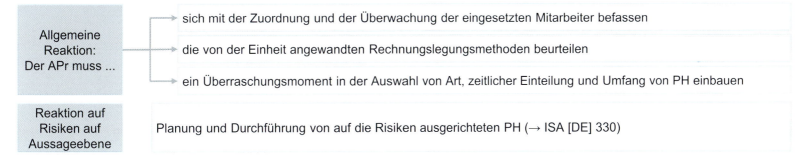

Allgemeine Reaktion: Der APr muss ...	→ sich mit der Zuordnung und der Überwachung der eingesetzten Mitarbeiter befassen
	→ die von der Einheit angewandten Rechnungslegungsmethoden beurteilen
	→ ein Überraschungsmoment in der Auswahl von Art, zeitlicher Einteilung und Umfang von PH einbauen
Reaktion auf Risiken auf Aussageebene	Planung und Durchführung von auf die Risiken ausgerichteten PH (→ ISA [DE] 330)

Reaktionen auf beurteilte Risiken wesentlicher falscher Darstellungen aufgrund von dolosen Handlungen (29-34)

PH als Reaktionen auf Risiken im Zusammenhang mit einer Außerkraftsetzung von Kontrollen durch das Management (32-24)

Das Management ist in der Lage Kontrollen außer Kraft setzt, die ansonsten wirksam zu funktionieren scheinen.
» Obwohl das Risiko in jeder Einheit unterschiedlich hoch ist, besteht es dennoch in allen Einheiten.

Reaktion:
Der APr muss …

- prüfen, ob die im Hauptbuch erfassten Journaleinträge und von anderen bei der Abschlusserstellung vorgenommenen Anpassungen angemessen sind
- beurteilen, ob Umstände für eine einseitige Einflussnahme bei den geschätzten Werten in der Rechnungslegung bestehen
- ein Verständnis von dem wirtschaftlichen Beweggrund bedeutsamer Geschäftsvorfälle erlangen, die außerhalb der gewöhnlichen Geschäftsverlaufs der Einheit liegen oder in anderer Hinsicht ungewöhnlich erscheinen

Beurteilung der Prüfungsnachweise (35-38)

Deuten **analytische PH**, die gegen Ende der APr **für die Bildung eines Gesamturteils** durchgeführt werden, auf ein bisher nicht erkanntes Risiko wesentlicher falscher Darstellung aufgrund von dolosen Handlungen hin?	Bei festgestellten **falschen Darstellungen** muss der APr beurteilen, ob diese auf dolose Handlungen hindeuten? Ist dies der Fall, müssen die Auswirkungen der falschen Darstellung auf andere Aspekte der Prüfung beurteilt werden.	Wurden **falsche Darstellung als Ergebnis doloser Handlungen** oder mit Beteiligung des Managements festgestellt? Ist dies der Fall, müssen die Risiken und die daraus resultierenden Auswirkungen auf Art, zeitliche Einteilung und Umfang der PH neu beurteilen werden.	Ist der Abschluss infolge doloser Handlungen wesentlich falsch dargestellt, oder kann der APr keine diesbezügliche Schlussfolgerung treffen, so muss er die Auswirkungen für die Prüfung abwägen.

Unmöglichkeit für den Abschlussprüfer zur Fortführung des Auftrags (39)

Falls der APr als Folge einer aus dolosen Handlungen oder vermuteten dolosen Handlungen resultierenden falschen Darstellung auf außergewöhnliche Umstände stößt, durch die in Frage gestellt wird, ob die Prüfung fortgeführt werden kann, muss er

feststellen, welche beruflichen und rechtlichen Pflichten unter den gegebenen Umständen zu beachten sind, und ob eine Berichterstattung erforderlich ist.	abwägen, ob eine Mandatsniederlegung angemessen ist, sofern eine solche zulässig ist.	im Falle einer Mandatsniederlegung » Gespräch mit dem Management und den für die Überwachung Verantwortlichen über die Mandatsniederlegung und die Gründe dafür sowie » feststellen, ob eine berufliche oder rechtliche Verpflichtung besteht, die Niederlegung des Mandates und die Gründe dafür mitzuteilen.

§ 318 HGB (D.38.1 f.)
- » Ein angenommener Prüfungsauftrag darf vom APr nur aus wichtigem Grund gekündigt werden.
- » Im Falle der Kündigung hat der APr schriftlich über das Ergebnis der bisherigen Prüfung zu berichten.
- » Die Wirtschaftsprüferkammer ist unverzüglich von der Kündigung des Prüfungsauftrags zu unterrichten.

Mitteilungen an Aufsichtsbehörden und Überwachungsstellen (43)

Wenn eine dolose Handlung festgestellt oder vermutet wird, muss der APr feststellen, ob eine Pflicht besteht, die Feststellung oder Vermutung einem Dritten außerhalb der Einheit mitzuteilen.	Obwohl die berufliche Pflicht des APr zur Verschwiegenheit über Mandanteninformationen eine solche Mitteilung möglicherweise ausschließt, können Fälle eintreten, in denen die rechtlichen Pflichten des APr die Verschwiegenheitspflicht außer Kraft setzen.

(D.43.1)
- » Aufgrund der Verschwiegenheitspflicht (§ 43 Abs. 1 WPO, § 323 Abs. 1 Satz 1 HGB, § 203 Abs. 1 Nr. 3 StGB) darf der APr gegenüber Dritten grundsätzlich keine Erkenntnisse über dolose Handlungen offenbaren.
- » Ausnahmen aufgrund gesetzlicher Regelungen sind für bestimmte Prüfungen (z.B. gesetzliche APr von PIEs) und bestimmte Bereiche (z.B. Meldepflicht bei Verdacht auf Geldwäsche) vorgesehen.

ISA [DE] 240

Einholung schriftlicher Erklärungen des Managements und der für die Überwachung Verantwortlichen (40)

- Anerkennung ihrer Verantwortlichkeit für die Planung, Einrichtung und Aufrechterhaltung des IKS zur Verhinderung und Aufdeckung doloser Handlungen.

- Sie haben dem APr die Ergebnisse der Beurteilung des Managements über das Risiko mitgeteilt, dass der Abschluss infolge doloser Handlungen wesentliche falsche Darstellungen enthalten könnte.

- Sie haben dem APr alle ihnen bekannten oder vermuteten dolosen Handlungen mit Auswirkungen auf die Einheit mitgeteilt, an denen das Management, Mitarbeiter mit bedeutender Funktion im Rahmen des IKS oder andere Personen beteiligt sind.

- Sie haben dem APr alle ihnen bekannten Vorwürfe von dolosen Handlungen oder vermuteten dolosen Handlungen mit Auswirkung auf den Abschluss der Einheit zur Kenntnis gebracht, die von Mitarbeitern, ehemaligen Mitarbeitern, Analysten, Aufsichtsbehörden oder anderen mitgeteilt worden sind.

Mitteilungen an das Management und Kommunikation mit den für die Überwachung Verantwortlichen (41-43)

| Hat der APr eine dolose Handlung festgestellt oder Informationen erlangt, die auf eine mögliche dolose Handlung hindeuten, so hat er diese Sachverhalte in angemessener Zeit **der angemessenen Managementebene** mitzuteilen. | Sofern nicht alle für die Überwachung Verantwortlichen in die Managementtätigkeit der Einheit eingebunden sind, hat der APr den jeweils für die Überwachung Verantwortlichen mitzuteilen, wenn er dolose Handlungen feststellt oder vermutet, an denen das Management, Mitarbeiter mit bedeutenden Funktionen im Rahmen des IKS oder andere Personen beteiligt sind. | Der APr muss sich mit den für die Überwachung Verantwortlichen über alle anderen Sachverhalte i.Z.m. dolosen Handlungen austauschen, die nach seiner Beurteilung für deren Verantwortlichkeiten relevant sind. |

ISA [DE] 240

Dokumentation (45-48)

Die Prüfungsdokumentation über die Einheit und ihr Umfeld sowie die Beurteilung der Risiken wesentlicher falscher Darstellungen (→ ISA [DE] 315 (Revised)) muss beinhalten:
» Die bedeutsamen Entscheidungen, die im Rahmen der Besprechung im Prüfungsteam zur Anfälligkeit des Abschlusses der Einheit für wesentliche falsche Darstellungen aufgrund von dolosen Handlungen getroffen wurden.
» Die identifizierten und beurteilten Risiken wesentlicher falscher Darstellungen aufgrund von dolosen Handlungen auf Abschluss- und auf Aussageebene.

Die Prüfungsdokumentation zu den erforderlichen Reaktionen auf die beurteilten Risiken wesentlicher falscher Darstellungen (→ ISA [DE] 330) muss beinhalten:
» Die allgemeinen Reaktionen auf die beurteilten Risiken wesentlicher falscher Darstellungen aufgrund von dolosen Handlungen auf Abschlussebene sowie die Art, zeitliche Einteilung und den Umfang der PH sowie die Verknüpfung dieser PH mit den beurteilten Risiken.
» Die Ergebnisse der PH, einschließlich derjenigen, die auf das Risiko einer Außerkraftsetzung von Kontrollen durch das Management ausgerichtet sind.

Dokumentation von Mitteilungen über dolose Handlungen, die an das Management, an die für die Überwachung Verantwortlichen, an die Aufsichtsbehörden und an andere gerichtet wurden.

Dokumentation der Schlussfolgerung, wenn die Vermutung eines Risikos wesentlicher falscher Darstellungen aufgrund von dolosen Handlungen bei der Erlöserfassung unter den Umständen des Auftrages nicht zutrifft.

ISA [DE] 250 (Revised)
Berücksichtigung von Gesetzen und anderen Rechtsvorschriften bei einer Abschlussprüfung

Zusammenfassung:

ISA [DE] 250 (Revised) ist die um spezifische Modifikationen zu Einzelaspekten (sog. „D.-Textziffern") ergänzte autorisierte deutsche Übersetzung von ISA 250. Der Standard differenziert zunächst unterschiedliche Kategorien von Gesetzen und anderen Rechtsvorschriften im Hinblick darauf, ob sich aus ihnen eine unmittelbare Auswirkung auf den Abschluss ergibt. Zudem wird in ISA [DE] 250 (Revised) der Begriff des Verstoßes definiert.

Nach ISA [DE] 250 (Revised) sind auch bei Nichtvorliegen identifizierter oder vermuteter Verstöße stets Prüfungshandlungen zur Erlangung eines Verständnisses des für die Einheit geltenden regulatorischen Rahmens und zur Einhaltung der Rechtsvorschriften mit unmittelbarer Auswirkung auf den Abschluss erforderlich. Im Hinblick auf sonstige Rechtsvorschriften sind Befragungen sowie die Einsichtnahme in ggf. vorhandenen Schriftverkehr mit Behörden vorzunehmen. Betont wird zudem die Beibehaltung der kritischen Grundhaltung. Grundsätzlich vorgesehen ist zudem die Einholung einer schriftlichen Erklärung des Managements und der für die Überwachung Verantwortlichen. Weitergehende Anforderungen ergeben sich im Falle von identifizierten oder vermuteten Verstößen.

Als nationale Besonderheit hebt ISA [DE] 250 (Revised) hervor, dass der Abschlussprüfer aufgrund seiner Verschwiegenheitspflicht gegenüber Dritten (z.B. Staatsanwaltschaft) keine identifizierten oder vermuteten Verstöße gegen Gesetze oder andere Rechtsvorschriften offenbaren darf, sofern keine Ausnahmen aufgrund gesetzlicher Regelungen bestehen.

Verweise:

— ISA [DE] 240: Verantwortlichkeiten des Abschlussprüfers bei dolosen Handlungen
— ISA [DE] 315 (Revised): Identifizierung und Beurteilung der Risiken wesentlicher falscher Darstellungen aus dem Verständnis von der Einheit und ihrem Umfeld
— ISA [DE] 580: Schriftliche Erklärungen
— IDW PS 470 n.F.: Grundsätze für die Kommunikation mit den für die Überwachung Verantwortlichen

ISA [DE] 250 (Revised): Berücksichtigung von Gesetzen und anderen Rechtsvorschriften bei einer Abschlussprüfung

Verantwortlichkeit für die Einhaltung von Gesetzen und anderen Rechtsvorschriften (3-9)

Es liegt in der Verantwortlichkeit des Managements, unter Aufsicht der für die Überwachung Verantwortlichen sicherzustellen, dass die Geschäftstätigkeit der Einheit in Übereinstimmung mit den Bestimmungen der Gesetze und anderer Rechtsvorschriften ausgeübt wird.

Der APr ist verantwortlich für die Erlangung hinreichender Sicherheit darüber, dass der Abschluss als Ganzes frei von einer wesentlichen falschen Darstellung, ob aufgrund von dolosen Handlungen oder Irrtümern, ist.

Differenzierung unterschiedlicher Kategorien von Gesetzen und anderen Rechtsvorschriften (6)

Bestimmungen in Gesetzen und anderen Rechtsvorschriften, denen im Allgemeinen eine **unmittelbare Auswirkung** auf die Festlegung wesentlicher Beträge und Angaben **im Abschluss** beigemessen wird. Beispiele: » Regelungen zu Form und Inhalt des Abschlusses » Branchenspezifische Fragen der Finanzberichterstattung	Sonstige Gesetze und andere Rechtsvorschriften, die **keine unmittelbare Auswirkung** auf die Festlegung der Beträge und Angaben **im Abschluss** haben, deren Einhaltung jedoch grundlegend für die betrieblichen Aspekte der Geschäftstätigkeit, für die Fähigkeit einer Einheit zur Fortführung ihrer Geschäftstätigkeit oder zur Vermeidung wesentlicher Strafen ist.

Definition (12)

Verstoß	Absichtliches oder unabsichtliches Tun oder Unterlassen, begangen durch die Einheit, die für die Überwachung Verantwortlichen, das Management oder andere für die Einheit oder unter deren Leitung tätige Personen, das den geltenden Gesetzen oder anderen Rechtsvorschriften entgegensteht. Verstöße umfassen kein persönliches Fehlverhalten, das nicht mit den Geschäftstätigkeiten der Einheit im Zusammenhang steht.

ISA [DE] 250 (Revised)

Erwägungen des APr zur Einhaltung von Gesetzen und anderen Rechtsvorschriften (13-18)

Die folgenden Prüfungshandlungen sind auch bei Nichtvorliegen identifizierter oder vermuteter Verstöße stets erforderlich:

Erlangung eines Verständnisses von der Einheit und ihrem Umfeld (→ ISA [DE] 315 (Revised))	Der APr hat **ein allgemeines Verständnis** zur erlangen von: » dem für die Einheit und die Branche einschlägigen gesetzlichen und sonstigen regulatorischen Rahmen » der Art und Weise, in der die Einheit diesen Rechtsrahmen einhält
Prüfungsnachweise zu Rechtsvorschriften mit unmittelbarer Auswirkung auf den Abschluss	Zur Einhaltung von Rechtsvorschriften, denen im Allgemeinen eine unmittelbare Auswirkung auf die Festlegung wesentlicher Beträge und Angaben im Abschluss beigemessen wird, hat der APr ausreichende Prüfungsnachweise einzuholen.
Prüfungshandlungen zu sonstigen Rechtsvorschriften	Zur Einhaltung von sonstigen Rechtsvorschriften sind die folgenden Prüfungshandlungen durchzuführen: » Befragung des Managements und – sofern sachgerecht – der für die Überwachung Verantwortlichen, ob die Einheit solche Gesetze und andere Rechtsvorschriften einhält, » Einsichtnahme in ggf. vorhandenen Schriftverkehr mit den zuständigen Genehmigungs- oder Aufsichtsbehörden.
Beibehaltung der kritischen Grundhaltung	Der APr hat für die Möglichkeit aufmerksam zu bleiben, dass ihm durch andere durchgeführte Prüfungshandlungen Fälle tatsächlicher oder vermuteter Verstöße gegen Gesetze und andere Rechtsvorschriften zur Kenntnis gelangen können.
Einholung schriftlicher Erklärungen	Vom Management und – sofern sachgerecht – von den für die Überwachung Verantwortlichen sind schriftlicher Erklärungen einzufordern, dass dem APr alle bekannten Fälle tatsächlicher oder vermuteter Verstöße gegen Gesetze und andere Rechtsvorschriften mitgeteilt wurden, deren Auswirkungen bei der Aufstellung des Abschlusses zu berücksichtigen sind.

Prüfungshandlungen bei identifizierten oder vermuteten Verstößen (19-22)

Bei Bekanntwerden von Informationen zu einem Fall eines tatsächlichen oder vermuteten Verstoßes gegen Gesetze und andere Rechtsvorschriften (19)
- » Erlangung eines Verständnisses von der Art der Handlung und den Umständen, unter denen sie vorgenommen wurde,
- » Erlangung weiterer Informationen, um die mögliche Auswirkung auf den Abschluss zu beurteilen.

Im Falle der Vermutung, dass ein Verstoß vorliegen kann (20-21):
- » Erörterung des Sachverhalts mit der entsprechenden Managementebene und – sofern sachgerecht – den für die Überwachung Verantwortlichen
- » Sofern die Erörterung keine ausreichenden Informationen liefert, hat der APr die Notwendigkeit der Erlangung rechtlichen Rats zu erwägen.
- » Sofern keine ausreichenden Informationen über einen vermuteten Verstoß erlangt werden können, hat der APr die Auswirkung des Fehlens ausreichender geeigneter Prüfungsnachweise auf das Prüfungsurteil zu beurteilen.

Der APr hat die Auswirkungen identifizierter oder vermuteter Verstöße im Verhältnis zu anderen Aspekten der Abschlussprüfung, einschließlich seiner Risikobeurteilung und der Verlässlichkeit schriftlicher Erklärungen zu beurteilen und geeignete Maßnahmen zu ergreifen.

D.A25.1   Nach § 318 Abs. 6 HGB darf ein angenommener Prüfungsauftrag vom APr indes nur aus wichtigem Grund gekündigt werden

ISA [DE] 250 (Revised)

Kommunikation und Berichterstattung identifizierter oder vermuteter Verstöße (23-29)

Kommunikation mit den für die Überwachung Verantwortlichen über identifizierte oder vermutete Verstöße (23-25)

Der APr hat – sofern nicht nach Gesetzen oder anderen Rechtsvorschriften untersagt – über mit Verstößen gegen Gesetze und andere Rechtsvorschriften zusammenhängende Sachverhalte, auf die er im Laufe der Abschlussprüfung aufmerksam wird, mit den für die Überwachung Verantwortlichen zu kommunizieren.

Sind die Verstöße absichtlich und wesentlich, hat der APr – sobald praktisch durchführbar – mit den für die Überwachung Verantwortlichen über den Sachverhalt zu kommunizieren.

Vermutet der APr eine Beteiligung des Managements oder der für die Überwachung Verantwortlichen an Verstößen, hat er – sofern vorhanden – der nächsthöheren Hierarchieebene der Einheit (z.B. Prüfungsausschuss oder Aufsichtsrat), den Sachverhalt mitzuteilen.
- » Ist keine höhere Hierarchieebene vorhanden oder ist der APr der Auffassung, dass es sein kann, dass auf die Mitteilung nicht reagiert wird, oder ist er unsicher, an welche Person zu berichten ist, hat der Abschlussprüfer die Notwendigkeit zur Erlangung rechtlichen Rats zu erwägen.

Mögliche Auswirkungen identifizierter oder vermuteter Verstöße auf den Vermerk (26-28)

Haben identifizierte oder vermutete Verstöße eine wesentliche Auswirkung auf den Abschluss und wurden diese nicht angemessen im Abschluss abgebildet, hat der APr ein eingeschränktes oder versagtes Prüfungsurteil zum Abschluss (→ IDW PS 405) abzugeben

Verhindern das Management oder die für die Überwachung Verantwortlichen die Erlangung ausreichender geeigneter Prüfungsnachweise, hat der APr aufgrund eines Prüfungshemmnisses ein eingeschränktes Prüfungsurteil abzugeben oder die Nichtabgabe eines Prüfungsurteils zum Abschluss zu erklären (→ IDW PS 405).

Kommunikation und Berichterstattung identifizierter oder vermuteter Verstöße (23-29)

Berichterstattung identifizierter oder vermuteter Verstöße an eine zuständige Behörde außerhalb der Einheit (29)

Der APr hat festzustellen, ob Gesetze, andere Rechtsvorschriften oder relevante berufliche Verhaltensanforderungen:
» ihn zur Berichterstattung an eine zuständige Behörde außerhalb der Einheit verpflichten
» Verantwortlichkeiten festlegen, nach denen die Berichterstattung an eine zuständige Behörde außerhalb der Einheit unter den Umständen angemessen sein kann.

D.29.1	Aufgrund der Verschwiegenheitspflicht (§ 43 Abs. 1 WPO, § 323 Abs. 1 Satz 1 HGB, § 203 Abs. 1 Nr. 3 StGB) darf der Abschlussprüfer gegenüber Dritten (z.B. Staatsanwaltschaft) keine identifizierten oder vermuteten Verstöße gegen Gesetze oder andere Rechtsvorschriften offenbaren, sofern keine Ausnahmen aufgrund gesetzlicher Regelungen bestehen.

Dokumentation (30)

In die Prüfungsdokumentation sind aufzunehmen:
» Identifizierte oder vermutete Verstöße gegen Gesetze und andere Rechtsvorschriften
» durchgeführten Prüfungshandlungen, die bedeutsamen Beurteilungen nach pflichtgemäßem Ermessen und die hieraus gezogenen Schlussfolgerungen
» die Diskussionen bedeutsamer Sachverhalte bezüglich der Verstöße mit dem Management, den für die Überwachung Verantwortlichen und Anderen, einschließlich, wie das Management und – sofern einschlägig – die für die Überwachung Verantwortlichen auf den Sachverhalt reagiert haben.

ISA 260 (Revised): Kommunikation mit den für die Überwachung Verantwortlichen

ISA 260 (Revised) ist nicht Bestandteil der vom IDW festgestellten deutschen Grundsätze ordnungsmäßiger Abschlussprüfung, weil hierfür ein gesonderter IDW PS existiert.

Anforderungen zu dieser Thematik sind dargestellt im IDW Prüfungsstandard: Grundsätze für die Kommunikation mit den für die Überwachung Verantwortlichen (IDW PS 470 n.F.).

ISA 265: Mitteilung von Mängeln im internen Kontrollsystem an die für die Überwachung Verantwortlichen und das Management

ISA 265 ist nicht Bestandteil der vom IDW festgestellten deutschen Grundsätze ordnungsmäßiger Abschlussprüfung, weil hierfür ein gesonderter IDW PS existiert.

Anforderungen zu dieser Thematik sind dargestellt im IDW Prüfungsstandard: Mitteilung von Mängeln im internen Kontrollsystem an die für die Überwachung Verantwortlichen und das Management (IDW PS 475).

ISA [DE] 300
Planung einer Abschlussprüfung

Zusammenfassung:
ISA [DE] 300 ist die um spezifische Modifikationen zu Einzelaspekten (sog. „D.-Textziffern") ergänzte autorisierte deutsche Übersetzung von ISA 300. Der Standard behandelt die Verantwortlichkeit des Abschlussprüfers zur Planung einer Abschlussprüfung.

Die Planung ist keine separate Prüfungsphase, sondern ein fortwährender und iterativer Prozess. Andererseits beinhaltet die Planung jedoch auch eine zeitliche Abfolge bestimmter Aktivitäten und Prüfungshandlungen, die abgeschlossen werden müssen, bevor weitere Prüfungshandlungen durchgeführt werden können.

Art und Umfang von Planungsaktivitäten hängen von der Größe und Komplexität der Einheit, den bisherigen Erfahrungen von Mitgliedern des Prüfungsteams in Schlüsselfunktionen mit der Einheit und veränderten Umständen, die während der Abschlussprüfung eintreten, ab. Besondere Anforderungen sind zudem bei Erstprüfungen zu beachten.

Zur Planung einer Prüfung gehören die Entwicklung der Prüfungsstrategie und die Entwicklung eines Prüfungsprogramms.

— In der Prüfungsstrategie werden Art und Umfang sowie zeitliche Einteilung und Ausrichtung der Prüfung festgelegt und sie dient bei der Entwicklung des Prüfungsprogramms als Leitfaden. Sobald die Prüfungsstrategie festgelegt ist, kann das Prüfungsprogramm entwickelt werden. Bei kleinen und mittleren Unternehmen kann als dokumentierte Prüfungsstrategie ein kurzes Memorandum dienen, das bei Beendigung der vorherigen Prüfung anhand einer Durchsicht der Arbeitspapiere erstellt wurde und das die bei der soeben beendeten Prüfung identifizierten Fragen aufzeigt sowie im Berichtszeitraum anhand von Diskussionen mit dem geschäftsführenden Eigentümer aktualisiert wird.
— Im Prüfungsprogramm werden erstens Art, zeitliche Einteilung und Umfang der geplanten Prüfungshandlungen zur Risikobeurteilung, zweitens Art, zeitliche Einteilung und Umfang der geplanten weiteren Prüfungshandlungen auf Aussageebene und drittens andere geplante Prüfungshandlungen, die durchgeführt werden müssen, beschrieben.

ISA [DE] 300 enthält zudem die Anforderungen, dass die Prüfungsstrategie, das Prüfungsprogramm sowie Änderungen von Prüfungsstrategie oder Prüfungsprogramm zu dokumentieren sind.

Verweise:
— ISA [DE] 200: Übergeordnete Ziele des unabhängigen Prüfers und Grundsätze einer Prüfung in Übereinstimmung mit den International Standards on Auditing
— ISA [DE] 315 (Revised): Identifizierung und Beurteilung der Risiken wesentlicher falscher Darstellungen aus dem Verständnis von der Einheit und ihrem Umfeld
— ISA [DE] 330: Reaktionen des Abschlussprüfers auf beurteilte Risiken

ISA [DE] 300: Planung einer Abschlussprüfung (PS. 240 Alt)

Anwendungsbereich und Zielsetzung (1, 4)

- ISA 300 [DE] behandelt die Verantwortlichkeit des APr zur Planung einer Abschlussprüfung.
- Ziel des APr ist es, die Prüfung so zu planen, dass sie wirksam durchgeführt wird.

Funktion und zeitliche Einteilung der Planung (2, A1-A2)

Bestandteile einer Planung: Vorbereitende **Maßnahmen (5)** → Entwicklung einer **Prüfungsstrategie (7-8)** ↔ Entwicklung eines **Prüfungsprogramms (9)**

Eine adäquate Planung unterstützt den APr bei:
- Angemessene Aufmerksamkeit für wichtige Prüfungsgebiete
- Rechtzeitige Identifizierung und Lösung von Problemen
- Organisation und Leitung zur wirksamen und wirtschaftlichen Durchführung
- Auswahl von Prüfungsteammitgliedern mit angemessenen Fähigkeiten und Kompetenzen und unterstützt bei der Zuordnung von Tätigkeiten an diese
- Erleichtert die Anleitung und Überwachung des Prüfungsteam sowie die Durchsicht ihrer Arbeit
- Unterstützt bei der Koordination der Arbeit der unterschiedlichen Zuständigen

- Planung als **fortwährender und iterativer Prozess**, der häufig kurz nach Beendigung der vorherigen Prüfung beginnt und bis zur Beendigung der laufenden Abschlussprüfung andauert
- Planung als **zeitliche Abfolge bestimmter** Aktivitäten und **Prüfungshandlungen**, die abgeschlossen werden müssen, bevor weitere Prüfungshandlungen durchgeführt werden können

Art und Umfang von Planungsaktivitäten hängen ab von:

- Größe und Komplexität der Einheit
- Bisherige Erfahrungen von Mitgliedern des Prüfungsteams in Schlüsselfunktionen mit der Einheit
- Veränderte Umstände, die während der Abschlussprüfung eintreten

ISA [DE] 300

Einbindung von Mitgliedern des Prüfungsteams mit Schlüsselfunktionen (5, A4)

Der für den Auftrag Verantwortliche und andere Mitglieder des Prüfungsteams mit Schlüsselfunktionen müssen in die Planung der Prüfung eingebunden werden.

» Nutzung von deren Erfahrungen und Erkenntnissen » Verbesserung der Wirksamkeit und Wirtschaftlichkeit des Planungsprozesses	Anforderungen zur Diskussion im Prüfungsteam enthalten auch ISA [DE] 240 und ISA [DE] 315 (Revised)

Vorbereitende Maßnahmen, die zu Beginn der Abschlussprüfung vorgenommen werden müssen (6, A5)

» Prüfungshandlungen im Hinblick auf die Fortführung der Mandantenbeziehung und des konkreten Auftrags (→ IDW QS 1)
» Beurteilung der Einhaltung der relevanten beruflichen Verhaltensanforderungen, einschließlich der Unabhängigkeit (→ IDW QS 1)
» Verständigung über die Auftragsbedingungen (→ ISA [DE] 210)

Prüfungsstrategie (7-8, A8)

ASM → Audit Strategy Memo

Zweck	» Festlegung von Art und Umfang sowie zeitliche Einteilung und Ausrichtung der Prüfung » Leitfaden für die Entwicklung des Prüfungsprogramms
Inhalt	» Identifizierung der Merkmale des Auftrages, durch die dessen Umfang definiert wird » Ermittlung der Berichterstattungsziele des Auftrages zur Planung der zeitlichen Einteilung und der Art der Kommunikation » Berücksichtigung der Faktoren, die für die Ausrichtung der Arbeit des Prüfungsteams bedeutsam sind » Berücksichtigung der Ergebnisse von vorbereitenden Maßnahmen » Ermittlung von Art, zeitlicher Einteilung und Umfang der notwendigen Ressourcen
KMU (A11)	Als dokumentierte Prüfungsstrategie kann ein kurzes Memorandum dienen, das bei Beendigung der vorherigen Prüfung anhand einer Durchsicht der Arbeitspapiere erstellt wurde und das die bei der soeben beendeten Prüfung identifizierten Fragen aufzeigt sowie im Berichtszeitraum anhand von Diskussionen mit dem geschäftsführenden Eigentümer aktualisiert wird.

ISA [DE] 300

Prüfungsprogramm (9, A12)

Das Prüfungsprogramm ist detaillierter als die Prüfungsstrategie, weil es Art, zeitliche Einteilung und Umfang der von den Mitgliedern des Prüfungsteams durchzuführenden Prüfungshandlungen enthält. Inhalt des Prüfungsprogramms:

| Art, zeitliche Einteilung und Umfang der geplanten Prüfungshandlungen zur Risikobeurteilung (→ ISA [DE] 315 (Revised)) | Art, zeitliche Einteilung und Umfang der geplanten weiteren Prüfungshandlungen auf Aussageebene (→ ISA [DE] 330) | Andere geplante Prüfungshandlungen, die durchgeführt werden müssen, damit die Prüfung den ISA [DE] entspricht |

» Prüfungshandlungen zur Risikobeurteilung werden in einem frühen Stadium des Prüfungsprozesses geplant, da deren Ergebnis die Planung von Art, zeitlicher Einteilung und Umfang bestimmter weiterer Prüfungshandlungen bestimmt
» Die Planung von Art, zeitlicher Einteilung und Umfang bestimmter weiterer Prüfungshandlungen hängt vom Ergebnis der Prüfungshandlungen zur Risikobeurteilung ab.

Aktualisierung und Änderung der Prüfungsstrategie und des Prüfungsprogramms im Laufe der Prüfung (10, A15)

Prüfungsstrategie und Prüfungsprogramm sind im Laufe der Prüfung bei Bedarf zu aktualisieren und zu ändern.
» Bei unerwarteten Ereignissen, veränderten Gegebenheiten oder aufgrund von erlangten Prüfungsnachweisen
» Wenn Informationen bekannt werden, die erheblich von denjenigen abweichen, die dem APr zum Zeitpunkt der Planung der Prüfungshandlungen zur Verfügung standen

ISA [DE] 300

Planung der Anleitung, Überwachung und Durchsicht (11, A16-A17)

Art, zeitliche Einteilung und Umfang der Anleitung und Überwachung der Mitglieder des Prüfungsteams sowie die Durchsicht ihrer Arbeit müssen geplant werden.

KMU (A17)	» Falls eine Prüfung ausschließlich von dem für den Auftrag Verantwortlichen durchgeführt wird, stellt sich die Frage nicht. » Bei besonders komplexen oder ungewöhnlichen Sachverhalten kann jedoch die Einholung von rechtlichem Rat sinnvoll sein.

Dokumentation (12, A18-A20)

Prüfungsstrategie	Aufzeichnung der besonders wichtigen Entscheidungen zu Art und Umfang sowie zeitlicher Einteilung und Durchführung der Prüfung, die für notwendig erachtet werden, um die Prüfung ordnungsgemäß planen und dem Prüfungsteam bedeutsame Sachverhalte mitteilen zu können.
	Die Prüfungsstrategie kann in Form eines Memorandums zusammengefasst werden, das die besonders wichtigen Entscheidungen zu Art und Umfang sowie zeitlicher Einteilung und Durchführung der Prüfung enthält. 
	Eine Anlage zu ISA [DE] 300 enthält Beispiele für Sachverhalte, die der APr bei der Entwicklung der Prüfungsstrategie berücksichtigen kann.
Prüfungsprogramm	Aufzeichnung der ordnungsgemäßen Planung von Art, zeitlicher Einteilung und Umfang der Prüfungshandlungen zur Risikobeurteilung sowie von weiteren Prüfungshandlungen auf Aussageebene als Reaktion auf die beurteilten Risiken. » Der APr kann standardisierte Prüfungsprogramme oder Prüfungschecklisten nutzen, die nach Bedarf auf die Umstände des jeweiligen Auftrages zugeschnitten werden.
Änderungen von Prüfungsstrategie und Prüfungsprogramm	Aufzeichnung von bedeutsamen Änderungen liefert Erklärungen dafür, warum die bedeutsamen Änderungen vorgenommen wurden sowie welche Prüfungsstrategie und welches Prüfungsprogramm für die Prüfung schließlich übernommen wurden und spiegelt die angemessene Reaktion auf die während der Prüfung eintretenden bedeutsamen Änderungen wider.

Zusätzliche Überlegungen bei Erstprüfungen (13, A22)

Vor Beginn einer Erstprüfung müssen die folgenden Maßnahmen durchgeführt werden:
» Durchführung der erforderlichen Maßnahmen beim Eingehen der Mandantenbeziehung und bei der Annahme des konkreten Auftrages zur Abschlussprüfung (→ IDW QS 1)
» Kommunikation mit dem vorherigen APr, wenn ein Wechsel des APr stattgefunden hat

Bei einer Erstprüfung müssen möglicherweise die Planungsaktivitäten ausgeweitet werden, da keine Erfahrungen mit der Einheit vorliegen, die bei der Planung von Folgeprüfungen berücksichtigt werden. Zweck und Ziel der Prüfungsplanung sind jedoch gleich, unabhängig davon, ob es sich um eine Erstprüfung oder um eine Folgeprüfung handelt.

Folgende zusätzliche Punkte können bei der Entwicklung von Prüfungsstrategie und Prüfungsprogramm zu berücksichtigen sein:
» Mit dem vorherigen APr zu treffende Vereinbarungen
» Erhebliche Sachverhalte, die im Zusammenhang mit der erstmaligen Bestellung zum APr mit dem Management erörtert wurden
» Notwendige Prüfungshandlungen, um ausreichende geeignete Prüfungsnachweise im Hinblick auf Eröffnungssalden zu erhalten
» Sonstige Verfahren, die das Qualitätssicherungssystem der Praxis bei Erstprüfungen verlangt

D.A22.1 Kommunikation mit dem vorherigen APr:
» Bei der Kommunikation mit dem bisherigen APr sind die Anforderungen des § 42 BS WP/vBP relevant.
» Bei Abschlussprüfungen von PIEs ist zudem Artikel 18 der EU-Abschlussprüferverordnung einschlägig.

ISA [DE] 315 (Revised)
Identifizierung und Beurteilung der Risiken wesentlicher falscher Darstellungen aus dem Verständnis von der Einheit und ihrem Umfeld

Zusammenfassung:

ISA [DE] 315 (Revised) ist die um spezifische Modifikationen zu Einzelaspekten (sog. „D.-Textziffern") ergänzte autorisierte deutsche Übersetzung von ISA 315 (Revised). Der Standard behandelt die Verantwortlichkeit des Abschlussprüfers aus dem Verständnis von der Einheit und ihrem Umfeld, einschließlich ihres IKS, die Risiken wesentlicher falscher Darstellungen auf Abschluss- und Aussageebene zu identifizieren und zu beurteilen, um dadurch eine Grundlage für die Planung und Umsetzung von Reaktionen auf die beurteilten Risiken wesentlicher falscher Darstellungen zu schaffen. ISA [DE] 315 (Revised) ist damit zentraler Bestandteil des risikoorientierten Prüfungsansatzes.

ISA [DE] 315 (Revised) verlangt zunächst die Durchführung von Befragungen und analytischen Prüfungshandlungen zur Risikoidentifikation. Klargestellt wird zudem, dass der Abschlussprüfer ein umfassendes Verständnis über die Einheit und ihr Umfeld sowie über das IKS der Einheit erlangen muss.

Auf dieser Grundlage hat der Abschlussprüfer die Risiken wesentlicher falscher Darstellungen zu identifizieren und zu beurteilen. verschaffen muss. Dabei ist bei jedem identifizierten Risiko festzustellen, ob es sich um ein sog. bedeutsames Risiko handelt. Sofern bei einigen keine ausreichende geeignete Prüfungsnachweise ausschließlich durch aussagebezogene Prüfungshandlungen erlangt werden können, hat der Abschlussprüfer auch ein Verständnis von den auf diese Risiken bezogenen Kontrollen der Einheit zu erlangen.

Verweise:

— ISA [DE] 200: Übergeordnete Ziele des unabhängigen Prüfers und Grundsätze einer Prüfung in Übereinstimmung mit den International Standards on Auditing
— ISA [DE] 240: Verantwortlichkeiten des Abschlussprüfers bei dolosen Handlungen
— ISA [DE] 250 (Revised): Berücksichtigung von Gesetzen und anderen Rechtsvorschriften bei einer Abschlussprüfung
— ISA [DE] 330: Reaktionen des Abschlussprüfers auf beurteilte Risiken

ISA [DE] 315 (Revised): Identifizierung und Beurteilung der Risiken wesentlicher falscher Darstellungen aus dem Verständnis von der Einheit und ihrem Umfeld

Anwendungsbereich und Zielsetzung (1, 3)

ISA [DE] 315 (Revised) behandelt die Verantwortlichkeit des APr aus dem Verständnis von der Einheit und ihrem Umfeld, einschließlich ihres IKS, die Risiken wesentlicher falscher Darstellungen aufgrund von dolosen Handlungen oder Irrtümern auf Abschluss- und Aussageebene zu identifizieren und zu beurteilen, um dadurch eine Grundlage für die Planung und Umsetzung von Reaktionen auf die beurteilten Risiken wesentlicher falscher Darstellungen zu schaffen.

Definitionen (4)

Aussagen	Im Abschluss explizit oder auf andere Weise enthaltene Erklärungen des Managements, wie sie vom APr bei der Würdigung möglicherweise auftretender verschiedener Arten von falschen Darstellungen genutzt werden.
Geschäftsrisiko	Ein Risiko, das sich aus bedeutsamen Gegebenheiten, Ereignissen, Umständen, Handlungen oder Unterlassungen ergibt, die sich auf die Fähigkeit der Einheit nachteilig auswirken könnten, ihre Ziele zu erreichen und ihre Strategien umzusetzen, oder das aus der Festlegung unangemessener Ziele und Strategien resultiert.
IKS	Ein von der Einheit konzipierter, eingerichteter und aufrechterhaltener Prozess, um mit hinreichender Sicherheit die Ziele der Einheit im Hinblick auf die Verlässlichkeit der Rechnungslegung, die Wirksamkeit und Wirtschaftlichkeit der Geschäftstätigkeit sowie die Einhaltung der maßgebenden gesetzlichen und anderen rechtlichen Bestimmungen zu erreichen. Der Begriff „Kontrollen" bezieht sich auf jegliche Aspekte einer oder mehrerer Komponenten des IKS.
Prüfungshandlungen zur Risikobeurteilung	Die Prüfungshandlungen, die durchgeführt werden, um ein Verständnis von der Einheit und ihrem Umfeld, einschließlich ihres IKS, zu erlangen, mit dem Ziel, die Risiken wesentlicher falscher Darstellungen aufgrund von dolosen Handlungen oder Irrtümern auf Abschluss- und Aussageebene zu identifizieren und zu beurteilen.
Bedeutsames Risiko	Ein identifiziertes und beurteiltes Risiko wesentlicher falscher Darstellungen, das nach der Beurteilung des APr eine besondere Berücksichtigung bei der Abschlussprüfung erfordert.

ISA [DE] 315 (Revised)

Prüfungshandlungen zur Risikobeurteilung und damit zusammenhängende Tätigkeiten (5-10)

Der APr hat als Grundlage für die Identifizierung und Beurteilung von Risiken wesentlicher falscher Darstellungen auf Abschluss- und Aussageebene Prüfungshandlungen zur Risikobeurteilung durchzuführen.

Die Prüfungshandlungen zur Risikobeurteilung haben zu umfassen (6):

- Befragungen des Managements, geeigneter Personen innerhalb der Internen Revision sowie weiterer Personen innerhalb der Einheit (A6-A13)
- Analytische Prüfungshandlungen (A14-A17)
- Beobachtung und Inaugenschein-/Einsichtnahme (A18)

Berücksichtigung bereits erlangter Informationen (7-8):
» Wurden bei der **Annahme** oder Fortführung **der Mandantenbeziehung** Informationen erlangt, die für die Identifizierung von Risiken wesentlicher falscher Darstellungen relevant sind?
» Wurden bei der **Durchführung von anderen Aufträgen** für die Einheit Informationen erlangt, die für die Identifizierung von Risiken wesentlicher falscher Darstellungen relevant sind?

Werden **Informationen aus bisherigen Erfahrungen** mit der Einheit **und** aus Prüfungshandlungen **vorheriger Abschlussprüfungen** genutzt, hat der APr festzustellen, ob sich seit der vorherigen Prüfung Veränderungen ergeben haben, die sich auf die Relevanz der Informationen auswirken können (9).

Der für den Auftrag Verantwortliche und die Mitglieder des Prüfungsteams mit Schlüsselfunktionen haben die Anfälligkeit des Abschlusses der Einheit für wesentliche falsche Darstellungen sowie die Anwendung der maßgebenden Rechnungslegungsgrundsätze auf die Tatsachen und Umstände der Einheit zu diskutieren. Der für den Auftrag Verantwortliche hat festzulegen, welche Sachverhalte den an der Diskussion nicht beteiligten Mitgliedern des Prüfungsteams mitzuteilen sind. (Vgl. Tz. A21-A24)

ISA [DE] 315 (Revised)

Das erforderliche Verständnis von der Einheit und ihrem Umfeld (11)	
Externe Faktoren (11a, A25-A30)	Verständnis der branchenbezogenen, rechtlichen und anderen externen Faktoren, einschließlich der maßgebenden Rechnungslegungsgrundsätze.
Merkmale der Einheit (11b, A31-A35)	Der APr hat ein Verständnis zu erlangen von folgenden Merkmalen der Einheit: » Geschäftstätigkeit, » Eigentümer-, Führungs- und Überwachungsstruktur, » Arten derzeitiger und geplanter Investitionen einschließlich von Beteiligungen an Zweckgesellschaften, » Art, in der die Einheit organisiert und finanziert ist.
Rechnungslegungs-methoden (11c, A36)	Verständnis der von der Einheit ausgewählten und angewendeten Rechnungslegungsmethoden, einschließlich der Gründe für vorgenommene Änderungen. » Der APr hat zu beurteilen, ob die Rechnungslegungsmethoden der Einheit für ihre Geschäftstätigkeit angemessen sowie mit den maßgebenden Rechnungslegungsgrundsätzen und mit den in der Branche angewendeten Rechnungslegungsmethoden vereinbar sind
Ziele und Strategien (11d, A37-A43)	Verständnis von Zielen und Strategien der Einheit sowie den damit verbundenen Geschäftsrisiken, die Risiken wesentlicher falscher Darstellungen zur Folge haben können
Wirtschaftlicher Erfolg (11e, A44-A49)	Verständnis der Messung und Überwachung des wirtschaftlichen Erfolgs der Einheit

Das erforderliche Verständnis des IKS der Einheit (12-24)

Ein Verständnis vom IKS hilft dem APr dabei, Arten möglicher falscher Darstellungen und Faktoren, die sich auf die Risiken wesentlicher falscher Darstellungen auswirken, zu identifizieren sowie Art, zeitliche Einteilung und Umfang weiterer Prüfungshandlungen zu planen.

Unabhängig von seiner Wirksamkeit kann das IKS einer Einheit nur mit hinreichender Sicherheit die Erreichung ihrer Rechnungslegungsziele ermöglichen. Die Wahrscheinlichkeit der Zielerreichung wird durch inhärente Grenzen des IKS beeinträchtigt.
» Dazu gehören die Tatsachen, dass das menschliche Urteilsvermögen bei Ermessensentscheidungen fehlerhaft sein kann und dass Störungen im IKS aufgrund menschlichen Versagens auftreten können.
» Außerdem können Kontrollen durch betrügerisches Zusammenwirken zweier oder mehrerer Personen umgangen oder durch das Management in unangemessener Weise außer Kraft gesetzt werden.

Verständnis von den relevanten Kontrollen (13)

Bei der Erlangung eines Verständnisses von den für die Abschlussprüfung relevanten Kontrollen hat der APr:
» die Konzeption dieser Kontrollen zu beurteilen
» festzustellen, ob sie eingerichtet wurden

ISA [DE] 315 (Revised)

Das erforderliche Verständnis des IKS der Einheit (12-24)

Verständnis von den Komponenten des IKS (14-24)

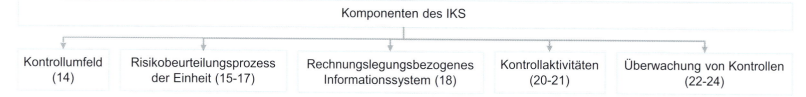

Komponenten des IKS:
- Kontrollumfeld (14)
- Risikobeurteilungsprozess der Einheit (15-17)
- Rechnungslegungsbezogenes Informationssystem (18)
- Kontrollaktivitäten (20-21)
- Überwachung von Kontrollen (22-24)

Kontrollumfeld (14)

Der APr hat ein Verständnis der Kontrollumfelds zu erlangen. Dies umfasst folgende Aspekte:
» Besteht eine Kultur der Ehrlichkeit und ethischen Verhaltens?
» Stellen die Stärken in den Bestandteilen des Kontrollumfelds eine angemessene Grundlage für die anderen Komponenten dar und werden diese anderen Komponenten nicht durch Mängel im Kontrollumfeld beeinträchtigt?

Risikobeurteilungsprozess der Einheit (15-17)

Der APr hat ein Verständnis über den Risikobeurteilungsprozess zu erlangen:
» Identifizierung von Geschäftsrisiken, die für die Rechnungslegungsziele relevant sind,
» Einschätzung der Bedeutsamkeit dieser Risiken,
» Beurteilung ihrer Eintrittswahrscheinlichkeit und
» Entscheidung über Maßnahmen, um den Risiken zu begegnen.

Sofern die Einheit über keinen Prozess verfügt
» hat der APr mit dem Management zu diskutieren, ob relevante Geschäftsrisiken identifiziert wurden und wie ihnen begegnet wurde,
» hat der APr zu beurteilen, ob das Fehlen einen bedeutsamen Mangel des IKS darstellt.

Sofern der APr Risiken wesentlicher falscher Darstellung identifiziert, welche die Einheit entgegen seiner Erwartung nicht identifiziert hat:
» hat er ein Verständnis davon zu erlangen, warum es durch diesen Prozess nicht identifiziert wurde
» hat er zu beurteilen, ob ein bedeutsamer Mangel in Bezug auf den Prozess besteht.

Das erforderliche Verständnis des IKS der Einheit (12-24)

Verständnis von den Komponenten des IKS (14-24)

Rechnungslegungsbezogenes Informationssystem (18-19)

Art der Geschäftsvorfälle	Verständnis von der Art der Geschäftsvorfälle in den Geschäftsprozessen der Einheit, die für den Abschluss bedeutsam sind.
Prozessabläufe	Verständnis von den Verfahren, in Form manueller und IT-gestützter Systeme, durch die diese Geschäftsvorfälle ausgelöst → aufgezeichnet → verarbeitet, erforderlichenfalls korrigiert → in das Hauptbuch übertragen → im Abschluss abgebildet
Unterlagen, Informationen und Konten	Verständnis von den mit den Prozessabläufen verbundenen Unterlagen des Rechnungswesens, unterstützenden Informationen sowie bestimmten Konten im Abschluss. Die Aufzeichnungen können entweder in manueller oder in elektronischer Form vorliegen.
Sonstige Ereignisse und Umstände	Verständnis von der Art und Weise der Erfassung von für den Abschluss bedeutsamen Ereignissen und Umständen, die keine Geschäftsvorfälle sind, durch das Informationssystem.
Aufstellung des Abschlusses	Verständnis des angewandten Rechnungslegungsprozess zur Aufstellung des Abschlusses der Einheit, einschließlich bedeutsamer geschätzter Werte in der Rechnungslegung sowie Abschlussangaben.
Kontrollen bei Journalbuchungen	Verständnis der Kontrollen im Zusammenhang mit Journalbuchungen, einschließlich nicht standardisierter Journalbuchungen zur Aufzeichnung von nicht wiederkehrenden, ungewöhnlichen Geschäftsvorfällen oder Anpassungen.
Kommunikation	Verständnis der Kommunikation von bedeutsamen Sachverhalten zwischen dem Management und den für die Überwachung Verantwortlichen sowie der externen Kommunikation (z.B. mit Aufsichtsbehörden).

Das erforderliche Verständnis des IKS der Einheit (12-24)

Verständnis von den Komponenten des IKS (14-24)

Kontrollaktivitäten (20-21)

Der APr hat ein Verständnis von den für die Abschlussprüfung relevanten Kontrollaktivitäten zu erlangen.
» Relevante Kontrollaktivitäten sind diejenigen, deren Verständnis notwendig ist, um die Risiken wesentlicher falscher Darstellungen auf Aussageebene zu beurteilen und um weitere Prüfungshandlungen als Reaktion auf beurteilte Risiken zu planen.
» Eine Abschlussprüfung erfordert nicht das Verständnis von sämtlichen Kontrollaktivitäten für alle bedeutsamen Arten von Geschäftsvorfällen, Kontensalden sowie Abschlussangaben oder für jede dafür relevante Aussage.

Der APr hat ein Verständnis davon zu erlangen, wie die Einheit auf Risiken, die sich aus dem IT-Einsatz ergeben, reagiert hat.

Überwachung von Kontrollen (22-24)

Der APr hat ein Verständnis von den wichtigsten Aktivitäten zu erlangen, die von der Einheit zur Überwachung des rechnungslegungsbezogenen IKS eingesetzt werden.
» Die Überwachung von Kontrollen ist ein Prozess, mit dem die Wirksamkeit des IKS im Zeitablauf beurteilt wird. Dazu gehören die Beurteilung der Wirksamkeit von Kontrollen in angemessener Zeit sowie das Ergreifen der erforderlichen Abhilfemaßnahmen.

Falls die Einheit über eine Interne Revision verfügt, hat der APr ein Verständnis von der Art der Verantwortlichkeiten der Internen Revision, von ihrer Stellung innerhalb der Organisation sowie von den durchgeführten oder durchzuführenden Tätigkeiten zu erlangen.

Viele der zur Überwachung verwendeten Informationen können aus dem Informationssystem der Einheit stammen. Der APr hat deshalb ein Verständnis zu erlangen von
» der Herkunft der mit den Überwachungsaktivitäten der Einheit verbundenen Informationen und
» der Grundlage, auf der das Management die Informationen als für diesen Zweck ausreichend verlässlich erachtet,

ISA [DE] 315 (Revised)

Identifizierung und Beurteilung der Risiken wesentlicher falscher Darstellungen (25-31)

Als Grundlage für die Planung und Durchführung weiterer Prüfungshandlungen sind **die Risiken wesentlicher falscher Darstellungen** zu identifizieren und zu beurteilen
» auf Abschlussebene
» auf Aussageebene (für Arten von Geschäftsvorfällen, Kontensalden und Abschlussangaben)

| Während des Prozesses zur Erlangung eines Verständnisses von der Einheit und ihrem Umfeld sowie bei der Würdigung der Arten von Geschäftsvorfällen, Kontensalden und Angaben im Abschluss sind **Risiken zu identifizieren** | ➡ | Es ist beurteilen und einzuschätzen, ob sich die Risiken umfassend auf den **Abschluss als Ganzes** auswirken und möglicherweise **viele Aussagen** betreffen. | ➡ | Es ist ein **Bezug** zwischen den identifizierten Risiken und den **Fehlermöglichkeiten auf Aussageebene** herzustellen | ➡ | Würdigung der Wahrscheinlichkeit von falschen Darstellungen, einschließlich der Möglichkeit mehrfacher falscher Darstellungen, und ob die möglichen falschen Darstellungen zu einer wesentlichen falschen Darstellung führen könnten. |

Risiken, die eine besondere Würdigung in der Abschlussprüfung erfordern (27-29)

Bei jedem identifizierten Risiko ist festzustellen, ob es sich seiner Beurteilung nach um ein **bedeutsames Risiko** handelt.

Falls ein **bedeutsames Risiko** vorliegt, hat der APr ein Verständnis von den für dieses Risiko relevanten Kontrollen der Einheit zu erlangen, einschließlich der dazugehörigen Kontrollaktivitäten.

Identifizierung und Beurteilung der Risiken wesentlicher falscher Darstellungen (25-31)

Risiken, die eine besondere Würdigung in der Abschlussprüfung erfordern (27-29)

Bei der Beurteilung, welche Risiken bedeutsame Risiken sind, hat der APr mindestens Folgendes zu würdigen:

Handelt es sich um ein Risiko von dolosen Handlungen?	Hängt das Risiko mit jüngeren bedeutsamen wirtschaftlichen, rechnungslegungsbezogenen oder anderen Entwicklungen zusammenhängt und erfordert deshalb besondere Aufmerksamkeit?	Komplexität der Geschäfts-vorfälle	Betrifft das Risiko bedeutsame Geschäfts-vorfälle mit nahe stehenden Personen?	Ausmaß an Subjektivität bei der Bewertung der den Risiken zugrundeliegenden finanziellen Informationen	Betrifft das Risiko bedeutsame Geschäfts-vorfälle, die sich außerhalb der gewöhnlichen Geschäftstätigkeit ereignen oder in anderer Hinsicht ungewöhnlich erscheinen?

Risiken, bei denen aussagebezogene Prüfungshandlungen alleine keine ausreichenden geeigneten Prüfungsnachweise erbringen (30)

Bei einigen Risiken kann es nicht möglich oder praktisch nicht durchführbar sein, ausreichende geeignete Prüfungsnachweise ausschließlich durch aussagebezogene Prüfungshandlungen zu erlangen. In solchen Fällen hat der APr ein Verständnis von den auf diese Risiken bezogenen Kontrollen der Einheit zu erlangen.

Solche Risiken können sich auf die fehlerhafte oder unvollständige Aufzeichnung von routinemäßigen und bedeutsamen Arten von Geschäftsvorfällen oder Kontensalden beziehen, deren Charakteristika häufig eine hoch automatisierte Verarbeitung mit wenigen oder gar keinen manuellen Eingriffen ermöglichen.

Identifizierung und Beurteilung der Risiken wesentlicher falscher Darstellungen (25-31)

Anpassung der Risikobeurteilung (31)

In Fällen, in denen der APr aus der Durchführung weiterer Prüfungshandlungen Prüfungsnachweise erlangt oder neue Informationen erhält, die jeweils inkonsistent sind zu den Prüfungsnachweisen, auf die er die Beurteilung ursprünglich gestützt hat, hat er die Beurteilung anzupassen und die weiteren geplanten Prüfungshandlungen entsprechend zu überarbeiten.

Dokumentation (32)

In die **Prüfungsdokumentation** sind aufzunehmen:

- die Diskussion im Prüfungsteam
- besonders wichtige Elemente des erlangten Verständnisses der Einheit und ihres Umfeldes sowie der Komponenten des IKS, die Informationsquellen, aus denen das Verständnis erlangt wurde, sowie die durchgeführten Prüfungshandlungen zur Risikobeurteilung
- die identifizierten und beurteilten Risiken wesentlicher falscher Darstellungen auf Abschluss- und Aussageebene
- die identifizierten Risiken und damit verbundenen Kontrollen, von denen der APr ein Verständnis erlangt hat

ISA [DE] 320
Wesentlichkeit bei der Planung und Durchführung einer Abschlussprüfung

Zusammenfassung:

ISA [DE] 320 ist die um spezifische Modifikationen zu Einzelaspekten (sog. „D.-Textziffern") ergänzte autorisierte deutsche Übersetzung von ISA 320. Der Standard behandelt die Anwendung des Konzepts der Wesentlichkeit bei der Planung und Durchführung einer Abschlussprüfung. Falsche Darstellungen, einschließlich fehlender Darstellungen, gelten als wesentlich, wenn erwartet wird, dass sie einzeln oder in der Summe die auf Grundlage des Abschlusses getroffenen wirtschaftlichen Entscheidungen von Nutzern beeinflussen.

Das Konzept der Wesentlichkeit wird vom Abschlussprüfer sowohl bei der Planung und Durchführung der Abschlussprüfung angewendet als auch bei der Beurteilung der Auswirkung von festgestellten falschen Darstellungen auf die Abschlussprüfung und von vorhandenen, nicht korrigierten falschen Darstellungen auf den Abschluss sowie bei der Bildung des Prüfungsurteils im Vermerk des Abschlussprüfers. Bei der Planung vorgenommene Beurteilungen über als wesentlich erachtete falsche Darstellungen bilden eine Grundlage für die Festlegung von Art, zeitlicher Einteilung und Umfang von Prüfungshandlungen zur Risikobeurteilung, die Feststellung und Beurteilung der Risiken wesentlicher falscher Darstellungen und die Festlegung von Art, zeitlicher Einteilung und Umfang weiterer Prüfungshandlungen.

Bei der Festlegung der Prüfungsstrategie muss der Abschlussprüfer folgende Wesentlichkeiten bestimmen:
— Wesentlichkeit für den Abschluss als Ganzes,
— Toleranzwesentlichkeit für den Abschluss als Ganzes,
— ggf. Wesentlichkeitsgrenze oder -grenzen für bestimmte Arten von Geschäftsvorfällen, Kontensalden oder Abschlussangaben und
— Toleranzwesentlichkeit für bestimmte Arten von Geschäftsvorfällen, Kontensalden oder Abschlussangaben.

Verweise:

— ISA [DE] 200: Übergeordnete Ziele des unabhängigen Prüfers und Grundsätze einer Prüfung in Übereinstimmung mit den International Standards on Auditing
— ISA [DE] 315 (Revised): Identifizierung und Beurteilung der Risiken wesentlicher falscher Darstellungen aus dem Verständnis von der Einheit und ihrem Umfeld
— ISA [DE] 450: Beurteilung der während der Abschlussprüfung identifizierten falschen Darstellungen

ISA [DE] 320: Wesentlichkeit bei der Planung und Durchführung einer Abschlussprüfung

Anwendungsbereich und Zielsetzung (1, 8)

ISA [DE] 320 behandelt die Verantwortlichkeit des APr zur Anwendung des Konzepts der Wesentlichkeit bei der Planung und Durchführung einer Abschlussprüfung. Ziel des APr ist die angemessenen Anwendung des Konzepts der Wesentlichkeit bei der Planung und Durchführung einer Abschlussprüfung.
» Die Anwendung der Wesentlichkeit bei der Beurteilung der Auswirkungen von identifizierten falschen Darstellungen auf die Abschlussprüfung und von vorhandenen, nicht korrigierten falschen Darstellungen auf den Abschluss ist Gegenstand von ISA [DE] 450.

Wesentlichkeit im Zusammenhang mit einer Abschlussprüfung (2-6)

Die Festlegung der Wesentlichkeit liegt im pflichtgemäßen Ermessen des APr und wird von seiner Wahrnehmung der Finanzinformationsbedürfnisse der Nutzer des Abschlusses beeinflusst.
» Falsche oder fehlende Darstellungen gelten als wesentlich, wenn es sein könnte, dass sie einzeln oder in der Summe die auf der Grundlage des Abschlusses getroffenen wirtschaftlichen Entscheidungen von Nutzern beeinflussen,
» Die Einschätzung basiert auf den gemeinsamen Finanzinformationsbedürfnisse der **Nutzer als Gruppe**. Die mögliche Auswirkung von falschen Darstellungen auf bestimmte einzelne Nutzer, deren Bedürfnisse sich stark unterscheiden können, wird nicht berücksichtigt.

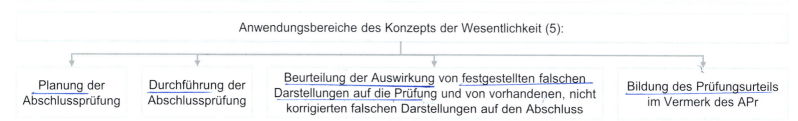

ISA [DE] 320

Wesentlichkeit im Zusammenhang mit einer Abschlussprüfung (2-6)

Bedeutung der Wesentlichkeit bei der Prüfungsplanung (6)

Bei der Planung vorgenommene Beurteilungen über als wesentlich erachtete falsche Darstellungen bilden eine Grundlage für:
» Festlegung von Art, zeitlicher Einteilung und Umfang von Prüfungshandlungen zur Risikobeurteilung
» Feststellung und Beurteilung der Risiken wesentlicher falscher Darstellungen
» Festlegung von Art, zeitlicher Einteilung und Umfang weiterer Prüfungshandlungen

Wesentlichkeit aus Prüfungsplanung entspricht nicht notwendigerweise einem Betrag, unterhalb dessen nicht korrigierte falsche Darstellungen einzeln oder in Summe stets unwesentlich sind
» Umstände falscher Darstellungen können zur Beurteilung „wesentlich" führen, selbst wenn sie unterhalb der Wesentlichkeit liegen
» Bei Beurteilung der Auswirkung nicht korrigierter falscher Darstellungen auf den Abschluss erfolgt unter Berücksichtigung von deren Ausmaß, aber auch von deren Art sowie der besonderen Umstände ihres Eintretens

Definition (9)

Toleranzwesentlichkeit: Der Betrag, der vom APr unterhalb der Wesentlichkeit für den Abschluss als Ganzes festgelegt wird, um die Wahrscheinlichkeit dafür auf ein angemessen niedriges Maß zu reduzieren, dass die Summe aus den nicht korrigierten und den nicht aufgedeckten falschen Darstellungen die Wesentlichkeit für den Abschluss als Ganzes überschreitet.

Wesentlichkeitsgrenzen

- Wesentlichkeit für den Abschluss als Ganzes
- Wesentlichkeitsgrenze oder -grenzen für bestimmte Arten von Geschäftsvorfällen, Kontensalden oder Abschlussangaben
- Toleranzwesentlichkeit
- Toleranzwesentlichkeit für bestimmte Arten von Geschäftsvorfällen, Kontensalden oder Abschlussangaben

Festlegung der Wesentlichkeit und Toleranzwesentlichkeit bei der Prüfungsplanung (10-11)

Wesentlichkeit für den Abschluss als Ganzes (A4-A10)

Bezugsgröße

Beispiele für Bezugsgrößen, die je nach den Gegebenheiten der Einheit geeignet sein können, sind Kategorien von ausgewiesenen Erträgen, z.B. Gewinn vor Steuern, Gesamterlös, Bruttogewinn und Gesamtaufwendungen, des Weiteren das Eigenkapital oder der Nettovermögenswert.
» Bei gewinnorientierten Einheiten wird häufig der **Gewinn vor Steuern** aus der laufenden Geschäftstätigkeit verwendet.
» Wenn der Gewinn vor Steuern aus der laufenden Geschäftstätigkeit starken Schwankungen unterworfen ist, können **andere Bezugsgrößen** geeigneter sein (z.B. Bruttogewinn oder Gesamterlöse).
» Bei Einheit des öffentlichen Sektors können die Gesamtaufwendungen oder die Nettoaufwendungen geeignete Bezugsgrößen sein. Wenn eine Einheit mit der Verwahrung öffentlicher Vermögenswerte betraut ist, können die Vermögenswerte eine geeignete Bezugsgröße sein.

Faktoren, die sich auf die Bestimmung einer geeigneten Bezugsgröße auswirken können:

Bestandteile des Abschlusses	Posten, auf die sich die Aufmerksamkeit der Nutzer des Abschlusses richtet	Art der Einheit, derzeitige Lebenszyklusphase sowie Branche und wirtschaftliches Umfeld	Eigentumsverhältnisse sowie die Art und Weise der Finanzierung	Relative Volatilität der Bezugsgröße

Prozentsatz

Ein Prozentsatz, der auf den Gewinn vor Steuern aus der laufenden Geschäftstätigkeit angewendet wird, ist normalerweise höher ist als ein auf den Gesamterlös angewendeter Prozentsatz.
» Beispiel: Für eine gewinnorientierte Einheit können 5 % des Gewinns vor Steuern aus der laufenden Geschäftstätigkeit angemessen sein, während für eine nicht gewinnorientierte Einheit 1 % des Gesamterlöses oder der Gesamtaufwendungen als angemessen erachtet wird.

ISA [DE] 320

Festlegung der Wesentlichkeit und Toleranzwesentlichkeit bei der Prüfungsplanung (10-11)

Wesentlichkeitsgrenzen für bestimmte Arten von Geschäftsvorfällen, Kontensalden oder Abschlussangaben (A11-A12)

Die Festlegung spezieller Wesentlichkeitsgrenzen erfolgt dann, wenn es bestimmte Arten von Geschäftsvorfällen, Kontensalden oder Abschlussangaben gibt, von denen vernünftigerweise erwartet werden kann, dass falsche Darstellungen von Beträgen unterhalb der Wesentlichkeit für den Abschluss als Ganzes die Entscheidungen von Nutzern beeinflussen.

Faktoren, die auf das Vorhandensein solcher Gegebenheiten hindeuten:
» Gesetze, andere Rechtsvorschriften oder das maßgebende Regelwerk der Rechnungslegung beeinflusst die Erwartungen von Nutzern über die Bewertung oder die Angabe bestimmter Posten
» Besonders wichtige Abschlussangaben für die Branche, in der die Einheit tätig ist (z.B. Forschungs- und Entwicklungskosten bei einem Pharmaunternehmen)
» Die Aufmerksamkeit richtet sich auf bestimmten Aspekt der Geschäftstätigkeit der Einheit mit gesonderter Abschlussangabe

Toleranzwesentlichkeit (A13)

Die Toleranzwesentlichkeit wird festgelegt, um die Wahrscheinlichkeit, dass die Summe der nicht korrigierten und nicht aufgedeckten falschen Darstellungen im Abschluss die Wesentlichkeit für den Abschluss als Ganzes überschreitet, auf ein angemessen niedriges Maß zu reduzieren.

Die Festlegung der Toleranzwesentlichkeit wird beeinflusst von:

- Verständnis von der Einheit, das während der Durchführung der Prüfungshandlungen zur Risikobeurteilung aktualisiert wird
- Art und Umfang der bei vorhergehenden Abschlussprüfungen festgestellten falschen Darstellungen
- Erwartungen des APr über falsche Darstellungen im laufenden Zeitraum

© IDW Verlag GmbH

Anpassungen im Verlauf der Abschlussprüfung (12-13, A14)

Anpassung der Wesentlichkeit für den Abschluss als Ganzes (und ggf. die Wesentlichkeitsgrenze oder -grenzen für bestimmte Arten von Geschäftsvorfällen, Kontensalden oder Abschlussangaben) aufgrund
» einer während der Abschlussprüfung eingetretenen Änderung der Umstände,
» neuer Informationen oder
» eines veränderten Verständnisses des APr von der Einheit und von deren Geschäftstätigkeit aus der Durchführung weiterer Prüfungshandlungen,
deren vorherige Aufdeckung dazu geführt hätte, dass der APr ursprünglich einen oder mehrere andere Beträge festgelegt hätte.

Wenn eine niedrigere als die ursprünglich festgelegte Wesentlichkeit für den Abschluss als Ganzes (und ggf. eine oder mehrere Wesentlichkeitsgrenzen für bestimmte Arten von Geschäftsvorfällen, Kontensalden oder Abschlussangaben) angemessen ist, dann Entscheidung, ob:
» Notwendigkeit der Anpassung der Toleranzwesentlichkeit
» Art, zeitliche Einteilung und Umfang der weiteren Prüfungshandlungen weiterhin angemessen

Dokumentation (14)

In die Prüfungsdokumentation sind die folgenden Beträge und die bei deren Festlegung berücksichtigten Faktoren aufzunehmen:

| Wesentlichkeit für den Abschluss als Ganzes | Ggf. die Wesentlichkeitsgrenze oder -grenzen für bestimmte Arten von Geschäftsvorfällen Kontensalden oder Abschlussangaben | Toleranz-wesentlichkeit | Jede Anpassung der zuvor genannten Punkte im Verlauf der Abschlussprüfung |

ISA [DE] 330
Reaktionen des Abschlussprüfers auf beurteilte Risiken

Zusammenfassung:

ISA [DE] 330 ist die um spezifische Modifikationen zu Einzelaspekten (sog. „D.-Textziffern") ergänzte autorisierte deutsche Übersetzung von ISA 330. Wesentlicher Bestandteil des Standards ist die Definition und Erläuterung der beiden zentralen Begriffe „aussagebezogene Prüfungshandlung" und „Funktionsprüfung". Während eine aussagebezogene Prüfungshandlung die Aufdeckung einer wesentlichen falschen Darstellung auf Aussageebene durch Einzelfallprüfungen oder durch aussagebezogene analytische Prüfungshandlungen bezweckt, sind Funktionsprüfungen darauf angelegt die Wirksamkeit von Kontrollen zur Verhinderung bzw. Aufdeckung und Korrektur wesentlicher falscher Darstellungen auf Aussageebene zu beurteilen.

Insbesondere bei Einheiten, in denen ein wirksames Kontrollumfeld vorliegt, können umfangreiche Funktionsprüfungen durchgeführt werden. Funktionsprüfungen sind verpflichtend durchzuführen, sofern im Einzelfall aussagebezogene Prüfungshandlungen allein keine ausreichenden geeigneten Prüfungsnachweise auf Aussageebene erbringen können. Zu erwähnen ist, dass Funktionsprüfungen bereits innerhalb eines unterjährigen Zeitraums durchgeführt werden können. Sofern keine Änderungen eingetreten sind und die Kontrollen sich nicht auf als bedeutsam eingestufte Risiken beziehen, müssen Funktionsprüfung mindestens einmal in jeder dritten Abschlussprüfung durchgeführt werden; gleichwohl sind bei jeder Abschlussprüfung jedoch einige Funktionsprüfungen durchzuführen.

Verweise:

— ISA [DE] 315 (Revised): Identifizierung und Beurteilung der Risiken wesentlicher falscher Darstellungen aus dem Verständnis von der Einheit und ihrem Umfeld

ISA [DE] 330: Reaktionen des Abschlussprüfers auf beurteilte Risiken

Anwendungsbereich und Zielsetzung (1, 3)

» ISA [DE] 330 behandelt die Verantwortlichkeit des APr, angesichts von Risiken wesentlicher falscher Darstellungen sein Vorgehen zu planen und umzusetzen.
» Das Ziel des APr besteht darin, ausreichende geeignete Prüfungsnachweise zu den beurteilten Risiken wesentlicher falscher Darstellungen zu erhalten, indem der Abschlussprüfer ein angemessenes Vorgehen auf diese Risiken plant und umsetzt.

Definitionen (4)

Aussagebezogene Prüfungshandlung	Eine Prüfungshandlung, die darauf angelegt ist, wesentliche falsche Darstellungen auf Aussageebene aufzudecken. Zu den aussagebezogenen Prüfungshandlungen gehören » Einzelfallprüfungen (für Arten von Geschäftsvorfällen, Kontensalden und Abschlussangaben), » aussagebezogene analytische Prüfungshandlungen.
Funktionsprüfung	Eine Prüfungshandlung, die darauf angelegt ist, die Wirksamkeit von Kontrollen zur Verhinderung bzw. Aufdeckung und Korrektur wesentlicher falscher Darstellungen auf Aussageebene zu beurteilen.

Allgemeine Reaktionen (5)

Der APr hat allgemeine Reaktionen zu planen und umzusetzen, um den beurteilten Risiken wesentlicher falscher Darstellungen auf Abschlussebene zu begegnen.

Betonung gegenüber dem Prüfungsteam, dass die Beibehaltung einer kritischen Grundhaltung notwendig ist	Einsatz von erfahreneren Mitarbeitern oder von solchen mit speziellen Fähigkeiten bzw. Hinzuziehung von Sachverständigen	stärkere Überwachung der Auftragsabwicklung	Einbau von zusätzlichen Überraschungsmomenten bei der Auswahl der weiteren durchzuführenden Prüfungshandlungen	allgemeine Änderungen der Art, der zeitlichen Einteilung oder des Umfangs von Prüfungshandlungen

ISA [DE] 330

Allgemeine Reaktionen (5, A1-A3)

Ein **wirksames Kontrollumfeld** kann das Vertrauen des APr in das IKS und in die Verlässlichkeit der von der Einheit intern erzeugten Prüfungsnachweise stärken und so bspw. ermöglichen, einige Prüfungshandlungen bereits unterjährig durchzuführen.

Als Reaktion auf ein **unwirksames Kontrollumfeld** kann der APr die folgenden Maßnahmen ergreifen:
» vermehrte Durchführung von Prüfungshandlungen zum Abschlussstichtag
» Einholung umfassenderer Prüfungsnachweise durch aussagebezogene Prüfungshandlungen
» Erhöhung der Anzahl der in die Prüfung einzubeziehenden Standorte.

Entsprechende Überlegungen haben einen bedeutenden Einfluss auf den allgemeinen Prüfungsansatz des Abschlussprüfers: beispielsweise eine Schwerpunktsetzung auf aussagebezogene Prüfungshandlungen (**aussagebezogener Ansatz**) oder Verwendung sowohl von Funktionsprüfungen als auch von aussagebezogenen Prüfungshandlungen (**kombinierter Ansatz**).

Prüfungshandlungen als Reaktion auf die beurteilten Risiken wesentlicher falscher Darstellungen auf Aussageebene (6-23)

Der APr hat weitere Prüfungshandlungen zu planen und durchzuführen, **deren Art, zeitliche Einteilung und Umfang** auf den beurteilten Risiken wesentlicher falscher Darstellungen auf Aussageebene basieren und auf diese ausgerichtet sind (6).

Die **Art** einer Prüfungshandlung ist bezogen auf
» deren Zweck (d. h. Funktionsprüfung oder aussagebezogene Prüfungshandlung)
» deren Kategorie (d. h. Inaugenschein-/ Einsichtnahme, Beobachtung, Befragung, Bestätigung, Nachrechnen, Nachvollzug oder analytische Prüfungshandlung).

Die **zeitliche Einteilung** einer Prüfungshandlung ist entweder darauf bezogen, wann die Prüfungshandlung durchgeführt wird, oder darauf, für welchen Zeitraum bzw. Zeitpunkt die Prüfungsnachweise gelten.

Der **Umfang** einer Prüfungshandlung ist bezogen auf die Quantität der Durchführung (z.B. die Größe einer Stichprobe oder die Anzahl der Beobachtungen einer Kontrollaktivität).

Prüfungshandlungen als Reaktion auf die beurteilten Risiken wesentlicher falscher Darstellungen auf Aussageebene (6-23)

Zu berücksichtigen sind die Gründe für die Beurteilung der Risiken als Risiken wesentlicher falscher Darstellungen, einschließlich
» der Wahrscheinlichkeit des Auftretens (d. h. des inhärenten Risikos) und
» der Frage, ob relevante Kontrollen bei der Risikobeurteilung berücksichtigt wurden (d. h. Kontrollrisiko).

Der APr muss umso überzeugendere Prüfungsnachweise einholen, je höher das eingeschätzte Risiko ist.

Funktionsprüfungen (8-17)

Anwendung von Funktionsprüfungen	Falls die Risikobeurteilung von der Erwartung ausgeht, dass die Kontrollen wirksam funktionieren (d. h. der APr beabsichtigt, sich bei der Festlegung von Art, zeitlicher Einteilung und Umfang aussagebezogener Prüfungshandlungen auf die Wirksamkeit von Kontrollen zu verlassen)
	Falls aussagebezogene Prüfungshandlungen alleine keine ausreichenden geeigneten Prüfungsnachweise auf Aussageebene erbringen können.
Art und Umfang von Funktionsprüfungen	Der APr muss andere Prüfungshandlungen in Kombination mit Befragungen durchführen, um Nachweise über die Wirksamkeit der Kontrollen zu erhalten. Dies schließt die Aspekte ein, » wie die Kontrollen zu relevanten Zeiten während des zu prüfenden Zeitraums angewandt wurden, » die Stetigkeit ihrer Anwendung sowie » von wem oder auf welche Weise sie angewandt wurden
	Der APr muss feststellen, ob die zu prüfenden Kontrollen von anderen Kontrollen abhängen (mittelbare Kontrollen) und – sofern dies der Fall ist – ob es notwendig ist, Prüfungsnachweise über die Wirksamkeit dieser mittelbaren Kontrollen einzuholen

ISA [DE] 330

Prüfungshandlungen als Reaktion auf die beurteilten Risiken wesentlicher falscher Darstellungen auf Aussageebene (6-23)

Funktionsprüfungen (8-17)

Zeitliche Einteilung von Funktionsprüfungen	Der APr hat Funktionsprüfungen für die bestimmte Zeit oder für den gesamten Zeitraum durchzuführen, für die/den er beabsichtigt, sich auf die betreffenden Kontrollen zu verlassen Für die Verwendung von innerhalb eines unterjährigen Zeitraums erlangte Nachweise über die Wirksamkeit von Kontrollen muss der APr: » Prüfungsnachweise über nach Ende des unterjährigen Zeitraums eingetretene bedeutsame Änderungen an diesen Kontrollen einholen und » festlegen, welche weiteren Prüfungsnachweise für den verbleibenden Zeitraum einzuholen sind. Für die Verwendung von bei vorhergehenden Abschlussprüfungen erlangten Prüfungsnachweisen muss der APr folgende Aspekte in Betracht ziehen: » die Wirksamkeit anderer Bestandteile IKS, » die Risiken, die sich aus den Eigenarten der Kontrolle (manuelle oder automatisierte Kontrolle) ergeben » die Wirksamkeit der allgemeinen IT-Kontrollen, » die Wirksamkeit der Kontrolle und ihrer Anwendung durch die Einheit (z.B. festgestellte Abweichungen bei der Anwendung der Kontrolle sowie eventuelle Personalwechsel), » die Frage, ob unterlassene Änderungen der Kontrolle bei sich verändernden Umständen ein Risiko darstellen, » die Risiken wesentlicher falscher Darstellungen und den Umfang, in dem man sich auf die Kontrolle verlässt. Der APr hat sich zu vergewissern, ob nach der vorhergehenden Abschlussprüfung bedeutsame Änderungen bei diesen Kontrollen eingetreten sind. Der Prüfungsnachweis erfolgt durch Befragungen, die mit Beobachtungen oder Einsichtnahmen verbunden sind. » Wenn Änderungen eingetreten sind, die sich auf die fortdauernde Relevanz der Prüfungsnachweise auswirken, muss der Abschlussprüfer die Kontrollen in der laufenden Abschlussprüfung erneut prüfen. » Die Funktionsprüfung für die Kontrollen sind mindestens einmal in jeder dritten Abschlussprüfung durchführen. Gleichwohl sind bei jeder Abschlussprüfung einige Funktionsprüfungen durchzuführen. Für als bedeutsam eingestufte Risiken müssen die Kontrollen im laufenden Berichtszeitraum geprüft werden.

Prüfungshandlungen als Reaktion auf die beurteilten Risiken wesentlicher falscher Darstellungen auf Aussageebene (6-23)

Funktionsprüfungen (8-17)

Beurteilung der Wirksamkeit von Kontrollen	Bei der Beurteilung der Wirksamkeit von relevanten Kontrollen sind durch aussagebezogene Prüfungshandlungen aufgedeckte falsche Darstellungen zu berücksichtigen. » Falls durch aussagebezogene Prüfungshandlungen keine falschen Darstellungen aufgedeckt wurden, ist dies jedoch kein Prüfungsnachweis für die Wirksamkeit der auf die geprüfte Aussage bezogenen Kontrollen. Falls Abweichungen bei Kontrollen festgestellt werden, hat der APr spezifische Befragungen durchzuführen, um diese Sachverhalte und ihre möglichen Konsequenzen zu verstehen und festzustellen, ob: » die durchgeführten Funktionsprüfungen eine angemessene Grundlage darstellen, um sich auf diese Kontrollen zu verlassen, » zusätzliche Funktionsprüfungen notwendig sind oder » den potentiellen Risiken falscher Darstellungen mit Hilfe von aussagebezogenen Prüfungshandlungen begegnet werden muss.

Aussagebezogene Prüfungshandlungen (18-23)

Art und Umfang von aussagebezogenen Prüfungshandlungen	Für alle wesentlichen Arten von Geschäftsvorfällen, Kontensalden sowie Abschlussangaben müssen aussagebezogene Prüfungshandlungen geplant und durchführt werden. Der APr hat abzuwägen, ob Verfahren der externen Bestätigung durchzuführen sind. Die auf den Prozess der Abschlussbuchungen bezogenen Prüfungshandlungen umfassen: » Abgleich oder Abstimmung der Informationen im Abschluss mit den zugrunde liegenden Unterlagen des Rechnungswesens, » Untersuchung wesentlicher Journaleinträge und anderer im Laufe der Abschlussaufstellung vorgenommener Anpassungen. Für bedeutsame Risiken sind die speziell auf dieses Risiko ausgerichtete Prüfungshandlungen durchzuführen.

Prüfungshandlungen als Reaktion auf die beurteilten Risiken wesentlicher falscher Darstellungen auf Aussageebene (6-23)

Aussagebezogene Prüfungshandlungen (18-23)

Zeitliche Einteilung von aussagebezogenen Prüfungshandlungen	Werden aussagebezogene Prüfungshandlungen unterjährig durchgeführt, muss der APr den verbleibenden Zeitraum abdecken » durch aussagebezogene Prüfungshandlungen in Kombination mit Funktionsprüfungen für den dazwischen liegenden Zeitraum oder » durch weitere aussagebezogene Prüfungshandlungen allein. Falls unterjährig falsche Darstellungen aufgedeckt werden, die der APr nicht erwartet hatte, muss er beurteilen, ob die damit verbundene Risikobeurteilung sowie die Planung von Art, zeitlicher Einteilung oder Umfang der zur Abdeckung des verbleibenden Zeitraums durchzuführenden, aussagebezogenen Prüfungshandlungen geändert werden müssen.

Angemessenheit der Darstellung im Abschluss und der Abschlussangaben (24)

Es ist zu beurteilen, ob die Gesamtdarstellung des Abschlusses in Übereinstimmung mit dem maßgebenden Regelwerk der Rechnungslegung steht. Bei Vornahme dieser Beurteilung hat der APr zu würdigen:
» die angemessene Klassifizierung und Beschreibung der Finanzinformationen sowie der zugrunde liegenden Geschäftsvorfälle, Ereignisse und Umstände sowie
» die angemessene Darstellung sowie den angemessenen Aufbau und Inhalt des Abschlusses.

Beurteilung, ob die erlangten Prüfungsnachweise ausreichend und geeignet sind (25-27)

Auf der Grundlage der durchgeführten Prüfungshandlungen und der erlangten Prüfungsnachweise muss vor Beendigung der Prüfung beurteilen werden, ob die Einschätzungen der Risiken wesentlicher falscher Darstellungen auf Aussageebene weiterhin angemessen sind.

Der APr muss abschließend beurteilen, ob ausreichende geeignete Prüfungsnachweise erlangt wurden.
» Wenn für eine wesentliche Aussage im Abschluss keine ausreichenden geeigneten Prüfungsnachweise erlangt wurden, muss versucht werden, weitere Prüfungsnachweise zu erhalten.
» Falls es nicht möglich ist, ausreichende geeignete Prüfungsnachweise zu erhalten, muss entweder ein eingeschränktes Prüfungsurteil abgeben oder die Nichtabgabe eines Prüfungsurteils erklärt werden.

Dokumentation (28-30)

In die **Prüfungsdokumentation** sind aufzunehmen:

- die **allgemeinen Reaktionen**, um den beurteilten Risiken wesentlicher falscher Darstellungen auf Abschlussebene zu begegnen, sowie Art, zeitliche Einteilung und Umfang der weiteren durchgeführten Prüfungshandlungen
- die Verbindung zwischen diesen Prüfungshandlungen und den beurteilten Risiken auf Aussageebene
- die Ergebnisse der Prüfungshandlungen, einschließlich der Schlussfolgerungen daraus, soweit diese nicht anderweitig klar erkennbar sind

Werden bei **vorhergehenden Abschlussprüfungen erlangte Prüfungsnachweise** über die Wirksamkeit von Kontrollen zu verwenden, sind in die Prüfungsdokumentation die gezogenen Schlussfolgerungen aufzunehmen, die dazu geführt haben, dass der APr sich auf die betreffenden in einer vorhergehenden Abschlussprüfung geprüften Kontrollen verlässt.

Die Dokumentation muss zeigen, dass die Informationen im Abschluss mit den zugrunde liegenden Unterlagen des Rechnungswesens übereinstimmen oder abstimmbar sind

ISA [DE] 402
Überlegungen bei der Abschlussprüfung von Einheiten, die Dienstleister in Anspruch nehmen

Zusammenfassung:

ISA [DE] 402 ist die um spezifische Modifikationen zu Einzelaspekten (sog. „D.-Textziffern") ergänzte autorisierte deutsche Übersetzung von ISA 402. Der Standard behandelt die sich ergebenden Fragestellungen, die im Falle der Auslagerungen von Dienstleistungen durch die zu prüfende Einheit an Dienstleister auftreten.

Gemäß ISA [DE] 402 hat der Abschlussprüfer des Auslagernden zunächst ein Verständnis von der auslagernden Einheit einschließlich des für die Abschlussprüfung relevanten IKS zu erlangen. Von einem Dienstleister erbrachte Dienstleistungen sind für die Prüfung des Abschlusses einer auslagernden Einheit relevant, wenn diese Dienstleistungen sowie die zugehörigen Kontrollen Teil des rechnungslegungsbezogenen Informationssystems der auslagernden Einheit einschließlich der damit verbundenen Geschäftsprozesse sind.

In der Praxis werden durch den Dienstleister regelmäßig Prüfungsberichte eines unabhängigen Prüfers über die Ausgestaltung des IKS beim Dienstleister vorgelegt. ISA [DE] 402 unterscheidet in diesem Zusammenhang zwischen zwei Berichtsarten:
— Bericht über die Beschreibung und Ausgestaltung der Kontrollen bei einem Dienstleister (Bericht Typ 1)
— Bericht über die Beschreibung, Ausgestaltung und Wirksamkeit von Kontrollen bei einem Dienstleister (Bericht Typ 2)

Verweise:

— ISA [DE] 315 (Revised): Identifizierung und Beurteilung der Risiken wesentlicher falscher Darstellungen aus dem Verständnis von der Einheit und ihrem Umfeld
— ISA [DE] 330: Reaktionen des Abschlussprüfers auf beurteilte Risiken

ISA [DE] 402

ISA [DE] 402: Überlegungen bei der Abschlussprüfung von Einheiten, die Dienstleister in Anspruch nehmen

Anwendungsbereich und Zielsetzung (1-5, 7)

» ISA [DE] 402 behandelt die Verantwortlichkeit des APr zur Erlangung von ausreichenden Prüfungsnachweisen, sofern eine auslagernde Einheit die Dienstleistungen eines oder mehrerer Dienstleister in Anspruch nimmt.
» Das Ziel des APr besteht darin, ein Verständnis von Art und Bedeutsamkeit der von dem Dienstleister erbrachten Dienstleistungen zu gewinnen und darauf aufbauend ausreichende Prüfungshandlungen zu planen und durchzuführen, um die Risiken wesentlicher falscher Darstellungen festzustellen und zu beurteilen.

Von einem Dienstleister erbrachte Dienstleistungen sind für die Prüfung des Abschlusses einer auslagernden Einheit relevant, wenn diese Dienstleistungen sowie die zugehörigen Kontrollen Teil des rechnungslegungsbezogenen Informationssystems der auslagernden Einheit einschließlich der damit verbundenen Geschäftsprozesse sind.

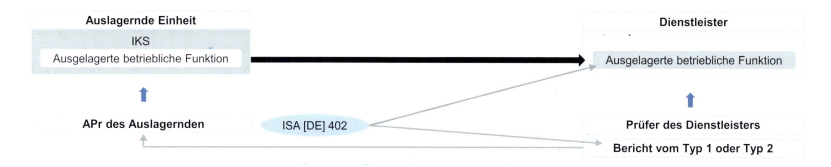

ISA [DE] 402 1/7

Definitionen (8)

Auslagernde Einheit	Eine Einheit, die einen Dienstleister in Anspruch nimmt und deren Abschluss geprüft wird.
Dienstleister	Ein Dritter (oder ein Segment davon), der für auslagernde Einheiten Dienstleistungen erbringt, die Teil der rechnungslegungsbezogenen Informationssysteme dieser Einheiten sind.
Subdienstleister	Ein Dienstleister, der von einem anderen Dienstleister in Anspruch genommen wird, um einige für auslagernde Einheiten erbrachte Dienstleistungen durchzuführen, die Teil der rechnungslegungsbezogenen Informationssysteme dieser auslagernden Einheiten sind.
Abschlussprüfer des Auslagernden	Ein APr, der den Abschluss einer auslagernden Einheit prüft und dazu einen Vermerk erteilt.
Prüfer des Dienstleisters	Ein Prüfer, der auf Aufforderung des Dienstleisters einen Bericht über die Prüfung der Kontrollen des Dienstleisters erstellt.
System des Dienstleisters	Die Regelungen und Verfahren, die von dem Dienstleister ausgestaltet, eingerichtet und aufrechterhalten werden, um für auslagernde Einheiten die Dienstleistungen zu erbringen, die unter den Bericht des Prüfers des Dienstleisters fallen.
Komplementäre Kontrollen der auslagernden Einheit	Kontrollen, bei denen der Dienstleister im Rahmen der Ausgestaltung seiner Dienstleistung annimmt, dass sie von den auslagernden Einheiten eingerichtet werden, und die in der Beschreibung des Systems des Dienstleisters genannt werden, wenn dies für das Erreichen der Kontrollziele notwendig ist.

ISA [DE] 402

Definitionen (8)

	Bericht über die Beschreibung und Ausgestaltung der Kontrollen bei einem Dienstleister (**Bericht Typ 1**)	Bericht über die Beschreibung, Ausgestaltung **und Wirksamkeit** von Kontrollen bei einem Dienstleister (**Bericht Typ 2**)
Vom Management des Dienstleisters erstellte Beschreibung	Beschreibung des Systems des Dienstleisters, seiner Kontrollziele und der damit verbundenen Kontrollen, die zu einem bestimmten Zeitpunkt ausgestaltet und eingerichtet sind.	Beschreibung des Systems des Dienstleisters, seiner Kontrollziele und der damit verbundenen Kontrollen sowie von deren Ausgestaltung und Einrichtung zu einem bestimmten Zeitpunkt oder **während eines bestimmten Zeitraums** und, in manchen Fällen, **ihrer Wirksamkeit während eines bestimmten Zeitraums**.
Bericht des Prüfers des Dienstleisters mit dem Ziel, hinreichende Sicherheit zu vermitteln	Das Prüfungsurteil über die Beschreibung des Systems des Dienstleisters, seiner Kontrollziele und der damit verbundenen Kontrollen sowie über die Eignung der Ausgestaltung der Kontrollen für das Erreichen der festgelegten Kontrollziele. *Fehlanzeige*	Das Prüfungsurteil über die Beschreibung des Systems des Dienstleisters, seiner Kontrollziele und der damit verbundenen Kontrollen sowie über die Eignung der Ausgestaltung der Kontrollen für das Erreichen der festgelegten Kontrollziele **und die Wirksamkeit der Kontrollen**. Eine Beschreibung der vom Prüfer des Dienstleisters durchgeführten Funktionsprüfungen und deren Ergebnisse.

ISA [DE] 402

Gewinnen eines Verständnisses der durch einen Dienstleister erbrachten Dienstleistungen, einschließlich des IKS (9-14)

In Übereinstimmung mit **ISA [DE] 315 (Revised)** muss der APr der auslagernden Einheit ein **Verständnis davon gewinnen**, wie die auslagernde Einheit bei ihrer Geschäftstätigkeit die Dienstleistungen eines Dienstleisters in Anspruch nimmt:

- Art der vom Dienstleister erbrachten Dienstleistungen und deren Bedeutung für die auslagernde Einheit
- Auswirkungen auf das IKS der auslagernden Einheit
- Art und Wesentlichkeit der vom Dienstleister verarbeiteten Geschäftsvorfälle, betroffenen Konten, Rechnungslegungsprozesse
- Grad der Wechselwirkung zwischen den Tätigkeiten des Dienstleisters und denjenigen der auslagernden Einheit
- Art der Beziehung zwischen auslagernder Einheit und Dienstleister, einschließlich relevanter vertraglicher Bestimmungen

Der APr der auslagernden Einheit muss die Ausgestaltung und Einrichtung der relevanten Kontrollen in der auslagernden Einheit beurteilen, die mit den Dienstleistungen des Dienstleisters verbunden sind, einschließlich der Kontrollen, die auf die von dem Dienstleister verarbeiteten Geschäftsvorfälle angewandt werden.

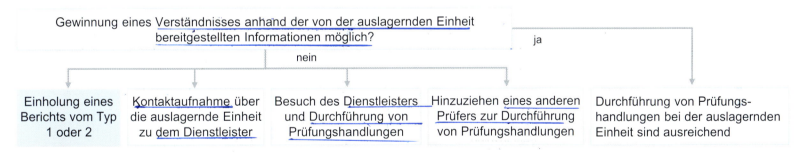

Gewinnung eines Verständnisses anhand der von der auslagernden Einheit bereitgestellten Informationen möglich?

- **nein:**
  - Einholung eines Berichts vom Typ 1 oder 2
  - Kontaktaufnahme über die auslagernde Einheit zu dem Dienstleister
  - Besuch des Dienstleisters und Durchführung von Prüfungshandlungen
  - Hinzuziehen eines anderen Prüfers zur Durchführung von Prüfungshandlungen
- **ja:**
  - Durchführung von Prüfungshandlungen bei der auslagernden Einheit sind ausreichend

Gewinnen eines Verständnisses der durch einen Dienstleister erbrachten Dienstleistungen, einschließlich des IKS (9-14)

Verwendung eines Berichts vom Typ 1 oder Typ 2 zur Bekräftigung des Verständnisses des APr des Auslagernden von dem Dienstleister

Voraussetzungen	Der APr des Auslagernden überzeugt sein von: » der beruflichen Kompetenz des Prüfers des Dienstleisters und dessen Unabhängigkeit von dem Dienstleister, » der Angemessenheit der Standards, nach denen der Bericht vom Typ 1 oder Typ 2 erstellt wurde.
Beurteilungen	Bezieht sich die Beschreibung und die Ausgestaltung der Kontrollen beim Dienstleister auf einen **Zeitpunkt oder einen Zeitraum**, der für die Zwecke des APr des Auslagernden angemessen ist? Sind die durch **den Bericht gelieferten Nachweise** für das Verständnis von dem für die Abschlussprüfung relevanten IKS der auslagernden Einheit geeignet und haben einen ausreichenden Umfang? Sind von dem Dienstleister identifizierte **komplementäre Kontrollen der auslagernden Einheit** für diese relevant? Wenn dies der Fall ist, hat der APr ein Verständnis davon zu gewinnen, ob die auslagernde Einheit solche Kontrollen ausgestaltet und eingerichtet hat.

Reaktion auf die beurteilten Risiken wesentlicher falscher Darstellungen (15-17)

In Übereinstimmung mit **ISA [DE] 330** muss der APr der auslagernden Einheit **bei der Reaktion auf beurteilte Risiken** feststellen, ob ausreichende geeignete Prüfungsnachweise zu den relevanten Aussagen auf Abschlussebene aus bei der auslagernden Einheit vorhandenen Aufzeichnungen verfügbar sind.
» Wenn dies nicht der Fall ist muss der Apr weitere Prüfungshandlungen durchführen, um ausreichende geeignete Prüfungsnachweise zu erlangen, oder einen anderen Prüfer hinzuziehen, der diese Prüfungshandlungen für den APr des Auslagernden bei dem Dienstleister durchführt.

ISA [DE] 402

Reaktion auf die beurteilten Risiken wesentlicher falscher Darstellungen (15-17)

Funktionsprüfungen (16-17)

Anwendung von Funktionsprüfungen als Reaktion auf beurteilte Risiken wesentlicher falscher Darstellungen (→ ISA [DE] 330, Tz. 8)	Falls die Risikobeurteilung von der Erwartung ausgeht, dass die Kontrollen wirksam funktionieren (d. h. der APr beabsichtigt, sich bei der Festlegung von Art, zeitlicher Einteilung und Umfang aussagebezogener Prüfungshandlungen auf die Wirksamkeit von Kontrollen zu verlassen).
	Falls aussagebezogene Prüfungshandlungen alleine keine ausreichenden geeigneten Prüfungsnachweise auf Aussageebene erbringen können.

Mögliche Funktionsprüfungen für aufbeurteilte Risiken wesentlicher falscher Darstellungen im Zusammenhang mit Auslagerungen (16):

Einholen eines **Berichts vom Typ 2**	**Durchführung von** geeigneten **Funktionsprüfungen** beim Dienstleister	Hinzuziehen eines anderen Prüfers, der für den APr des Auslagernden Funktionsprüfungen beim Dienstleister durchführt

Voraussetzung für die Verwendung als Prüfungsnachweis dafür, dass die Kontrollen bei dem Dienstleister wirksam sind (17):	Bezieht sich die Beschreibung, die Ausgestaltung und die Wirksamkeit der Kontrollen beim Dienstleister auf einen **Zeitpunkt oder einen Zeitraum**, der für die Zwecke des APr des Auslagernden angemessen ist?
	Sind von dem Dienstleister identifizierte **komplementäre Kontrollen der auslagernden Einheit** für diese relevant? » Wenn dies der Fall ist, hat der APr ein Verständnis davon zu gewinnen, ob die auslagernde Einheit solche Kontrollen ausgestaltet und eingerichtet hat und deren Wirksamkeit zu prüfen.
	Ist der von den Funktionsprüfungen abgedeckte Zeitraum sowie die seit der Durchführung der Funktionsprüfungen vergangene Zeit angemessen?
	Sind die im Bericht des Prüfers des Dienstleisters beschrieben Funktionsprüfungen für die Aussagen im Ab-schluss der auslagernden Einheit relevant und liefern sie ausreichende geeignete Prüfungsnachweise zur Bekräftigung der Risikobeurteilung des APr des Auslagernden?

ISA [DE] 402

Berichte der Typen 1 und 2 unter Ausschluss der Dienstleistungen eines Subdienstleisters (18)

Welche Anforderungen muss der APr beachten, falls in einem Bericht vom Typ 1 oder Typ 2 » die von einem Subdienstleister erbrachten Dienstleistungen ausgeschlossen sind und » diese Dienstleistungen für die Prüfung des Abschlusses der auslagernden Einheit relevant sind?	Der APr muss die Anforderungen dieses ISA im Hinblick auf die von dem Subdienstleister erbrachten Dienstleistungen einhalten.

Dolose Handlungen, Verstöße gegen Gesetze und andere Rechtsvorschriften sowie nicht korrigierte falsche Darstellungen im Zusammenhang mit Tätigkeiten beim Dienstleister (19)

Befragung des Managements der auslagernden Einheit	» Hat der Dienstleister an die auslagernde Einheit über dolose Handlungen, Verstöße gegen Gesetze und andere Rechtsvorschriften oder nicht korrigierte falsche Darstellungen, die sich auf den Abschluss der auslagernden Einheit auswirken, berichtet? » Ist die auslagernde Einheit sich anderweitig darüber bewusst?	Auswirkungen entsprechender Sachverhalte sind ggf. zu beurteilen

Erteilung des Vermerks durch den APr des Auslagernden (20-22)

Wenn der APr nicht in der Lage ist, ausreichende geeignete Prüfungsnachweise zu den von dem Dienstleister erbrachten Dienstleistungen zu erlangen, die für die Prüfung des Abschlusses der auslagernden Einheit relevant sind?	Modifikation des Vermerks
» Grundsatz: In einem Vermerk, der ein nicht modifiziertes Prüfungsurteil enthält, darf nicht auf die Tätigkeit eines Prüfers des Dienstleisters Bezug genommen werden. » Ausnahme: Eine Bezugnahme ist aufgrund von Gesetzen oder anderen Rechtsvorschriften erforderlich.	Hinweis im Vermerk, dass die Verantwortung für das Prüfungsurteil durch die Bezugnahme nicht verringert wird
Ist eine Bezugnahme auf die Tätigkeit eines Prüfers des Dienstleisters für das Verständnis einer Modifizierung des Prüfungsurteils des APr relevant?	Hinweis im Vermerk, dass die Verantwortung für das Prüfungsurteil durch die Bezugnahme nicht verringert wird.

ISA [DE] 450
Beurteilung der während der Abschlussprüfung identifizierten falschen Darstellungen

Zusammenfassung:

ISA [DE] 450 ist die um spezifische Modifikationen zu Einzelaspekten (sog. „D.-Textziffern") ergänzte autorisierte deutsche Übersetzung von ISA 450. Der Standard behandelt die Frage, wie die Auswirkungen festgestellter falscher Darstellungen auf die Abschlussprüfung und etwaiger nicht korrigierter falscher Darstellungen auf den Abschluss zu beurteilen sind.

Eine falsche Darstellung wird in ISA [DE] 450 definiert als eine Abweichung zwischen dem/der im Abschluss abgebildeten Betrag, Ausweis, Darstellung oder Angabe eines/einer Abschlusspostens/-angabe und zur Übereinstimmung mit dem maßgebenden Regelwerk der Rechnungslegung erforderlichen Betrag, Ausweis, Darstellung oder Angabe. Falsche Darstellungen können aus Irrtümern oder aus dolosen Handlungen resultieren. Nicht korrigierte falsche Darstellungen umfassen die falschen Darstellungen, die der Abschlussprüfer während der Abschlussprüfung kumuliert hat und die nicht korrigiert wurden.

Während der Prüfung festgestellte falsche Darstellungen werden kumuliert, soweit diese nicht zweifelsfrei unbeachtlich sind, um festzustellen, ob sie in der Summe wesentlich sind. Jede falsche Darstellung muss darauf überprüft werden, ob sie einzeln wesentlich ist. In diesem Zusammenhang ist zu beachten, dass auch falsche Darstellungen in qualitativen Angaben wesentlich sein können. Eine Wesentlichkeit ist stets anzunehmen bei originären quantitativen oder qualitativen Anhangangaben, die nicht der VFE-Lage dienen sowie bei Anhangangabe zur Aufgliederung bzw. Erläuterung eines wesentlichen Bilanz- oder GuV-Postens.

Festgestellte falsche Darstellungen können zur Überarbeitung der Prüfungsstrategie und des Prüfungsprogramms führen, wenn ihre Summe sich der festgelegten Wesentlichkeit annähert oder es Indizien für weitere falsche Darstellungen gibt, die zusammen mit den während der Prüfung kumulierten falschen Darstellungen wesentlich sein könnten.

ISA [DE] 450 regelt zudem, dass der Abschlussprüfer zum Austausch über kumulierte falsche Darstellungen mit der geeigneten Managementebene und zur Aufforderung des Managements zur Korrektur der falschen Darstellungen verpflichtet ist. Falls das Management die Korrektur verweigert, muss der Abschlussprüfer ein Verständnis der Gründe dafür erlangen und beurteilen, ob der Abschluss als Ganzes frei von einer wesentlichen falschen Darstellung ist. Über nicht korrigierte falsche Darstellungen hat zudem eine Kommunikation den für die Überwachung Verantwortlichen zu erfolgen.

Verweise:
— ISA [DE] 320: Wesentlichkeit bei der Planung und Durchführung einer Abschlussprüfung
— IDW PS 470 n.F.: Grundsätze für die Kommunikation mit den für die Überwachung Verantwortlichen
— IDW PS 475: Mitteilung von Mängeln im internen Kontrollsystem an die für die Überwachung Verantwortlichen und das Management

ISA [DE] 450: Beurteilung der während der Abschlussprüfung festgestellten falschen Darstellungen

Anwendungsbereich und Zielsetzung (1, 3)

» ISA [DE] 450 behandelt die Verantwortlichkeit des APr zur Beurteilung der Auswirkungen identifizierter falscher Darstellungen auf die Abschlussprüfung und etwaiger nicht korrigierter falscher Darstellungen auf den Abschluss.
» Das Ziel des APr besteht darin, Auswirkungen festgestellter falscher Darstellungen auf die Abschlussprüfung und etwaiger nicht korrigierter falscher Darstellungen auf den Abschluss zu beurteilen.

ISA [DE] 320: Angemessene Anwendung des Konzepts der Wesentlichkeit, bei der Planung und Durchführung einer Abschlussprüfung	ISA [DE] 450	IDW PS 400 n.F.: Beurteilung bei der Bildung eines Prüfungsurteils, ob hinreichende Sicherheit darüber erlangt wurde, ob der Abschluss als Ganzes frei von einer wesentlichen falschen Darstellung ist

Definitionen (4)

Falsche Darstellung	Eine Abweichung zwischen dem/der im Abschluss abgebildeten Betrag, Ausweis, Darstellung oder Angabe eines/einer Abschlusspostens/-angabe und dem/der für den/die Abschlussposten/-angabe zur Übereinstimmung mit den maßgebenden Rechnungslegungsgrundsätzen erforderlichen Betrag, Ausweis, Darstellung oder Angabe. » Falsche Darstellungen können aus Irrtümern oder aus dolosen Handlungen resultieren. » Falsche Darstellungen umfassen auch solche Anpassungen von Beträgen, Ausweis, Darstellungen oder Angaben, die nach der Beurteilung des APr notwendig sind, damit der Abschluss in allen wesentlichen Belangen insgesamt sachgerecht dargestellt ist oder ein den tatsächlichen Verhältnissen entsprechendes Bild vermittelt.
Nicht korrigierte falsche Darstellungen	Falsche Darstellungen, die der APr während der Abschlussprüfung kumuliert hat und die nicht korrigiert wurden.

ISA [DE] 450

Kumulierung identifizierter falscher Darstellungen (5, A2-A4)

Die während der Prüfung identifizierten falschen Darstellungen **sind zu kumulieren**, soweit diese nicht zweifelsfrei unbeachtlich sind.

zweifelsfrei unbeachtlich = nicht wesentlich	» Falsche Darstellungen, die zweifelsfrei unbeachtlich sind, werden von einer ganz anderen (kleineren) Größenordnung oder von einer ganz anderen Art sein als diejenigen, die als wesentlich festgestellt würden, und werden falsche Darstellungen sein, die zweifelsfrei unbedeutend sind, unabhängig davon, ob einzeln oder in der Summe betrachtet und nach welchem Kriterium von Größe, Art oder Umständen beurteilt. » Besteht irgendeine Unsicherheit darüber, ob eines oder mehrere Elemente zweifelsfrei unbeachtlich sind, wird die falsche Darstellung als nicht zweifelsfrei unbeachtlich angesehen.

Falsche Darstellungen in einzelnen Aufstellungen (SAD)

Der APr kann **einen Betrag** festlegen, unterhalb dessen falsche Darstellungen von Beträgen in den einzelnen Aufstellungen zweifelsfrei unbeachtlich sein würden und nicht kumuliert werden müssten.
» Falsche Darstellungen im Zusammenhang mit Beträgen können außerdem bei einer Beurteilung **nach Maßgabe von Art oder Umständen** nicht zweifelsfrei unbeachtlich sein.

Falsche Darstellungen in Angaben

Auch falsche Darstellungen in **qualitativen Angaben** können wesentlich sein.

Bei der Kumulierung identifizierter falscher Darstellungen kann eine **Unterscheidung zwischen** folgenden **Kategorien** hilfreich sein:

Tatsächliche falsche Darstellungen	Beurteilungsbedingte falsche Darstellungen	Hochgerechnete falsche Darstellungen
Falsche Darstellungen, über die kein Zweifel besteht.	Unterschiede, die aus Beurteilungen des Managements resultieren, die der APr als unbegründet oder unangemessen erachtet.	Bestmögliche Schätzung des APr von falschen Darstellungen in den Grundgesamtheiten durch Hochrechnung der in den Stichproben festgestellten falschen Darstellungen auf die Grundgesamtheiten, aus denen die Stichproben gezogen wurden.

Berücksichtigung der identifizierten falschen Darstellungen im weiteren Verlauf der Abschlussprüfung (6-7)

Der APr hat festzustellen, ob die **Prüfungsstrategie und das Prüfungsprogramm überarbeitet** werden müssen, wenn:

- Die Art der festgestellten falschen Darstellungen und die Umstände, unter denen sie aufgetreten sind, darauf hindeuten, dass weitere falsche Darstellungen vorhanden sein können, die zusammen mit den während der Prüfung kumulierten falschen Darstellungen wesentlich sein könnten.

- Die Summe der während der Prüfung kumulierten falschen Darstellungen sich der festgelegten Wesentlichkeit (→ ISA [DE] 320) annähert

Der APr hat **zusätzliche Prüfungshandlungen** durchzuführen, um festzustellen, ob falsche Darstellungen verbleiben, wenn das Management nach Aufforderung durch den APr eine bestimmte Art von Geschäftsvorfällen, Kontensalden oder Abschlussangaben untersucht und aufgedeckte falsche Darstellungen korrigiert hat.

Kommunikation und Korrektur falscher Darstellungen (8-9)

Über **alle** während der Abschlussprüfung kumulierten falschen Darstellungen ist (sofern nicht nach Gesetzen oder anderen Rechtsvorschriften untersagt) zeitgerecht **mit der angemessenen Managementebene** zu kommunizieren (→ IDW PS 470 n.F.).

Der APr hat das Management aufzufordern, diese falschen Darstellungen zu korrigieren.

Falls das Management die Korrektur einiger oder aller vom Abschlussprüfer mitgeteilten falschen Darstellungen verweigert: Der APr hat ein Verständnis der Gründe zu erlangen, aus denen das Management die Korrekturen unterlässt, und dieses in die Beurteilung der Frage einzubeziehen, ob der Abschluss als Ganzes frei von einer wesentlichen falschen Darstellung ist.

ISA [DE] 450

Beurteilung der Auswirkungen nicht korrigierter falscher Darstellungen (10-13)

Vorbereitung (→ ISA [DE] 320)	Erneute Beurteilung zur Bekräftigung, dass die festgelegte Wesentlichkeit im Zusammenhang mit den tatsächlichen finanziellen Ergebnissen der Einheit weiterhin angemessen ist.
Feststellung, ob nicht korrigierte falsche Darstellungen einzeln oder in der Summe wesentlich sind	Würdigung von **Umfang und Art** der falschen Darstellungen für bestimmte Arten von Geschäftsvorfällen, Kontensalden oder Abschlussangaben als auch für den Abschluss als Ganzes, und die **besonderen Umstände**, unter denen diese auftreten. Würdigung der **Auswirkungen nicht korrigierter falscher Darstellungen aus vorhergehenden Zeiträumen** auf die relevanten Arten von Geschäftsvorfällen, Kontensalden oder Abschlussangaben sowie auf den Abschluss als Ganzes.
Unterlassung von Angaben (D.11.1, D.A23.1)	Die sich aus folgenden Unterlassungen ergebenden falschen Darstellungen sind in der Regel wesentlich: » Unterlassung einer originären quantitativen oder qualitativen Anhangangabe, die anderen Einblickszielen dient als der Gewährung eines Einblicks in die Vermögens-, Finanz- und Ertragslage » Unterlassung einer Anhangangabe zur Aufgliederung bzw. Erläuterung eines wesentlichen Bilanz- oder GuV-Postens

Kommunikation mit den für die Überwachung Verantwortlichen (12-13, A27)

Der APr hat sich (sofern nicht nach Gesetzen oder anderen Rechtsvorschriften untersagt) mit den für die Überwachung Verantwortlichen über **nicht korrigierte falsche** Darstellungen und die Auswirkungen auszutauschen, die sie einzeln oder in der Summe auf das Prüfungsurteil im Vermerk haben können (→ IDW PS 470 n.F.).
» Wesentliche nicht korrigierte falsche Darstellungen sind in der Mitteilung des APr einzeln zu bezeichnen.

Der APr hat zur Korrektur nicht korrigierter falscher Darstellungen aufzufordern.

Der Austausch umfasst auch die Auswirkungen, die nicht korrigierte falsche Darstellungen aus vorhergehenden Zeiträumen auf die relevanten Arten von Geschäftsvorfällen, Kontensalden oder Abschlussangaben und auf den Abschluss als Ganzes haben.

Schriftliche Erklärungen (14)

Vom Management und - soweit angebracht - von den für die Überwachung Verantwortlichen ist **eine schriftliche Erklärung** darüber einzuholen, **ob Ihrer Meinung nach die Auswirkungen** nicht korrigierter falscher Darstellungen auf den Abschluss als Ganzes einzeln und in der Summe **unwesentlich sind**.
» Eine Aufstellung der nicht korrigierter falscher Darstellungen hat in der schriftlichen Erklärung enthalten oder ihr beigefügt zu sein.

Dokumentation (15)

In die **Prüfungsdokumentation** sind aufzunehmen:

- Betrag, unterhalb dessen falsche Darstellungen als zweifelsfrei unbeachtlich angesehen werden
- Alle während der Prüfung kumulierten falschen Darstellungen und ob sie korrigiert wurden
- Die Schlussfolgerung des APr darüber, ob nicht korrigierte falsche Darstellungen einzeln oder in der Summe wesentlich sind, einschließlich der Grundlage für diese Schlussfolgerung

Die Dokumentation über die Schlussfolgerung des APr kann berücksichtigen (A30):
» Beurteilung der Gesamtauswirkung nicht korrigierter falscher Darstellungen
» Beurteilung, ob die Wesentlichkeitsgrenze oder -grenzen für bestimmte Arten von Geschäftsvorfällen, Kontensalden oder Abschlussangaben überschritten wurden
» Beurteilung der Auswirkung nicht korrigierter falscher Darstellungen auf Schlüsselkennzahlen oder besonders wichtige Trends und auf die Einhaltung gesetzlicher und anderer rechtlicher sowie vertraglicher Anforderungen

ISA [DE] 500
Prüfungsnachweise

Zusammenfassung:

ISA [DE] 500 ist die um spezifische Modifikationen zu Einzelaspekten (sog. „D.-Textziffern") ergänzte autorisierte deutsche Übersetzung von ISA 500. Der Standard erläutert, was einen Prüfungsnachweis ausmacht, und behandelt die Verantwortlichkeit des Abschlussprüfers Prüfungshandlungen so zu planen und durchzuführen, dass ausreichende geeignete Prüfungsnachweise erlangt werden.

Als Prüfungsnachweise werden Informationen definiert, die zur Ziehung von Schlussfolgerungen genutzt werden, die die Grundlage für das Prüfungsurteil bilden. Prüfungsnachweise umfassen sowohl Informationen, die in den dem Abschluss zugrunde liegenden Unterlagen des Rechnungswesens enthalten sind, als auch aus anderen Quellen erlangte Informationen. In diesem Zusammenhang werden in den Anwendungshinweisen von ISA [DE] 500 mit der Einsichtnahme/Inaugenscheinnahme, der Beobachtung, der Einholung von externen Bestätigungen, dem Nachrechnen, dem Nachvollziehen und der Durchführung von analytischen Prüfungshandlungen das „Instrumentarium" beschrieben, welches zur Erlangung von Prüfungsnachweisen zur Verfügung steht. Bei der Verwendung von Prüfungsnachweisen hat der Abschlussprüfer sowohl die Relevanz, wie auch die Verlässlichkeit der erlangten Informationen zu würdigen.

Als weiteren zentralen Begriff definiert ISA [DE] 500, was unter „Sachverständigen des Managements" zu verstehen ist und welche Prüfungshandlungen für eine Nutzung der Tätigkeit eines Sachverständigen des Managements als Prüfungsnachweis erforderlich sind.

Schließlich wird die praxisrelevante Thematik behandelt, welche Prüfungshandlungen für die Nutzung von Informationen, die durch die Einheit erstellt wurden („Information produced by the entity") erforderlich sind. Je nach den Umständen des Einzelfalls ist diesbezüglich insbesondere die Genauigkeit und Vollständigkeit der Information zu beurteilen.

Verweise:

— ISA [DE] 200: Übergeordnete Ziele des unabhängigen Prüfers und Grundsätze einer Prüfung in Übereinstimmung mit den International Standards on Auditing
— ISA [DE] 300: Planung einer Abschlussprüfung
— ISA [DE] 330: Reaktionen des Abschlussprüfers auf beurteilte Risiken
— ISA [DE] 450: Beurteilung der während der Abschlussprüfung identifizierten falschen Darstellungen
— ISA [DE] 505: Externe Bestätigungen
— ISA [DE] 520: Analytische Prüfungshandlungen
— ISA [DE] 530: Stichprobenprüfungen
— ISA [DE] 580: Schriftliche Erklärungen
— ISA [DE] 620: Nutzung der Tätigkeit eines Sachverständigen des Abschlussprüfers

ISA [DE] 500: Prüfungsnachweise

Anwendungsbereich und Zielsetzung (1-2, 4)

» ISA [DE] 500 erläutert, was einen Prüfungsnachweis ausmacht, und behandelt die Verantwortlichkeit des APr Prüfungshandlungen so zu planen und durchzuführen, dass ausreichende geeignete Prüfungsnachweise erlangt werden.
» Das Ziel des APr besteht darin, Prüfungshandlungen so zu planen und durchzuführen, dass er ausreichende geeignete Prüfungsnachweise erlangen kann, um begründete Schlussfolgerungen als Grundlage für das Prüfungsurteil zu ziehen.

Definitionen (5)

Unterlagen des Rechnungswesens	Die Unterlagen der erstmaligen buchhalterischen Erfassung und ergänzende Unterlagen (z.B. Rechnungen, Verträge, Haupt- und Nebenbücher, Journalbuchungen sowie Unterlagen, die Berechnungen belegen).
Eignung (von Prüfungsnachweisen)	Das Maß für die Qualität von Prüfungsnachweisen, d.h. ihre Relevanz und Verlässlichkeit, die Schlussfolgerungen zu untermauern, auf denen das Prüfungsurteil basiert.
Prüfungsnachweise	Informationen, die vom APr genutzt werden, um die Schlussfolgerungen zu ziehen, die die Grundlage für das Prüfungsurteil bilden. Prüfungsnachweise umfassen sowohl Informationen, die in den dem Abschluss zugrunde liegenden Unterlagen des Rechnungswesens enthalten sind, als auch aus anderen Quellen erlangte Informationen.
Sachverständiger des Managements	Eine Person oder Organisation mit Fachkenntnissen auf **einem anderen Gebiet** als dem der Rechnungslegung oder Prüfung, deren Tätigkeit auf diesem Gebiet von der Einheit zur Unterstützung bei der Aufstellung des Abschlusses genutzt wird.
Ausreichender Umfang (von Prüfungsnachweisen)	Das Maß für die Quantität der Prüfungsnachweise. Die Quantität der benötigten Prüfungsnachweise wird sowohl durch die vom APr vorgenommene Beurteilung der Risiken wesentlicher falscher Darstellungen als auch durch die Qualität dieser Prüfungsnachweise beeinflusst.

Ausreichende geeignete Prüfungsnachweise (6)

Der APr hat die Prüfungshandlungen zu planen und durchzuführen, die unter den gegebenen Umständen sachgerecht sind, um ausreichende geeignete Prüfungsnachweise zu erlangen.

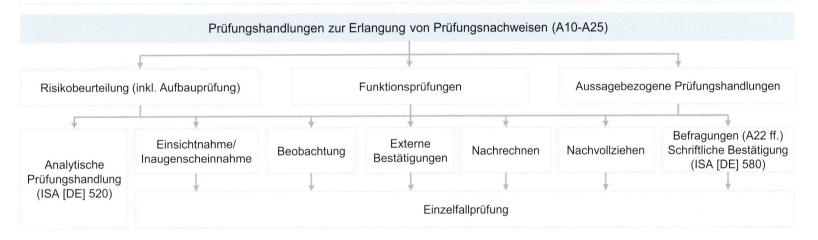

Ausreichender Umfang und Eignung von Prüfungsnachweisen stehen in einer Wechselbeziehung.
- » Ausreichender Umfang ist das Maß für die Quantität der Prüfungsnachweise. Die Quantität der benötigten Prüfungsnachweise hängt ab von der vorgenommenen Beurteilung der Risiken falscher Darstellungen (je höher die beurteilten Risiken, desto mehr Prüfungsnachweise sind voraussichtlich erforderlich) und von der Qualität dieser Prüfungsnachweise (je höher die Qualität, desto weniger Nachweise können erforderlich sein).
- » Eignung ist das Maß für die Qualität von Prüfungsnachweisen, d.h. ihre Relevanz und Verlässlichkeit, die Schlussfolgerungen zu untermauern, auf denen das Prüfungsurteil basiert. Die Verlässlichkeit von Nachweisen wird durch deren Quelle und Art beeinflusst und hängt von den individuellen Umständen ab, unter denen sie erlangt werden.

ISA [DE] 500

Informationen, die als Prüfungsnachweise verwendet werden (7-9)

Bei der Planung und Durchführung der Prüfungshandlungen sind die Relevanz und Verlässlichkeit der Informationen zu würdigen, die als Prüfungsnachweise genutzt werden.

Relevanz bezieht sich auf die logische Verknüpfung/ den Zusammenhang mit dem Zweck der Prüfungshandlung und der betrachteten Aussage (soweit angemessen).

Die Erlangung von Prüfungsnachweisen zu einer bestimmten Aussage ist kein Ersatz für die Erlangung von Prüfungsnachweisen zu einer anderen Aussage! Prüfungsnachweise aus unterschiedlichen Quellen oder unterschiedlicher Art können jedoch häufig für dieselbe Aussage relevant sein.

Die **Verlässlichkeit** einer Informationen, wird durch Quelle und Art der Informationen sowie durch die Umstände beeinflusst, unter denen sie erlangt werden.

- » Verlässlichkeit von Prüfungsnachweisen steigt, wenn diese aus unabhängigen Quellen außerhalb der Einheit stammen
- » Verlässlichkeit von intern erzeugten Prüfungsnachweisen steigt, wenn die damit verbundenen, von der Einheit eingerichteten Kontrollen wirksam sind
- » Unmittelbar vom APr erlangte Prüfungsnachweise sind verlässlicher als Prüfungsnachweise, die mittelbar oder durch Rückschluss erlangt werden
- » Prüfungsnachweise in dokumentierter Form sind verlässlicher als mündlich erlangte Nachweise
- » Originaldokumente sind als Prüfungsnachweise verlässlicher als Fotokopien, etc.

Sachverständiger des Managements (8)

Bei der Verwendung von Prüfungsnachweisen, die unter Einsatz der Tätigkeit eines Sachverständigen des Managements erstellt wurden, sind unter Berücksichtigung der Bedeutung der Tätigkeit des Sachverständigen die folgenden Punkte zu beachten:
- » Kompetenz, Fähigkeiten und Objektivität des Sachverständigen zu beurteilen,
- » ein Verständnis von der Tätigkeit des Sachverständigen zu erlangen und
- » die Eignung der Tätigkeit des Sachverständigen als Prüfungsnachweis für die relevante Aussage zu beurteilen.

Nutzung der Tätigkeit eines Sachverständigen des APr → ISA [DE] 620

Informationen, die als Prüfungsnachweise verwendet werden (7-9)

Von der Einheit erstellte und für Zwecke des APr genutzte Informationen (9)

Der APr hat zu beurteilen, ob die von der Einheit erstellten Informationen ausreichend verlässlich sind. Dazu sind ggf. die folgenden Prüfungshandlungen durchzuführen:
» Erlangung von Prüfungsnachweisen über die Richtigkeit und Vollständigkeit der Informationen und
» Beurteilung, ob die Informationen für die Ziele des Abschlussprüfers ausreichend genau und detailliert sind.

Auswahl der zu prüfenden Elemente (10)

Bei der Planung von Funktions- und Einzelfallprüfungen sind Verfahren zur Auswahl von zu prüfenden Elementen festzulegen, die wirksam sind, um den Zweck der Prüfungshandlung zu erreichen.

Möglichkeiten der Auswahl der Prüfelemente (A52-A56)	Auswahl aller Elemente (Vollerhebung)	Auswahl bestimmter Elemente	Stichprobenprüfungen

Unstimmigkeit in Prüfungsnachweisen oder Zweifel an deren Verlässlichkeit (11)

Prüfungsnachweise aus einer Quelle stehen nicht mit Prüfungsnachweisen aus einer anderen Quelle in Einklang

APr hat Zweifel an der Verlässlichkeit der als Prüfungsnachweise verwendeten Informationen

» Festlegung, wie die Prüfungshandlungen angepasst oder ergänzt werden müssen, um den Sachverhalt zu klären, und
» Abwägung der etwaigen Auswirkungen des Sachverhalts auf andere Aspekte der Prüfung

ISA [DE] 501
Prüfungsnachweise – Besondere Überlegungen zu ausgewählten Sachverhalten

Zusammenfassung:

ISA [DE] 501 ist die um spezifische Modifikationen zu Einzelaspekten (sog. „D.-Textziffern") ergänzte autorisierte deutsche Übersetzung von ISA 501. Der Standard enthält Überlegungen zur Erlangung von ausreichend geeigneten Prüfungsnachweise in Bezug auf folgende Themen:
— Prüfung der Vorräte,
— Beurteilung von Rechtsstreitigkeiten und Ansprüche, die die Einheit betreffen, sowie
— Prüfung von Segmentinformationen.

Hinsichtlich der Prüfung von Vorräten wird grundsätzlich die Durchführung einer Inventurbeobachtung eingefordert. Weitere Ausführungen behandeln die Besonderheiten bei einer nicht am Abschlussstichtag durchgeführten Inventur, bei einer fehlenden Anwesenheit des Prüfers bei der Durchführung der Inventur sowie bei von Dritten verwahrten Vorräten.

Schwerpunkt der Ausführungen zur Beurteilung von Rechtsstreitigkeiten und Ansprüchen sind Erläuterungen zur Kommunikation des Abschlussprüfers mit externen Rechtsberatern der Einheit. Der Standard enthält zudem die Anforderung, dass eine Vollständigkeitserklärung zu allen bekannten tatsächlichen oder möglichen Rechtsstreitigkeiten und Ansprüchen einzuholen ist.

Bei der Prüfung von Segmentinformationen wird insbesondere die Notwendigkeit der Erlangung eines Verständnisses der vom Management bei der Bestimmung der Segmentinformationen angewandten Methoden hervorgehoben.

Verweise:
— ISA [DE] 300: Planung einer Abschlussprüfung
— ISA [DE] 500: Prüfungsnachweise
— ISA [DE] 505: Externe Bestätigungen
— ISA [DE] 580: Schriftliche Erklärungen

ISA [DE] 501: Prüfungsnachweise – Besondere Überlegungen zu ausgewählten Sachverhalten

Anwendungsbereich und Zielsetzung (1, 3)

ISA [DE] 501 behandelt spezifische Überlegungen um ausreichende geeignete Prüfungsnachweise in Bezug auf bestimmte Aspekte der Vorräte, Rechtsstreitigkeiten und Ansprüche, die die Einheit betreffen, sowie Segmentinformationen bei einer Abschlussprüfung zu erlangen.

Das Ziel des APr besteht darin, ausreichende geeignete Prüfungsnachweise zu Folgendem zu erlangen:
» zum **Vorhandensein** und zur **Beschaffenheit** der Vorräte;
» zur Vollständigkeit der die Einheit betreffenden Rechtsstreitigkeiten und Ansprüche sowie
» zur Angabe und Darstellung von Segmentinformationen in Übereinstimmung mit den maßgebenden Rechnungslegungsgrundsätzen.

Vorräte (4-8)

Anwesenheit bei der Inventur sowie Prüfungshandlungen zu den endgültigen Inventuraufzeichnungen (4)

Falls die Vorräte für den Abschluss wesentlich sind, muss der APr ausreichende geeignete Prüfungsnachweise **zu Vorhandensein** und **Beschaffenheit** der Vorräte erlangen durch:

Anwesenheit bei der Inventur, es sei denn, dass dies praktisch nicht durchführbar ist, um:
» Anweisungen und Verfahren des Managements zur Aufzeichnung und Kontrolle der Ergebnisse der Inventur der Einheit zu beurteilen,
» die Durchführung der Zählverfahren des Managements zu beobachten,
» die Vorräte in Augenschein zu nehmen und
» Testzählungen durchzuführen

Durchführung von Prüfungshandlungen zu den endgültigen Inventuraufzeichnungen, um festzustellen, ob sie die tatsächlichen Inventurergebnisse zutreffend widerspiegeln

Vorräte (4-8)

Nicht am Abschlussstichtag durchgeführte Inventur (5)

| Stichtag der Inventur weicht von Abschlussstichtag ab (z.B. bei permanenter Inventur) | | Es sind **zusätzliche Prüfungshandlungen** durchführen, um Prüfungsnachweise darüber zu erlangen, ob Veränderungen der Vorräte zwischen dem Aufnahmestichtag und dem Abschlussstichtag ordnungsgemäß erfasst sind |

Fehlende Anwesenheit bei der Inventur (6-7)

Anwesenheit ist aufgrund von unvorhergesehenen Umständen nicht möglich		» Vornahme oder Beobachtung einiger Bestandsaufnahmen zu einem anderen Zeitpunkt und » Durchführung von Prüfungshandlungen zu zwischenzeitlichen Geschäftsvorfällen	
Anwesenheit bei der Inventur ist (z.B. aufgrund der Art oder dem Standort der Vorräte) praktisch nicht durchführbar		Durchführung alternativer Prüfungshandlungen (z.B. die Einsichtnahme in die Dokumentation über den späteren Verkauf) zur Erlangung ausreichender geeigneter Prüfungsnachweise zu Vorhandensein und Beschaffenheit der Vorräte	**Bei Unmöglichkeit**: Modifizierung des Prüfungsurteils im Vermerk aufgrund eines **Prüfungshemmnisses** (→ IDW PS 405)

Von Dritten verwahrte und verwaltete Vorräte (8)

Falls für den Abschluss wesentliche Vorräte von einem Dritten verwahrt und verwaltet werden, muss der APr ausreichende geeignete Prüfungsnachweise zu Vorhandensein und Beschaffenheit dieser Vorräte durch eine oder beide der folgenden Maßnahmen erlangen:

| Anforderung einer Bestätigung des Dritten über Mengen und Beschaffenheit der im Auftrag der Einheit gehaltenen Vorräte | Inaugenscheinnahme oder andere unter den gegebenen Umständen angemessene Prüfungshandlungen |

ISA [DE] 501

Rechtsstreitigkeiten und Ansprüche (9-12)

Vollständigkeit der Rechtsstreitigkeiten und Ansprüche (9)

Der APr hat Prüfungshandlungen zu planen und durchzuführen, um Rechtsstreitigkeiten und Ansprüche zu identifizieren, welche die Einheit betreffen und ein Risiko wesentlicher falscher Darstellungen zur Folge haben können. Dazu gehören:

Befragungen des Managements und ggf. anderer Personen innerhalb der Einheit, einschließlich hausinterner Rechtsberater	**Durchsicht der Protokolle** von Sitzungen der für die Überwachung Verantwortlichen **und des Schriftverkehrs** zwischen der Einheit und ihren externen Rechtsberatern	Durchsicht von **Aufwandskonten** für Rechtsberatung

Kommunikation mit externen Rechtsberatern der Einheit (10-11)

Bei einem Risiko wesentlicher falscher Darstellungen im Zusammenhang mit identifizierten Rechtsstreitigkeiten oder Ansprüchen oder wenn durchgeführte Prüfungshandlungen darauf hindeuten, dass andere wesentliche Rechtsstreitigkeiten oder Ansprüche bestehen können:	Der APr muss die unmittelbare Kommunikation mit den externen Rechtsberatern der Einheit suchen.
Wenn Gesetz, andere Rechtsvorschriften oder die jeweilige anwaltliche Berufsorganisation eine unmittelbare Kommunikation der externen Rechtsberater der Einheit mit dem APr untersagen:	Der APr muss alternative Prüfungshandlungen durchführen
» Falls das Management sich weigert, dem APr zu gestatten, mit den externen Rechtsberatern zu kommunizieren oder die externen Rechtsberater sich weigern, auf die Anfrage angemessen zu antworten oder ihnen die Antwort untersagt ist, **und** » die Erlangung ausreichender geeigneter Prüfungsnachweise aus der Durchführung alternativer Prüfungshandlungen nicht möglich ist,	Modifizierung des Prüfungsurteils im Vermerk des APr (→ IDW PS 405)

Rechtsstreitigkeiten und Ansprüche (9-12)

Schriftliche Erklärungen (12)

Der APr hat das Management und – sofern angemessen – die für die Überwachung Verantwortlichen aufzufordern, schriftliche Erklärungen darüber abzugeben, dass **alle bekannten tatsächlichen oder möglichen Rechtsstreitigkeiten und Ansprüche**, deren Auswirkungen bei der Aufstellung des Abschlusses zu berücksichtigen sind, mitgeteilt und in Übereinstimmung mit den maßgebenden Rechnungslegungsgrundsätzen erfasst und angegeben wurden.

Segmentinformationen (13)

Erlangung ausreichender geeigneter Prüfungsnachweise durch:

Erlangung eines Verständnisses von den vom Management bei der Bestimmung der Segmentinformationen angewandten Methoden und » Beurteilung, ob diese Methoden voraussichtlich zu mit dem maßgebenden Regelwerk der Rechnungslegung übereinstimmenden Abschlussangaben führen, sowie » Prüfung der Anwendung dieser Methoden (sofern sachgerecht)	Durchführung von analytischen oder anderen Prüfungshandlungen, die unter den gegebenen Umständen sachgerecht sind

ISA [DE] 505
Externe Bestätigungen

Zusammenfassung:

ISA [DE] 505 ist die um spezifische Modifikationen zu Einzelaspekten (sog. „D.-Textziffern") ergänzte autorisierte deutsche Übersetzung von ISA 505. Der Standard definiert eine „externe Bestätigung" als Prüfungsnachweis, der als unmittelbare schriftliche Antwort eines Dritten (der bestätigenden Partei) an den Abschlussprüfer in Papierform oder auf einem elektronischen oder anderen Medium erlangt wird.

ISA [DE] 505 unterscheidet zwischen „positiven Bestätigungsanfragen" und „negativen Bestätigungsfragen". Da negative Bestätigungen weniger überzeugende Prüfungsnachweise als positive Bestätigungen liefern, dürfen diese zur Begegnung von Risiko wesentlicher falscher Darstellungen auf Aussageebene nur in Ausnahmefällen als alleinige aussagebezogene Prüfungshandlung angewandt werden.

Hinsichtlich der Durchführung von Bestätigungsanfragen stellt der Standard klar, dass diese stets unter der Kontrolle des Abschlussprüfers zu erfolgen haben. Weiterhin enthält ISA [DE] 505 Anforderungen, welche im Falle der Weigerung des Managements zur Gestattung des Versands von Bestätigungsanfragen zu beachten sind. Im Falle der Nichtbeantwortung einer positiven Bestätigungsanfrage sind zudem alternative Prüfungshandlungen erforderlich.

Als deutsche Besonderheit wird in den Anwendungshinweisen die Einholung von Bankbestätigungsschreiben thematisiert, deren verpflichtende Einholung jedoch keine Anforderung des Standards ist.

Verweise:
— ISA [DE] 300: Planung einer Abschlussprüfung
— ISA [DE] 500: Prüfungsnachweise

ISA [DE] 505: Externe Bestätigungen

Anwendungsbereich und Zielsetzung (1, 5)

» ISA [DE] 505 behandelt die Anwendung von Verfahren der externen Bestätigung durch den APr.
» Das Ziel des APr bei der Anwendung von Verfahren der externen Bestätigung besteht darin, diese Verfahren zu planen und durchzuführen, um relevante und verlässliche Prüfungsnachweise zu erlangen.

Definitionen (6)

Externe Bestätigung	Prüfungsnachweis, der als unmittelbare schriftliche Antwort eines Dritten (der bestätigenden Partei) an den APr in Papierform oder auf einem elektronischen oder anderen Medium erlangt wird.
Positive Bestätigungsanfrage	Eine Anfrage, mit der die bestätigende Partei aufgefordert wird, dem APr unmittelbar zu antworten, womit zum Ausdruck gebracht wird, ob die bestätigende Partei den Informationen in der Anfrage zustimmt oder nicht oder die angefragten Informationen liefert.
Negative Bestätigungsanfrage	Eine Anfrage, mit der die bestätigende Partei aufgefordert wird, dem APr unmittelbar nur dann zu antworten, wenn diese den in der Anfrage enthaltenen Informationen nicht zustimmt.
Nichtbeantwortung	Eine Unterlassung der bestätigenden Partei, die darin besteht, eine positive Bestätigungsanfrage nicht oder nicht vollständig zu beantworten, oder eine als nicht zugestellt zurückgesandte Bestätigungsanfrage.
Abweichung	Eine Antwort, aus der ein Unterschied hervorgeht zwischen den Informationen, um deren Bestätigung gebeten wird oder die in den Aufzeichnungen der Einheit enthalten sind, und den von der bestätigenden Partei gelieferten Informationen.

ISA [DE] 505

Verfahren der externen Bestätigung (7)

Bei der Durchführung hat der APr **die Kontrolle** über externe Bestätigungsanfragen zu bewahren. Dies schließt Folgendes ein:

Festlegung der zu bestätigenden oder anzufragenden Informationen	Auswahl der geeigneten bestätigenden Partei	Ausgestaltung der Bestätigungsanfragen, einschließlich der Feststellung, dass die Anfragen richtig adressiert und Informationen für die Rücksendung der Antworten unmittelbar an den APr enthalten sind	Versand der Anfragen sowie eventueller Folgeanfragen an die bestätigende Partei

Weigerung des Managements, dem APr den Versand einer Bestätigungsanfrage zu gestatten (8-9)

Wenn sich das Management weigert, den Versand einer Bestätigungsanfrage zu gestatten, hat der APr:
» Befragung des Managements zu den Gründen für die Weigerung und Einholung von Prüfungsnachweisen zu deren Stichhaltigkeit und Begründetheit
» Beurteilung der Auswirkungen auf die Beurteilung der relevanten Risiken wesentlicher falscher Darstellungen, der Risiken doloser Handlungen, sowie auf Art, zeitliche Einteilung und Umfang anderer Prüfungshandlungen
» Durchführung alternativer Prüfungshandlungen

Wenn Weigerung des Managements unangemessen ist <u>oder</u> es nicht möglich ist, aus alternativen Prüfungshandlungen relevante und verlässliche Prüfungsnachweise zu erlangen:
» Kommunikation mit den für die Überwachung Verantwortlichen (→ IDW PS 470 n.F.)
» Feststellung der Auswirkungen auf die Abschlussprüfung und das Prüfungsurteil (→ IDW PS 405)

ISA [DE] 505

Ergebnisse der Verfahren der externen Bestätigung (10-14)

Verlässlichkeit der Antworten auf Bestätigungsanfragen (10-11)

Faktoren, die auf Zweifel an der Verlässlichkeit einer Antwort hindeuten:
- » Antwort wurde mittelbar erhalten.
- » Antwort stammt nicht von der ursprünglich vorgesehenen bestätigenden Partei.

▶ Erlangung weiterer Prüfungsnachweise, um diese Zweifel zu beseitigen.

Wenn Antwort auf eine Bestätigungsanfrage nicht verlässlich ist, dann erfolgt eine Einschätzung der Konsequenzen für die Beurteilung der relevanten Risiken wesentlicher falscher Darstellungen, des Risikos doloser Handlungen, sowie für Art, zeitliche Einteilung und Umfang anderer Prüfungshandlungen, die damit zusammenhängen.

Nichtbeantwortung (12-13)

Bei **jeder** Nichtbeantwortung	▶ Durchführung alternativer Prüfungshandlungen, um relevante und verlässliche Prüfungsnachweise zu erlangen
Sofern die Beantwortung einer positiven Bestätigungsanfrage notwendig ist, um ausreichende geeignete Prüfungsnachweise zu erlangen	▶ Feststellung der Auswirkungen auf die Abschlussprüfung und das Prüfungsurteil (→ IDW PS 405)

Abweichungen (14)

Abweichungen hat der APr zu untersuchen, um festzustellen, ob sie auf falsche Darstellungen hindeuten oder nicht.

Negative Bestätigungen (15)

Negative Bestätigungen liefern weniger überzeugende Prüfungsnachweise als positive Bestätigungen.

Um einem beurteilten **Risiko wesentlicher falscher Darstellungen** auf Aussageebene zu begegnen, dürfen negative Bestätigungsanfragen nicht als alleinige aussagebezogene Prüfungshandlung angewandt werden, sofern nicht sämtliche der folgenden Punkte vorliegen:

Das Risiko wesentlicher falscher Darstellungen wird als gering beurteilt und ausreichende geeignete Prüfungsnachweise zur Wirksamkeit der für die Aussage relevanten Kontrollen wurden erlangt.	Die Grundgesamtheit der Elemente, die negativen Bestätigungsanfragen unterzogen wird, umfasst eine große Anzahl von kleinen, homogenen Kontensalden, Geschäftsvorfällen oder Gegebenheiten.	Es wird eine sehr geringe Anzahl von Abweichungen erwartet.	Es sind keine Umstände oder Gegebenheiten bekannt, welche die Empfänger von negativen Bestätigungsanfragen dazu veranlassen könnten, diese Anfragen nicht zu beachten.

Beurteilung der erlangten Nachweise (16)

Es ist zu beurteilen, ob die Ergebnisse der Verfahren der externen Bestätigung relevante und verlässliche Prüfungsnachweise liefern oder ob weitere Prüfungsnachweise notwendig sind. Dabei können die Ergebnisse einzelner Anfragen folgendermaßen kategorisiert werden:
» eine Antwort durch die zuständige, bestätigende Partei, in der die Zustimmung zu den in der Bestätigungsanfrage enthaltenen Informationen zum Ausdruck gebracht wird oder welche die angefragten Informationen ohne Abweichung liefert;
» eine nicht für verlässlich gehaltene Antwort;
» eine Nichtbeantwortung oder
» eine Antwort, in der auf eine Abweichung hingewiesen wird.

ISA [DE] 510
Eröffnungsbilanzwerte bei Erstprüfungsaufträgen

Zusammenfassung:

ISA [DE] 510 ist die um spezifische Modifikationen zu Einzelaspekten (sog. „D.-Textziffern") ergänzte autorisierte deutsche Übersetzung von ISA 510. Der Standard definiert einen „Erstprüfungsauftrag" als Auftrag, bei dem entweder der Abschluss für den vorhergehenden Zeitraum nicht geprüft wurde oder der Abschluss für den vorhergehenden Zeitraum von einem anderen („bisherigen") Abschlussprüfer geprüft wurde.

Bei einer Erstprüfung verfügt der Abschlussprüfer über keine eigenen Prüfungsnachweise aus einer Vorjahresprüfung, die Aussagen über die Ordnungsmäßigkeit der Eröffnungsbilanzwerte erlauben. Daher muss in Fällen, in denen der Eröffnungsbilanzwert seine Wurzeln in früheren Jahren hat, durch eine Ausdehnung der Prüfungshandlungen auf vorhergehende Geschäftsjahre gewährleistet sein, dass Prüfungsaussagen mit hinreichender Sicherheit getroffen werden können.

ISA [DE] 510 verlangt zunächst, dass – sofern vorhanden – der letzte Abschluss und der dazugehörige Vermerk des bisherigen Abschlussprüfers im Hinblick auf die für die Eröffnungsbilanzwerte und Abschlussangaben relevanten Informationen zu lesen sind. Neben der Prüfung der Eröffnungsbilanzwerte wird zudem die Bedeutung der Erlangung von ausreichenden Prüfungsnachweisen zur stetigen Anwendung von Rechnungslegungsmethoden betont.

Als deutsche Besonderheit wird zudem festgelegt, dass der Abschlussprüfer – sofern vorhanden – zudem den letzten Prüfungsbericht des bisherigen Abschlussprüfers zu lesen hat. In den Anwendungshinweisen wird ergänzend dargelegt, dass der Prüfungsbericht im Einzelfall selbst als Prüfungsnachweis dienen kann und unter welchen Bedingungen eine Einsichtnahme in die Arbeitspapiere des bisherigen Abschlussprüfers möglich ist.

Der Standard enthält zudem Anforderung, wenn der Abschluss des vorhergehenden Zeitraums von einem bisherigen Abschlussprüfer geprüft wurde und das Prüfungsurteil modifiziert wurde. Abschließend behandelt ISA [DE] 510 zudem die Auswirkungen auf den Vermerk des Abschlussprüfers von fehlerhaften Darstellungen sowie von Prüfungshemmnissen in Bezug auf Eröffnungsbilanzwerte.

Verweise:
— ISA [DE] 300: Planung einer Abschlussprüfung
— ISA [DE] 710: Vergleichsinformationen – Vergleichsangaben und Vergleichsabschlüsse
— IDW PS 405: Modifizierungen des Prüfungsurteils im Bestätigungsvermerk

ISA [DE] 510: Eröffnungsbilanzwerte bei Erstprüfungsaufträgen

Anwendungsbereich und Zielsetzung (1, 3)

ISA [DE] 510 behandelt die Verantwortlichkeiten des APr im Zusammenhang mit Eröffnungsbilanzwerten bei einem Erstprüfungsauftrag.

Das Ziel des APr besteht darin, ausreichende geeignete Prüfungsnachweise darüber zu erlangen, ob
» Eröffnungsbilanzwerte falsche Darstellungen enthalten, die wesentliche Auswirkungen auf den Abschluss des Berichtszeitraums haben, und
» die sich in den Eröffnungsbilanzwerten widerspiegelnden angemessenen Rechnungslegungsmethoden stetig im Abschluss des Berichtszeitraums angewendet wurden oder Methodenänderungen in Übereinstimmung mit den maßgebenden Rechnungslegungsgrundsätze im Abschluss sachgerecht erfasst, dargestellt und angegeben sind.

Definitionen (4)

Erstprüfungsauftrag	Ein Auftrag, bei dem entweder » der Abschluss für den vorhergehenden Zeitraum nicht geprüft wurde oder » der Abschluss für den vorhergehenden Zeitraum vom bisherigen APr geprüft wurde.
Eröffnungsbilanzwerte	Die zu Beginn des Berichtszeitraums bestehenden Kontensalden. Eröffnungsbilanzwerte basieren auf den Schlussbilanzwerten des vorhergehenden Zeitraums und spiegeln die Auswirkungen von Geschäftsvorfällen und Ereignissen aus vorhergehenden Zeiträumen sowie die im vorhergehenden Zeitraum angewendeten Rechnungslegungsmethoden wider. Darüber hinaus gehören zu den Eröffnungsbilanzwerten die im Abschluss anzugebenden Sachverhalte, die zu Beginn des Berichtszeitraums vorlagen.
Bisheriger Abschlussprüfer	Wirtschaftsprüfer in eigener Praxis oder die Wirtschaftsprüfungsgesellschaft, der bzw. die den Abschluss einer Einheit im vorhergehenden Zeitraum geprüft hat.

ISA [DE] 510

Prüfungshandlungen (5-9)

Eröffnungsbilanzwerte (5-7)

Sofern vorhanden sind der letzte Abschluss und der dazugehörigen Vermerk des bisherigen APr im Hinblick auf die für die Eröffnungsbilanzwerte und Abschlussangaben relevanten Informationen zu **lesen**.

D.5.1 Sofern vorhanden ist zudem der **letzte Prüfungsbericht** zu lesen.

Erlangung ausreichend geeigneter Prüfungsnachweise darüber, ob die Eröffnungsbilanzwerte falsche Darstellungen mit wesentlichen Auswirkungen auf den Abschluss des Berichtszeitraums enthalten, durch:

- Feststellung, ob die Schlussbilanzwerte des vorhergehenden Zeitraums richtig vorgetragen oder erforderlichenfalls angepasst wurden

- Feststellung, ob die Eröffnungsbilanzwerte die Anwendung sachgerechter Rechnungslegungsmethoden widerspiegeln.

- Durchführung einer oder (sofern erforderlich) mehrerer der folgenden Prüfungshandlungen:
  » Durchsicht der **Arbeitspapiere des bisherigen APr**
  » Beurteilung ob die zum Berichtszeitraum durchgeführten Prüfungshandlungen auch für die Eröffnungsbilanzwerte relevante Nachweise liefern
  » Durchführung spezifischer Prüfungshandlungen, um Nachweise zu den Eröffnungsbilanzwerten zu erlangen

Prüfungshandlungen (5-9)

Eröffnungsbilanzwerte (5-7)

Erlangung von Prüfungsnachweise darüber, dass die Eröffnungsbilanzwerte **falsche Darstellungen** enthalten, die wesentliche Auswirkungen auf den Abschluss des Berichtszeitraums haben könnten:

Durchführung **zusätzlicher Prüfungshandlungen** die unter den gegebenen Umständen geeignet sind, die Auswirkungen auf den Abschluss des Berichtszeitraums festzustellen.

Sofern falschen Darstellungen im Abschluss des Berichtszeitraums enthalten sind: **Kommunikation** mit der angemessenen Managementebene und den für die Überwachung Verantwortlichen (→ ISA [DE] 450).

Stetigkeit der Rechnungslegungsmethoden (8)

Der APr hat ausreichende geeignete Prüfungsnachweise darüber zu erlangen, ob
» die in den Eröffnungsbilanzwerten widergespiegelten Rechnungslegungsmethoden im Abschluss stetig angewendet wurden
» Methodenänderungen in Übereinstimmung mit den maßgebenden Rechnungslegungsgrundsätzen im Abschluss sachgerecht erfasst, dargestellt und angegeben sind.

Relevante Informationen im Vermerk des bisherigen APr (9)

Wenn der Abschluss des vorhergehenden Zeitraums von einem bisherigen APr geprüft wurde und das **Prüfungsurteil modifiziert** wurde:

Bei der Beurteilung der Risiken wesentlicher falscher Darstellungen im Abschluss sind die Auswirkungen des Sachverhalts einzuschätzen, der zu der Modifizierung geführt hat (→ ISA [DE] 315 (Revised)).

Prüfungsschlussfolgerungen und Erteilung des Vermerks (10-13)

Eröffnungsbilanzwerte (10-11)

Sofern es nicht möglich ist ausreichend geeignete Prüfungsnachweise zu den Eröffnungsbilanzwerten zu erlangen:	Prüfungshemmnis	Einschränkung Prüfungsurteil (→ IDW PS 405)
		Nichtabgabe Prüfungsurteil (→ IDW PS 405)

Eröffnungsbilanzwerte enthalten eine falsche Darstellung mit wesentlichen Auswirkungen auf den Abschluss Die Auswirkungen sind nicht
» sachgerecht in Rechnungslegung berücksichtigt oder
» zutreffend im Abschluss erfasst, dargestellt oder angegeben

→ Einschränkung Prüfungsurteil (→ IDW PS 405)
→ Versagung Prüfungsurteil (→ IDW PS 405)

Stetigkeit der Rechnungslegungsmethoden (12)

» Rechnungslegungsmethoden werden nicht in Übereinstimmung mit dem maßgebenden Regelwerk der Rechnungslegung stetig angewendet oder
» Änderung der Rechnungslegungsmethoden ist nicht sachgerecht in Übereinstimmung mit dem maßgebenden Regelwerk der Rechnungslegung im Abschluss erfasst, dargestellt oder angegeben

→ Einschränkung Prüfungsurteil (→ IDW PS 405)
→ Versagung Prüfungsurteil (→ IDW PS 405)

Modifizierung des Prüfungsurteils im Vermerk des bisherigen APr (13)

Wenn das Prüfungsurteil des bisherigen APr eine Modifizierung aufwies, die für den Abschluss des Berichtszeitraums relevant und wesentlich bleibt:

→ Modifizierung des Prüfungsurteils (→ IDW PS 405)

ISA [DE] 520
Analytische Prüfungshandlungen

Zusammenfassung:
ISA [DE] 520 ist die um spezifische Modifikationen zu Einzelaspekten (sog. „D.-Textziffern") ergänzte autorisierte deutsche Übersetzung von ISA 520. Der Standard behandelt die Anwendung analytischer Prüfungshandlungen als aussagebezogene Prüfungshandlungen. Die Anwendung analytischer Prüfungshandlungen beruht auf der Erwartung, dass Beziehungen zwischen bestimmten Informationen und Daten vorhanden sind und fortbestehen.
Definiert werden analytischer Prüfungshandlungen als die Beurteilungen von Finanzinformationen durch die Analyse plausibler Beziehungen zwischen sowohl finanziellen als auch nichtfinanziellen Daten. Diese umfassen die jeweils notwendigen Untersuchungen von identifizierten Schwankungen oder Beziehungen, die nicht mit anderen relevanten Informationen in Einklang stehen oder die um einen erheblichen Betrag von den erwarteten Werten abweichen.
Bei der Planung und Durchführung aussagebezogener analytischer Prüfungshandlungen sind:
— die Eignung bestimmter aussagebezogener analytischer Prüfungshandlungen für gegebene Aussagen festzulegen,
— die Verlässlichkeit der Daten zu beurteilen,
— eine Erwartung zu erfassten Beträgen oder Kennzahlen zu entwickeln und zu beurteilen, ob die Erwartung ausreichend genau für die Identifizierung einer falschen Darstellung ist,
— ein vertretbarer Differenzbetrag zwischen den erfassten Beträgen und den erwarteten Werten festzulegen.

Bei der Durchführung analytischer Prüfungshandlungen können verschiedene Methoden angewandt werden, die von einfachen Vergleichen bis hin zu komplexen Analysen mittels hoch entwickelter statistischer Verfahren reichen. Die Auswahl der anzuwendenden Methode liegt im pflichtgemäßen Ermessen des Abschlussprüfers.

Verweise:
— ISA [DE] 300: Planung einer Abschlussprüfung
— ISA [DE] 500: Prüfungsnachweise

ISA [DE] 520: Analytische Prüfungshandlungen

Anwendungsbereich und Zielsetzung (1, 3)

ISA [DE] 520 behandelt
- die Anwendung analytischer Prüfungshandlungen als aussagebezogene Prüfungshandlungen
- die Verantwortlichkeit des APr, in zeitlicher Nähe zum Ende der Abschlussprüfung analytische Prüfungshandlungen durchzuführen, die bei der Ableitung einer Gesamtschlussfolgerung zum Abschluss unterstützen.

Die Ziele des APr sind
- Erlangung relevanter und verlässlicher Prüfungsnachweise bei der Durchführung aussagebezogener analytischer Prüfungshandlungen
- analytische Prüfungshandlungen in zeitlicher Nähe zum Ende der Abschlussprüfung zu planen und durchzuführen, die den APr bei der Ableitung einer Gesamtschlussfolgerung unterstützen, ob der Abschluss mit dem Verständnis des APr von der Einheit in Einklang steht.

Anwendung analytischer Prüfungshandlungen als Verfahren zur Risikobeurteilung.	→ ISA [DE] 315 (Revised)
Aussagebezogene analytische Prüfungshandlungen können Prüfungshandlungen in Reaktion auf beurteilte Risiken sein	→ ISA [DE] 330

Definition (4)

Analytische Prüfungshandlungen	» Beurteilungen von Finanzinformationen durch die Analyse plausibler Beziehungen zwischen sowohl finanziellen als auch nichtfinanziellen Daten. » Außerdem umfassen analytische Prüfungshandlungen die jeweils notwendigen Untersuchungen von identifizierten Schwankungen oder Beziehungen, die nicht mit anderen relevanten Informationen in Einklang stehen oder die um einen erheblichen Betrag von den erwarteten Werten abweichen.

Aussagebezogene analytische Prüfungshandlungen (5)

Bei der Planung und Durchführung aussagebezogener analytischer Prüfungshandlungen sind:

die Eignung bestimmter aussagebezogener analytischer Prüfungshandlungen für gegebene Aussagen festzulegen	die Verlässlichkeit der Daten zu beurteilen	eine Erwartung zu erfassten Beträgen oder Kennzahlen zu entwickeln und zu beurteilen, ob die Erwartung ausreichend genau für die Identifizierung einer falschen Darstellung ist	Festlegung eines vertretbaren Differenzbetrags zwischen den erfassten Beträgen und den erwarteten Werten

Eignung bestimmter analytischer Prüfungshandlungen für gegebene Aussagen (5(a), A6-A10)

» Aussagebezogene analytische Prüfungshandlungen eignen sich im Allgemeinen besser bei einer großen Anzahl von Geschäftsvorfällen, die im Zeitablauf dazu tendieren, vorhersehbar zu sein. Die Anwendung geplanter analytischer Prüfungshandlungen basiert auf der Erwartung, dass Beziehungen zwischen Daten bestehen und fortdauern.
» In manchen Fällen kann sogar ein einfaches Prognosemodell als analytische Prüfungshandlung wirksam sein (z.B. Personalaufwand pro Mitarbeiter, Gewinnspannen im Einzelhandel).

Die Eignung bestimmter aussagebezogener analytischer Prüfungshandlungen wird beeinflusst durch die Art der Aussage und die Beurteilung des Risikos wesentlicher falscher Darstellungen.
» Wenn bspw. die Kontrollen über die Abwicklung von Verkäufen mangelhaft sind, kann der APr für Aussagen zu Forderungen mehr Vertrauen in Einzelfallprüfungen als in aussagebezogene analytische Prüfungshandlungen setzen.

Aussagebezogene analytische Prüfungshandlungen können auch als geeignet erachtet werden, wenn Einzelfallprüfungen zu derselben Aussage durchgeführt werden.
» Bspw. können bei der Erlangung von Prüfungsnachweisen zur Bewertung von Forderungssalden zusätzlich zu den Einzelfallprüfungen zu Zahlungseingängen an die Einheit nach dem Abschlussstichtag analytische Prüfungshandlungen zu den Fälligkeiten auf den Kundenkonten durchgeführt werden, um die Einbringlichkeit der Forderungen festzustellen.

ISA [DE] 520

Aussagebezogene analytische Prüfungshandlungen (5)

Verlässlichkeit der Daten (5(b), A12-A14)

Folgende Faktoren bestimmen, ob Daten für Zwecke aussagebezogener analytischer Prüfungshandlungen verlässlich sind:

- Quelle der verfügbaren Informationen
- Vergleichbarkeit der verfügbaren Informationen
- Art und Relevanz der verfügbaren Informationen
- Kontrollen über die Erstellung der Informationen

Beurteilung, ob die Erwartung ausreichend genau ist (5(c), A15)

Zu den Sachverhalten, die relevant sind, um eine falsche Darstellung zu identifizieren, gehören:

- Die Genauigkeit, mit der sich die erwarteten Ergebnisse vorhersagen lassen
- Der Grad, in dem Informationen aufgegliedert werden können
- Die Verfügbarkeit von sowohl finanziellen als auch nichtfinanziellen Informationen

Vertretbarer Differenzbetrag zwischen den erfassten Beträgen und den erwarteten Werten (5(d), A16-A)

Die Festlegung des ohne weitere Untersuchung vertretbaren Differenzbetrags gegenüber der Erwartung wird beeinflusst durch:
» die Wesentlichkeit (→ ISA [DE] 320) und
» die Übereinstimmung mit dem gewünschten Grad an Prüfungssicherheit

Die Prüfungsnachweise müssen umso überzeugender sein, je höher das beurteilte Risiko ist (→ ISA [DE] 330).

Analytische Prüfungshandlungen zur Unterstützung bei der Ableitung einer übergreifenden Schlussfolgerung (6)

Ziel	Ableitung einer Gesamtschlussfolgerung, ob der Abschluss mit dem Verständnis des APr von der Einheit in Einklang steht
Zeitpunkt	In zeitlicher Nähe zum Ende der Abschlussprüfung
Feststellungen	Die Ergebnisse dieser analytischen Prüfungshandlungen können ein bisher nicht erkanntes Risiko wesentlicher falscher Darstellungen aufzeigen. Anpassung der Beurteilung der Risiken wesentlicher falscher Darstellungen und Modifikation der weiteren geplanten Prüfungshandlungen (→ ISA [DE] 315 (Revised))

Untersuchung der Ergebnisse analytischer Prüfungshandlungen (7)

Werden Schwankungen oder Beziehungen identifiziert, die nicht mit anderen relevanten Informationen in Einklang stehen oder die um einen erheblichen Betrag von den erwarteten Werten abweichen, sind diese Abweichungen zu untersuchen:

Durchführung von Befragungen des Managements **und** Erlangung relevanter Prüfungsnachweise für die Antworten des Managements	Durchführung anderer Prüfungshandlungen, die unter den gegebenen Umständen notwendig sind

ISA [DE] 530
Stichprobenprüfungen

Zusammenfassung:
ISA [DE] 530 ist die um spezifische Modifikationen zu Einzelaspekten (sog. „D.-Textziffern") ergänzte autorisierte deutsche Übersetzung von ISA 530. Der Standard definiert eine „Stichprobenprüfung" als die Anwendung von Prüfungshandlungen auf weniger als 100 % der Elemente einer prüfungsrelevanten Grundgesamtheit, so dass alle Stichprobenelemente eine Chance haben, ausgewählt zu werden, um eine hinreichende Grundlage für Schlussfolgerungen über die Grundgesamtheit zu verschaffen. Stichprobenprüfungen können sowohl im Rahmen von Funktionstest wie im Rahmen von Einzelfallprüfungen durchgeführt werden.
Bei der Durchführung von Stichprobenprüfungen ist zunächst ein Stichprobenumfang festzulegen. Dazu nennt ISA [DE] 530 in den Anlagen 2 und 3 Beispiele für Faktoren, die den Stichprobenumfang beeinflussen. Letztlich kann der Stichprobenumfang sowohl durch Anwendung einer statistikbasierten Formel, wie durch Ausübung pflichtgemäßen Ermessens festgelegt werden.
Im nächsten Schritt erfolgt sodann die Auswahl der zu prüfenden Elemente. In Anlage 4 stellt ISA [DE] 530 die wichtigsten Methoden der Stichprobenauswahl dar. Dabei zeichnen sich statistische Stichprobenverfahren durch die Merkmale einer zufallsgesteuerten Auswahl der Stichprobenelemente und die Anwendung der Wahrscheinlichkeitstheorie zur Auswertung der Stichprobenergebnisse aus. Bei nichtstatistischen Stichprobenverfahren basiert die Auswahl der Stichprobenelemente hingegen auf pflichtgemäßem Ermessen. Für die gewählten Elemente einer Stichprobe sind Prüfungshandlungen durchführen. Voraussetzung dafür ist zunächst ein klares Verständnis dessen, was eine Abweichung oder eine falsche Darstellung darstellt. Im Rahmen von Einzelfallprüfungen festgestellte Abweichungen in der Stichprobe sind regelmäßig auf die Grundgesamtheit hochzurechnen. Lediglich im Fall einer sog. Anomalie kann diese bei der Hochrechnung unberücksichtigt bleiben.

Verweise:
— ISA [DE] 300: Planung einer Abschlussprüfung
— ISA [DE] 450: Beurteilung der während der Abschlussprüfung identifizierten falschen Darstellungen
— ISA [DE] 500: Prüfungsnachweise

ISA [DE] 530: Stichprobenprüfungen

Anwendungsbereich und Zielsetzung (1, 4)

» ISA [DE] 530 behandelt die Anwendung statistischer und nichtstatistischer Stichprobenverfahren durch den APr bei der Konzeption und Auswahl der Prüfungsstichprobe, die Durchführung von Funktions- und Einzelfallprüfungen sowie die Auswertung der Stichprobenergebnisse.
» Ziel des APr bei der Anwendung von Stichprobenprüfungen ist es, eine hinreichende Grundlage zu schaffen, um Schlussfolgerungen über die Grundgesamtheit zu ziehen, aus der die Stichprobe ausgewählt wurde.

Definitionen (5)

Stichproben-prüfung	Die Anwendung von Prüfungshandlungen auf weniger als 100 % der Elemente einer prüfungsrelevanten Grundgesamtheit, so dass alle Stichprobenelemente eine Chance haben, ausgewählt zu werden, um dem APr eine hinreichende Grundlage für Schlussfolgerungen über die Grundgesamtheit zu verschaffen.
Grund-gesamtheit	Die Gesamtmenge an Daten, aus der eine Stichprobe ausgewählt wird und über die der APr Schlussfolgerungen zu ziehen beabsichtigt.
Stichproben-risiko	Das Risiko, dass die stichprobenbasierte Schlussfolgerung von der Schlussfolgerung abweicht, wenn die vollständige Grundgesamtheit Gegenstand derselben Prüfungshandlung wäre. Das Stichprobenrisiko kann zu **zwei Arten von falschen Schlussfolgerungen** führen:

Bei Funktionsprüfungen die Schlussfolgerung, Kontrollen seien wirksamer als sie tatsächlich sind, oder bei Einzelfallprüfungen die Schlussfolgerung, es liege keine wesentliche falsche Darstellung vor, obwohl dies tatsächlich der Fall ist. » Auswirkung auf **die Wirksamkeit** der Abschlussprüfung.	Bei Funktionsprüfungen die Schlussfolgerung, Kontrollen seien weniger wirksam, als sie tatsächlich sind, oder bei Einzelfall-prüfungen die Schlussfolgerung, es liege eine wesentliche falsche Darstellung vor, obwohl dies tatsächlich nicht der Fall ist. » Auswirkung auf **die Wirtschaftlichkeit** der Abschlussprüfung.

ISA [DE] 530

Definitionen (5)

Nicht-Stichprobenrisiko	Das Risiko, dass der APr aus einem Grund, der **nicht** mit dem Stichprobenrisiko zusammenhängt, zu einer falschen Schlussfolgerung gelangt. » Beispiele: Anwendung ungeeigneter Prüfungshandlungen, die falsche Auslegung von Prüfungsnachweisen sowie das Nichterkennen von falschen Darstellungen.
Anomalie	Eine falsche Darstellung oder eine Abweichung, die **nachweisbar** nicht repräsentativ für falsche Darstellungen oder Abweichungen in einer Grundgesamtheit ist.
Stichproben-element	Die einzelnen Elemente, die eine Grundgesamtheit bilden. » Stichprobenelemente können physische Elemente (bspw. auf Scheckeinreichern verzeichnete Schecks, Gutschriften auf Bankkontoauszügen, Verkaufsrechnungen oder Debitorensalden) oder Geldeinheiten sein.
Statistisches Stichproben-verfahren	Ein Stichprobenverfahren mit den folgenden Merkmalen: » zufallsgesteuerte Auswahl der Stichprobenelemente und » Anwendung der Wahrscheinlichkeitstheorie zur Auswertung der Stichprobenergebnisse, einschließlich der Bewertung des Stichprobenrisikos.
Schichtung	Der Prozess der Unterteilung einer Grundgesamtheit in Teilgrundgesamtheiten, die jeweils eine Gruppe von Stichprobenelementen mit ähnlichen Eigenschaften (häufig Geldbetrag) darstellen.
Tolerierbare falsche Darstellung	Ein festgelegter Geldbetrag, für den der APr anstrebt, einen angemessenen Grad an Prüfungssicherheit darüber zu erreichen, dass er nicht durch die tatsächliche falsche Darstellung in der Grundgesamtheit überschritten wird. » Eine tolerierbare falsche Darstellung ist die Anwendung der Toleranzwesentlichkeit (→ ISA [DE] 320), auf ein bestimmtes Stichprobenverfahren. Der Betrag der tolerierbaren falschen Darstellung kann der Toleranzwesentlichkeit entsprechen oder niedriger sein.
Tolerierbarer Abweichungsgrad	Ein festgelegter Grad der Abweichung von vorgesehenen internen Kontrollen, für den der APr anstrebt, einen angemessenen Grad an Prüfungssicherheit darüber zu erreichen, dass er nicht durch den tatsächlichen Abweichungsgrad in der Grundgesamtheit überschritten wird.

ISA [DE] 530

Konzeption und Umfang der Stichprobe sowie Auswahl der zu prüfenden Elemente (6-8)

Konzeption der Stichprobe (6)

Würdigung des Zwecks der Prüfungshandlung	Umfasst ein klares Verständnis dessen, was eine Abweichung oder eine falsche Darstellung darstellt.
Würdigung der Merkmale der Grundgesamtheit	Umfasst die Beurteilung des erwarteten Abweichungsgrads (bei Funktionsprüfungen) bzw. die erwartete falsche Darstellung (bei Einzelfallprüfungen)

Die Würdigung kann die Festlegung beinhalten, dass **eine Schichtung oder eine wertproportionale Auswahl** angemessen ist:
» Ziel einer Schichtung (→ Anlage 2) ist es, die Variabilität der Elemente innerhalb jeder Schicht zu verringern und eine Verringerung des Stichprobenumfangs ohne Anstieg des Stichprobenrisikos zu ermöglichen.
» Eine Schichtung **nach dem Geldbetrag (wertproportionale Auswahl)** erlaubt es, die Prüfungstätigkeit stärker auf die höherwertigen Elemente auszurichten. In gleicher Weise kann eine Grundgesamtheit **nach einem bestimmten Merkmal** geschichtet werden, das auf ein höheres Risiko falscher Darstellungen hindeutet.

Stichprobenumfang (7, Anlagen 2 und 3)

Der APr hat einen Stichprobenumfang festzulegen, der ausreicht, um das Stichprobenrisiko auf ein vertretbar niedriges Maß zu reduzieren. Beispiele für Faktoren, die den Stichprobenumfang beeinflussen, sind:
» Umfang, in dem der APr bei seiner Risikobeurteilung relevante Kontrollen berücksichtigt bzw. Höhe des eingeschätzten Risikos wesentlicher falscher Darstellungen
» Höhe des tolerierbaren Abweichungsgrads bzw. der tolerierbaren falschen Darstellung sowie des erwarteten Abweichungsgrads
» Umfang anderer aussagebezogener Prüfungshandlungen

Der Stichprobenumfang kann durch Anwendung einer statistikbasierten Formel oder durch Ausübung pflichtgemäßen Ermessens festgelegt werden.

ISA [DE] 530

Konzeption und Umfang der Stichprobe sowie Auswahl der zu prüfenden Elemente (6-8)

Auswahl der zu prüfenden Elemente (8, Anlage 4)

Der APr hat die Elemente für die Stichprobe so auszuwählen, dass für jedes Stichprobenelement in der Grundgesamtheit eine Chance besteht, ausgewählt zu werden. Die wichtigsten Methoden der Stichprobenauswahl sind:

Zufallsgesteuerte Auswahl	Auswahl durch Zufallszahlengeneratoren (z.B. Zufallszahlentabellen)
Systematische Auswahl	Die Anzahl der Stichprobenelemente in der Grundgesamtheit wird durch den Stichprobenumfang geteilt, so dass sich ein Stichprobenintervall (bspw. von 50) ergibt. Nachdem ein Ausgangspunkt innerhalb der ersten 50 Stichprobenelemente festgelegt wurde, wird jedes 50. Element ausgewählt.
Auswahl anhand von Geldeinheiten (Monetary Unit Sampling)	Art von wertproportionaler Auswahl, bei der Stichprobenumfang, -auswahl und -auswertung zu einer in Geldbeträgen ausgedrückten Schlussfolgerung führen.
Zufallsimitierende Auswahl	Auswahl der Stichprobe, ohne dabei ein strukturiertes Verfahren zu befolgen (bei Anwendung eines statistischen Stichprobenverfahrens nicht geeignet).
Blockauswahl	Auswahl eines oder mehrerer Blöcke von aufeinander folgenden Elementen innerhalb der Grundgesamtheit (kann bei Stichprobenprüfungen i.d.R. nicht angewandt werden).

Bei nichtstatistischen Stichprobenverfahren basiert die Auswahl der Stichprobenelemente auf pflichtgemäßem Ermessen. *[judgement]*

ISA [DE] 530

Durchführung von Prüfungshandlungen (9-11)

Für die ausgewählten Elemente einer Stichprobe **sind** Prüfungshandlungen durchzuführen, die für den jeweiligen Zweck geeignet sind	Wenn die Prüfungshandlung nicht auf das ausgewählte Element anwendbar ist, sind diese an **einem Ersatzelement** durchzuführen.	Wenn es nicht möglich ist, die geplanten Prüfungshandlungen oder geeignete alternative Prüfungshandlungen auf ein ausgewähltes Element anzuwenden, ist dieses Element bei Funktionsprüfungen als **Abweichung** von der vorgesehenen Kontrolle bzw. bei Einzelfallprüfungen als **falsche Darstellung** zu behandeln.

Art und Ursache von Abweichungen und falschen Darstellungen (12-13)

Bei identifizierten Abweichungen oder falschen Darstellungen	Untersuchung von Art und Ursache der Abweichungen oder falschen Darstellungen und Beurteilung ihre möglichen Auswirkungen auf den Zweck der betreffenden Prüfungshandlung sowie auf andere Prüfungsbereiche.
Sonderfall: Identifizierte Abweichung oder falsche Darstellung wird als **Anomalie** angesehen	Der APr hat ein hohes Maß an Sicherheit darüber zu erlangen, dass diese falsche Darstellung oder Abweichung nicht repräsentativ für die Grundgesamtheit ist. Dafür sind zusätzliche Prüfungshandlungen erforderlich.

Hochrechnung falscher Darstellungen (14)

Einzelfallprüfungen	» Falsche Darstellungen sind auf die Grundgesamtheit hochrechnet, um einen umfassenden Überblick über das Ausmaß der falschen Darstellungen zu erhalten. » Im Sonderfall einer Anomalie, kann diese bei der Hochrechnung unberücksichtigt bleiben.
Funktionsprüfungen	» Eine explizite Hochrechnung von Abweichungen ist **nicht notwendig**. » ISA [DE] 330, Tz. 17 enthält Hinweise für den Fall, dass Abweichungen von Kontrollen aufgedeckt werden, auf die sich der APr verlassen will.

ISA [DE] 530

Auswertung der Ergebnisse der Stichprobenprüfung (15)

Unerwarteter Abweichungsgrad bei Funktionsprüfungen	Ein unerwartet hoher Abweichungsgrad in der Stichprobe kann zu einem Anstieg des beurteilten Risikos wesentlicher falscher Darstellungen führen.
Unerwarteter falsch dargestellter Betrag bei Einzelfallprüfungen	» Ein unerwartet hoher falsch dargestellter Betrag in einer Stichprobe kann zu der Annahme führen, eine Art von Geschäftsvorfällen oder ein Kontensaldo enthalte eine wesentliche falsche Darstellung. » Die hochgerechnete falsche Darstellung zuzüglich etwaiger anomaler falscher Darstellungen stellt die beste Schätzung zu falschen Darstellungen in der Grundgesamtheit dar. » Wenn die hochgerechnete falsche Darstellung zuzüglich etwaiger anomaler falscher Darstellungen die tolerierbare falsche Darstellung überschreitet, bildet die Stichprobe keine hinreichende Grundlage für Schlussfolgerungen über die geprüfte Grundgesamtheit. » Wenn die hochgerechnete falsche Darstellung größer ist als die Erwartungen über falsche Darstellungen, anhand derer der Stichprobenumfang festgelegt wurde, kann ein unvertretbares Stichprobenrisiko bestehen.

Wenn der APr zu dem Schluss gelangt, dass die Stichprobenprüfung keine hinreichende Grundlage für Schlussfolgerungen über die geprüfte Grundgesamtheit geliefert hat, kann er

das Management auffordern, identifizierte falsche Darstellungen sowie die Möglichkeit weiterer falscher Darstellungen zu untersuchen und alle notwendigen Anpassungen vorzunehmen, oder	Art, zeitliche Einteilung und Umfang dieser weiteren Prüfungshandlungen so konzipieren, dass die benötigte Prüfungssicherheit am besten erreicht wird (bspw. durch Ausdehnung des Stichprobenumfangs oder Prüfung von alternativen Kontrollen).

ISA [DE] 540 (Revised)
Prüfung geschätzter Werte in der Rechnungslegung und der damit zusammenhängenden Abschlussangaben

Vorbemerkung:

ISA [DE] 540 (Revised) ist die um spezifische Modifikationen zu Einzelaspekten (sog. „D.-Textziffern") ergänzte autorisierte deutsche Übersetzung von ISA 540 (Revised). Aufgrund der Aktualität von ISA 540 (Revised) war ISA [DE] 540 (Revised) zum Zeitpunkt der Drucklegung noch nicht verabschiedet.

Aus diesem Grund werden wir Ihnen die Visualisierung dieses Standards im Nachgang per Download zur Verfügung stellen, sobald er verabschiedet ist. Ihren Zugangscode zum Download-Bereich finden Sie auf der Innenseite des Umschlags.

Zusammenfassung:

Der Standard definiert einen „geschätzten Wert in der Rechnungslegung" als einen Geldbetrag, bei dem die Bemessung in Übereinstimmung mit den Anforderungen der maßgebenden Rechnungslegungsgrundsätze der Schätzunsicherheit unterliegt.

ISA [DE] 540 (Revised) konkretisiert zunächst die allgemeinen Anforderungen aus ISA [DE] 315 (Revised) dahingehend, dass der Abschlussprüfer bei seiner Erlangung eines Verständnisses von der Einheit und ihrem Umfeld ein Verständnis in Bezug auf die geschätzten Werte in der Rechnungslegung der Einheit zu erlangen hat. Zudem sind bei der Identifizierung und Beurteilung der Risiken wesentlicher falscher Darstellungen im Zusammenhang mit einem geschätzten Wert auf Aussageebene das inhärente Risiko und das Kontrollrisiko gesondert zu beurteilen.

In Ergänzung von ISA [DE] 330 wird sodann festgelegt, dass die Prüfungshandlungen des Abschlussprüfers als Reaktion auf die beurteilten Risiken wesentlicher falscher Darstellungen auf Aussageebene eine oder mehrere der folgenden Vorgehensweisen zu enthalten haben:

— Erlangung von Prüfungsnachweisen für Ereignisse, die bis zum Datum des Vermerks eintreten
— Prüfen, wie das Management den geschätzten Wert ermittelt hat
— Entwicklung einer Punktschätzung oder Bandbreite des Abschlussprüfers

Hervorzuheben ist weiterhin, dass eine schriftliche Erklärungen darüber anzufordern ist, ob die bei der Ermittlung der geschätzten Werte und damit zusammenhängenden Abschlussangaben genutzten Methoden, bedeutsamen Annahmen und Daten zur Erfüllung von Ansatz, Bewertung und Darstellung in Übereinstimmung mit den maßgebenden Rechnungslegungsgrundsätzen angemessen sind. Auch im Hinblick auf die Kommunikation mit den für die Überwachung Verantwortlichen oder dem Management sind etwaige Sachverhalte zu würdigen, die bezogen auf die geschätzten Werte zu kommunizieren sind. Schließlich enthält der Standard verschiedene spezifische Dokumentationsanforderungen.

Verweise:
— ISA [DE] 230: Prüfungsdokumentation
— ISA [DE] 315 (Revised): Identifizierung und Beurteilung der Risiken wesentlicher falscher Darstellungen aus dem Verständnis von der Einheit und ihrem Umfeld
— ISA [DE] 330: Reaktionen des Abschlussprüfers auf beurteilte Risiken
— ISA [DE] 580: Schriftliche Erklärungen
— IDW PS 470 n.F.: Grundsätze für die Kommunikation mit den für die Überwachung Verantwortlichen
— IDW PS 475: Mitteilung von Mängeln im internen Kontrollsystem an die für die Überwachung Verantwortlichen und das Management

ISA [DE] 550
Nahe stehende Personen

Zusammenfassung:

ISA [DE] 550 ist die um spezifische Modifikationen zu Einzelaspekten (sog. „D.-Textziffern") ergänzte autorisierte deutsche Übersetzung von ISA 550. Der Standard rekurriert grundsätzlich auf die in den maßgebenden Rechnungslegungsgrundsätzen enthaltenen Definitionen des Begriffs „nahe stehende Person". Lediglich für Fälle, in denen die maßgebenden Rechnungslegungsgrundsätze keine Definition enthalten wird eine eigene Definition vorgegeben.

ISA [DE] 550 konkretisiert zunächst die allgemeinen Anforderungen aus ISA [DE] 315 dahingehend, dass der Abschlussprüfer bei seiner Erlangung eines Verständnisses von der Einheit und ihrem Umfeld auch ein Verständnis von Beziehungen zu und Transaktionen mit nahe stehenden Personen erlangen muss. Hervorgehoben wird in diesem Zusammenhang, dass die Diskussion im Prüfungsteam eine spezifische Würdigung der Anfälligkeit des Abschlusses für wesentliche falsche Darstellungen aufgrund von dolosen Handlungen oder Irrtümern einzuschließen hat, die aus den Beziehungen zu und Transaktionen mit nahe stehenden Personen resultieren können.

Sofern die maßgebenden Rechnungslegungsgrundsätze Anforderungen zu nahe stehenden Personen festlegen – so z.B. das HGB, sofern nicht Befreiungsmöglichkeiten wie §§ 288 Abs. 1 Nr. 1 i.V.m. 285 Nr. 21 HGB in Anspruch genommen werden – hat der Abschlussprüfer auch ein Verständnis darüber zu erlangen, ob Beziehungen zu und Transaktionen mit nahe stehenden Personen in Übereinstimmung mit den Rechnungslegungsgrundsätzen zutreffend identifiziert und im Abschluss erfasst sowie angegeben wurden.

Entsprechend der allgemeinen Anforderung aus ISA [DE] 330 sind als Reaktion auf die beurteilten Risiken wesentlicher falscher Darstellungen im Zusammenhang mit nahe stehenden Personen Prüfungshandlungen durchzuführen. Sofern entsprechende Risiken bedeutsame Risiken sind, werden in ISA [DE] 550 konkrete Prüfungshandlungen vorgeschlagen.

Falls im Abschluss eine Aussage dahingehend getroffen wird, dass eine Transaktion mit nahe stehenden Personen unter marktüblichen Bedingungen durchgeführt wurde – dies ist auch der Fall, wenn im Einklang mit § 285 Nr. 21 bzw. § 314 Abs. 1 Nr. 13 HGB wesentliche Geschäfte mit nahe stehenden Personen nicht angegeben werden – muss der Abschlussprüfer ausreichende geeignete Prüfungsnachweise zu dieser Aussage erlangen. Hervorzuheben ist weiterhin, dass – sofern die maßgebenden Rechnungslegungsgrundsätze Anforderungen zu nahe stehenden Personen festlegen – eine schriftliche Erklärungen darüber anzufordern ist, ob die Identität der nahe stehenden Personen sowie alle bekannten Beziehungen zu und Transaktionen mit nahe stehenden Personen gegenüber dem Abschlussprüfer angegeben und diese Beziehungen und Transaktionen in Übereinstimmung mit den Anforderungen der Rechnungslegungsgrundsätze zutreffend erfasst und angegeben wurden. Weiterhin ist zu beachten, dass über bedeutsame Sachverhalte im Zusammenhang mit nahe stehenden Personen, die sich während der Prüfung ergeben, mit den für die Überwachung Verantwortlichen zu kommunizieren ist. Schließlich enthält der Standard die Anforderung, dass die Namen von identifizierten nahe stehenden Personen sowie die Art der Beziehung mit nahe stehenden Personen zu dokumentieren sind. Als nationale Besonderheit wird hinsichtlich der Prüfungsanforderungen in Bezug auf einen Bericht des Vorstands über die Beziehungen zu verbundenen Unternehmen gemäß § 312 AktG („Abhängigkeitsbericht") auf die IDW Stellungnahme des HFA 3/1991 verwiesen.

Verweise:
— ISA [DE] 230: Prüfungsdokumentation
— ISA [DE] 240: Verantwortlichkeiten des Abschlussprüfers bei dolosen Handlungen
— ISA [DE] 315 (Revised): Identifizierung und Beurteilung der Risiken wesentlicher falscher Darstellungen aus dem Verständnis von der Einheit und ihrem Umfeld
— ISA [DE] 330: Reaktionen des Abschlussprüfers auf beurteilte Risiken
— ISA [DE] 580: Schriftliche Erklärungen

ISA [DE] 550

ISA [DE] 550: Nahe stehende Personen

Anwendungsbereich und Zielsetzung (1, 9)

- ISA [DE] 550 behandelt die Verantwortlichkeiten des APr im Zusammenhang mit Beziehungen zu und Transaktionen mit nahe stehenden Personen.
- ISA [DE] 550 führt aus, wie ISA [DE] 315 (Revised), ISA [DE] 330 und ISA [DE] 240 im Hinblick auf Risiken wesentlicher falscher Darstellungen im Zusammenhang mit Beziehungen zu und Transaktionen mit nahe stehenden Personen anzuwenden sind.

Ziele des APr sind:

Erlangung eines **ausreichendes Verständnis** von Beziehungen zu und Transaktionen mit nahe stehenden Personen, um in der Lage zu sein,

gegebene Risikofaktoren für dolose Handlungen zu erkennen, die aus Beziehungen zu und Transaktionen mit nahe stehenden Personen resultieren und die für die Identifizierung und Beurteilung der Risiken wesentlicher falscher Darstellungen relevant sind	auf der Grundlage der erlangten Prüfungsnachweise zu schlussfolgern, ob der Abschluss, soweit er von diesen Beziehungen und Transaktionen beeinflusst wird, » eine sachgerechte Gesamtdarstellung vermittelt oder » nicht irreführend ist

sofern die maßgebenden Rechnungslegungsgrundsätze Anforderungen zu nahe stehenden Personen festlegen:

Erlangung **ausreichend geeigneter Prüfungsnachweise** darüber, ob Beziehungen zu und Transaktionen mit nahe stehenden Personen in Übereinstimmung mit den Rechnungslegungsgrundsätzen zutreffend identifiziert und im Abschluss erfasst sowie angegeben wurden

D.4.1	Anwendungsfall: Wenn zulässigerweise Befreiungsmöglichkeiten in Bezug auf die Anforderungen zu nahe stehenden Personen in Anspruch genommen (z.B. §§ 288 Abs. 1 Nr. 1 i.V.m. 285 Nr. 21 HGB)
D.4.2	Anwendungsfall: Abschluss nach den für alle Kaufleute geltenden handelsrechtlichen Vorschriften

Definitionen (10)

Transaktion unter marktüblichen Bedingungen: Eine Transaktion, die zu solchen Bedingungen durchgeführt wird wie zwischen einem vertragswilligen Käufer und einem vertragswilligen Verkäufer, die einander nicht nahe stehen, unabhängig voneinander handeln und ihre ureigenen Interessen verfolgen.

Nahe stehende Person: Eine Person, **wie sie in den maßgebenden Rechnungslegungsgrundsätzen definiert** ist

Wenn die maßgebenden Rechnungslegungsgrundsätze minimale oder keine Anforderungen zu nahe stehenden Personen festlegen:

- eine Person oder eine andere Einheit, die unmittelbar oder mittelbar **Beherrschung oder maßgeblichen Einfluss** auf die berichterstattende Einheit ausübt

- eine andere Einheit, **auf welche die berichterstattende Einheit** unmittelbar oder mittelbar **Beherrschung oder maßgeblichen Einfluss** ausübt

- eine andere Einheit, die sich mit der berichterstattenden Einheit **unter gemeinsamer Beherrschung** befindet durch
  » gemeinsame beherrschende Anteilseigner,
  » Anteilseigner, die nahe Familienangehörige sind, oder
  » ein gemeinsames Management in Schlüsselpositionen.

Prüfungshandlungen zur Risikobeurteilung und damit zusammenhängende Tätigkeiten (10-17)

Als Teil der **Prüfungshandlungen zur Risikobeurteilung** sind folgende Prüfungshandlungen durchzuführen (10):

- Verständnis von den Beziehungen und Transaktionen der Einheit mit nahe stehenden Personen (12-14)

- Kontinuierliche Aufmerksamkeit in Bezug auf Informationen zu nahe stehenden Personen bei der Durchsicht von Aufzeichnungen oder Dokumenten (15-16)

- Austausch von Informationen über nahe stehende Personen mit dem Prüfungsteam (17)

Prüfungshandlungen zur Risikobeurteilung und damit zusammenhängende Tätigkeiten (10-17)

Verständnis von den Beziehungen und Transaktionen der Einheit mit nahe stehenden Personen (12-14) (→ ISA [DE] 315, ISA [DE] 240)

Die Diskussion im Prüfungsteam (→ ISA [DE] 240, ISA [DE] 315 (Revised)) hat eine spezifische Würdigung der Anfälligkeit des Abschlusses für wesentliche falsche Darstellungen aufgrund von dolosen Handlungen oder Irrtümern einzuschließen, die aus den Beziehungen zu und Transaktionen mit nahe stehenden Personen resultieren können.

Befragung des Managements zu
» Identität der nahe stehenden Personen
» Art der Beziehungen zu den nahe stehenden Personen
» Transaktionen mit den nahe stehenden Personen (inkl. Art und Zweck dieser Transaktionen)

Erlangung eines Verständnis von Kontrollen, die vom Management ggf. eingerichtet wurden, um
» Beziehungen zu und Transaktionen mit nahe stehenden Personen zu identifizieren, zu erfassen und anzugeben
» bedeutsame Transaktionen und Vereinbarungen mit nahe stehenden Personen zu autorisieren und zu genehmigen

Kontinuierliche Aufmerksamkeit in Bezug auf Informationen zu nahe stehenden Personen bei der Durchsicht von Aufzeichnungen (15-16)

Untersuchung insbesondere der folgenden Dokumenten:
» Bank- und rechtliche Bestätigungen
» Protokolle von Sitzungen der Anteilseigner und der für die Überwachung Verantwortlichen
» sonstige Aufzeichnungen oder Dokumente

Bei Identifizierung von **bedeutsamen Transaktionen außerhalb des gewöhnlichen Geschäftsverlaufs** (z.B. komplexe Eigenkapitaltransaktionen, Verkaufstransaktionen mit ungewöhnlich hohen Preisnachlässen) Befragung des Managements zur Art dieser Transaktionen und dazu, ob nahe stehende Personen daran beteiligt sein könnten

Der APr hat relevante Informationen, die er über nahe stehende Personen der Einheit erlangt hat, mit den anderen Mitgliedern des Prüfungsteams auszutauschen (17).

ISA [DE] 550

Identifizierung und Beurteilung der Risiken wesentlicher falscher Darstellungen im Zusammenhang mit Beziehungen zu und Transaktionen mit nahe stehenden Personen (18-19)

Die Identifizierung und Beurteilung der Risiken wesentlicher falscher Darstellungen (→ ISA [DE] 315 (Revised)) umfasst:

- Feststellung, ob irgendwelche dieser Risiken im Zusammenhang mit nahe stehenden Personen bedeutsame Risiken sind.
- Dabei sind Transaktionen mit nahe stehenden Personen außerhalb der gewöhnlichen Geschäftstätigkeit besonders zu behandeln

Bei Risikofaktoren für dolose Handlungen (→ ISA [DE] 240):

Berücksichtigung dieser Risikofaktoren (u.a. Umständen, die sich auf das Vorhandensein einer nahe stehenden Person mit dominantem Einfluss beziehen) bei der Identifizierung und Beurteilung der Risiken wesentlicher falscher Darstellungen aufgrund doloser Handlungen.

Reaktionen auf die Risiken wesentlicher falscher Darstellungen im Zusammenhang mit Beziehungen zu und Transaktionen mit nahe stehenden Personen (20-24)

Als **Reaktion auf die Risiken wesentlicher falscher Darstellungen** sind Prüfungshandlungen durchzuführen (→ ISA [DE] 330)

Mögliche Prüfungshandlungen bei bedeutsamen Risiken, dass das Management Transaktionen mit nahe stehenden Personen **nicht zutreffend erfasst oder angegeben hat**:
- » Bestätigungen von oder Diskussion mit eingeschalteten Personen (z.B. Banken, Rechtsanwälten) zu bestimmten Aspekten der Transaktionen (soweit nicht untersagt)
- » Einholung von Bestätigungen von nahe stehenden Personen über Ziele, spezifische Bedingungen oder Beträge der Transaktionen

Mögliche Prüfungshandlungen bei bedeutsamen Risiken **falscher Darstellungen aufgrund von dolosen Handlungen**, weil eine nahe stehende Person mit dominantem Einfluss vorhanden ist:
- » Befragungen des Managements und der für die Überwachung Verantwortlichen sowie Diskussion mit diesen
- » Befragungen der nahe stehenden Person
- » Einsichtnahme in bedeutsame Verträge mit der nahe stehenden Person
- » geeignete Hintergrundrecherche, z.B. über Datenbanken
- » Durchsicht der Whistleblower-Berichte von Mitarbeitern

Reaktionen auf die Risiken wesentlicher falscher Darstellungen im Zusammenhang mit Beziehungen zu und Transaktionen mit nahe stehenden Personen (20-24)

Identifizierung von bislang nicht erkannten oder nicht angegebenen nahe stehenden Personen oder von bedeutsamen Transaktionen mit nahe stehenden Personen (21-22)

Bei Identifikation von Informationen, die auf das Vorhandensein von zuvor nicht identifizierten oder angegeben Beziehungen oder Transaktionen hindeuten:

▶ Der APr hat festzustellen, ob die zugrunde liegenden Umstände das Vorhandensein dieser Beziehungen oder Transaktionen bestätigen.

Bei Identifikation von zuvor nicht identifizierten oder angegeben nahe stehende Personen oder bedeutsamen Transaktionen mit nahe stehenden Personen:

- Die relevanten Informationen sind unverzüglich den anderen Mitgliedern des Prüfungsteams mitzuteilen

- wenn die maßgebenden Rechnungslegungsgrundsätze Anforderungen zu nahe stehenden Personen festlegen:
  - Aufforderung an das Management, alle Transaktionen mit den neu identifizierten Personen für die weitere Beurteilung des APr zu identifizieren

- Durchführung geeigneter aussagebezogener Prüfungshandlungen zu jenen neu identifizierten Personen oder bedeutsamen Transaktionen

- Erneute Betrachtung des Risikos, dass weitere Personen oder bedeutsame Transaktionen vorhanden sein können
  - Es ist zu erfragen, warum die Kontrollen der Einheit das Erkennen oder die Angabe der Beziehungen zu oder Transaktionen mit nahe stehenden Personen nicht ermöglicht haben

- wenn die Nichtangabe durch das Management beabsichtigt erscheint:
  - Beurteilung der Folgen für die Prüfung

Reaktionen auf die Risiken wesentlicher falscher Darstellungen im Zusammenhang mit Beziehungen zu und Transaktionen mit nahe stehenden Personen (20-24)

Identifizierte bedeutsame Transaktionen mit nahe stehenden Personen außerhalb des gewöhnlichen Geschäftsverlaufs der Einheit (23)

Bei identifizierten **bedeutsamen Transaktionen** mit nahe stehenden Personen **außerhalb des gewöhnlichen Geschäftsverlaufs**

▶ Einsichtnahme in die ggf. zugrunde liegenden Verträge oder Vereinbarungen zur Beurteilung, ob
  » der wirtschaftliche Hintergrund der Transaktionen die Vermutung nahe legt, dass diese möglicherweise eingegangen worden sind, um die Rechnungslegung zu manipulieren oder Vermögensschädigungen zu verschleiern.
  » die Bedingungen der Transaktionen mit den Erklärungen des Managements in Einklang stehen.
  » die Transaktionen in Übereinstimmung mit den maßgebenden Rechnungslegungsgrundsätzen zutreffend erfasst und angegeben wurden.

▶ Es sind Prüfungsnachweise darüber zu erlangen, dass die Transaktionen in angemessener Weise autorisiert und genehmigt wurden

Aussagen, dass Transaktionen mit nahe stehenden Personen unter marktüblichen Bedingungen durchgeführt wurden (24)

Falls im Abschluss eine Aussage dahingehend getroffen wird, dass eine Transaktion mit nahe stehenden Personen unter marktüblichen Bedingungen durchgeführt wurde:

▶ Der APr hat ausreichende geeignete Prüfungsnachweise zu dieser Aussage zu erlangen

D.A45.1	Werden im Einklang mit § 285 Nr. 21 bzw. § 314 Abs. 1 Nr. 13 HGB im (Konzern-)Anhang wesentliche Geschäfte mit nahe stehenden Personen nicht angegeben, so stellt dies eine implizite Aussage zur Marktüblichkeit der Beziehungen dar.

ISA [DE] 550

Beurteilung der Erfassung und Angabe von identifizierten Beziehungen zu und Transaktionen mit nahe stehenden Personen (25)

Bei der Bildung seines Prüfungsurteils ist zu beurteilen, ob: (→ IDW PS 400 n.F.)

- identifizierte Beziehungen zu und Transaktionen mit nahe stehenden Personen in Übereinstimmung mit den maßgebenden Rechnungslegungsgrundsätzen zutreffend erfasst und angegeben wurden

- Auswirkungen der Beziehungen zu und Transaktionen mit nahe stehenden Personen
  » verhindern, dass der Abschluss eine sachgerechte Gesamtdarstellung vermittelt (bei Rechnungslegungsgrundsätzen zur sachgerechten Gesamtdarstellung) oder
  » dazu führen, dass der Abschluss irreführend ist (bei Rechnungslegungsgrundsätzen zur Normentsprechung).

Schriftliche Erklärungen (26)

Sofern die maßgebenden Rechnungslegungsgrundsätze **Anforderungen zu nahe stehenden Personen** festlegen:

Es sind schriftliche Erklärungen vom Management und ggf. von den für die Überwachung Verantwortlichen darüber einzuholen, dass sie
» die Identität der nahe stehenden Personen sowie alle ihnen bekannten Beziehungen zu und Transaktionen mit nahe stehenden Personen gegenüber dem APr angegeben haben und
» diese Beziehungen und Transaktionen in Übereinstimmung mit den Anforderungen der Rechnungslegungsgrundsätze zutreffend erfasst und angegeben haben.

Kommunikation mit den für die Überwachung Verantwortlichen (27)

Über bedeutsame Sachverhalte im Zusammenhang mit nahe stehenden Personen, die sich während der Prüfung ergeben, ist mit den für die Überwachung Verantwortlichen zu kommunizieren. Beispiele:
» Nicht vom Management gemachte Angaben zu nahe stehenden Personen oder bedeutsamen Transaktionen mit diesen
» Identifizierung bedeutsamer Transaktionen mit nahe stehenden Personen, die nicht angemessen autorisiert und genehmigt wurden

Dokumentation (28)

In die **Prüfungsdokumentation** sind aufzunehmen:

- Namen der identifizierten nahe stehenden Personen
- Art der Beziehungen mit nahe stehenden Personen

Prüfung des Berichts über die Beziehungen zu verbundenen Unternehmen (D.29.1)

Aus § 313 AktG können sich besondere Prüfungsanforderungen in Bezug auf einen Bericht des Vorstands über die Beziehungen zu verbundenen Unternehmen gemäß § 312 AktG („Abhängigkeitsbericht") ergeben.

→ IDW Stellungnahme des HFA 3/1991

ISA [DE] 560
Nachträgliche Ereignisse

Zusammenfassung:

ISA [DE] 560 ist die um spezifische Modifikationen zu Einzelaspekten (sog. „D-Textziffern") ergänzte autorisierte deutsche Übersetzung von ISA 560. Der Standard unterscheidet und behandelt drei verschiedene Fallgruppen von nachträglichen Ereignissen:
— Ereignisse, die zwischen dem Abschlussstichtag und dem Datum des Vermerks eintreten
— Tatsachen, die dem Abschlussprüfer nach dem Datum des Vermerks, jedoch vor dem Datum der Herausgabe des Abschlusses bekannt werden
— Tatsachen, die dem Abschlussprüfer nach der Herausgabe des Abschlusses bekannt werden

Hinsichtlich der ersten Fallgruppe sind ausreichende geeignete Prüfungsnachweise darüber zu erlangen, dass alle zwischen dem Abschlussstichtag und dem Datum des Vermerks eintretenden Ereignisse identifiziert werden, die Anpassungen des Abschlusses oder Angaben im Abschluss erfordern. Zu diesem Zweck hat der Abschlussprüfer ein Verständnis von den Verfahren der Einheit zur Identifizierung entsprechender Ereignisse zu erlangen, Befragungen durchführen sowie ggf. vorliegende Protokolle von Besprechungen sowie nachfolgende Zwischenabschlüsse zu lesen. Zudem ist eine schriftliche Erklärung darüber einzuholen, dass bei allen nachträglichen Ereignissen, die nach den maßgebenden Rechnungslegungsgrundsätzen Anpassungen oder Angaben im Abschluss erfordern, diese Anpassungen bzw. Angaben vorgenommen worden sind.

Hinsichtlich der zweiten und dritten Fallgruppe gilt zunächst der Grundsatz, dass ein Abschlussprüfer nicht dazu verpflichtet ist, nach dem Datum des Vermerks Prüfungshandlungen zu dem Abschluss Grundsatz durchzuführen. Sofern er jedoch Kenntnis von einer Tatsache erlangt, die ihn – wäre sie ihm zum Datum des Vermerks bekannt gewesen – hätte veranlasst haben können, diesen Vermerk zu ändern, so hat er zu erfragen, wie das Management mit dem Sachverhalt im Abschluss umzugehen beabsichtigt. Wird der Abschluss oder der Lagebericht nach Vorlage des Prüfungsberichts geändert, so sind diese Unterlagen gemäß § 316 Abs. 3 Satz 1 HGB erneut zu prüfen, soweit es die Änderung erfordert (Nachtragsprüfung). Die Standards IDW PS 400 n.F., IDW PS 406 und IDW PS 450 enthalten diesbezüglich weitergehende Hinweise zur Ausgestaltung des Vermerks. Eine Ausdehnung der Prüfungshandlungen zur Identifizierung von nachträglichen Ereignissen ist nicht erforderlich. Sofern bei Umständen, die nach Auffassung des Abschlussprüfers eine Änderung erfordern, keine Änderung des Abschlusses erfolgt, hat in Übereinstimmung mit IDW PS 400 n.F. ggf. ein Widerruf des Bestätigungsvermerks zu erfolgen.

Verweise:
— ISA [DE] 580: Schriftliche Erklärungen
— IDW PS 400 n.F.: Bildung eines Prüfungsurteils und Erteilung eines Bestätigungsvermerks
— IDW PS 406: Hinweise im Bestätigungsvermerk
— IDW PS 450 n.F.: Grundsätze ordnungsmäßiger Erstellung von Prüfungsberichten

ISA [DE] 560: Nachträgliche Ereignisse

Anwendungsbereich und Zielsetzung (1, 4)

ISA [DE] 560 behandelt die Verantwortlichkeiten des APr im Zusammenhang im Zusammenhang mit nachträglichen Ereignissen. Die Ziele des APr bestehen darin:
- ausreichende geeignete Prüfungsnachweise darüber zu erlangen, ob **Ereignisse, die zwischen dem Abschlussstichtag und dem Datum des Vermerks eingetreten sind** und Anpassungen des Abschlusses oder Angaben im Abschluss erfordern, im Abschluss angemessen berücksichtigt sind, und
- angemessen auf **Tatsachen** zu reagieren, **die dem APr nach dem Datum des Vermerks bekannt werden** und die ihn – wären sie ihm zu diesem Datum bekannt gewesen – hätten veranlasst haben können, den Vermerk zu ändern.

Definitionen (5)

Abschlussstichtag	Das Datum des Endes des letzten im Abschluss dargestellten Zeitraums.
Datum der Genehmigung des Abschlusses	Das Datum, an dem alle Bestandteile des Abschlusses einschließlich der dazugehörigen Abschlussangaben erstellt sind und die dafür Verantwortlichen erklärt haben, dass sie die Verantwortung für diesen Abschluss übernommen haben.
Datum des Vermerks	Das Datum, mit dem der APr den Vermerk zum Abschluss datiert.
Datum der Herausgabe des Abschlusses	Das Datum, an dem der Vermerk des APr und der geprüfte Abschluss Dritten zur Verfügung gestellt werden.
Nachträgliche Ereignisse	» **Ereignisse, die** zwischen dem Abschlussstichtag und dem Datum des Vermerks **eintreten** sowie » **Tatsachen, die** dem APr nach dem Datum des Vermerks **bekannt werden**.

ISA [DE] 560

Nachträgliche Ereignisse (2)

ISA [DE] 560 unterscheidet folgende Fallgruppen:

- Ereignisse, die zwischen dem Abschlussstichtag und dem Datum des Vermerks eintreten (6-9)
- Tatsachen, die dem APr nach dem Datum des Vermerks, jedoch vor dem Datum der Herausgabe des Abschlusses bekannt werden (10-13)
- Tatsachen, die dem APr nach der Herausgabe des Abschlusses bekannt werden (14-17)

Ereignisse, die zwischen dem Abschlussstichtag und dem Datum des Vermerks des APr eintreten (6-9)

Der APr hat ausreichende geeignete Prüfungsnachweise darüber zu erlangen, **dass alle** zwischen dem Abschlussstichtag und dem Datum des Vermerks **eintretenden Ereignisse identifiziert werden**, die Anpassungen des Abschlusses oder Angaben im Abschluss erfordern.

Die erforderlichen Prüfungshandlungen sind so durchzuführen, dass sie den Zeitraum vom Abschlussstichtag bis zum Datum des Vermerks abdecken oder diesem so nahe wie praktisch möglich kommen. Sie haben Folgendes zu umfassen:

- Erlangung eines **Verständnisses von den Verfahren**, die das Management eingerichtet hat, um sicherzustellen, dass nachträgliche Ereignisse identifiziert werden
- **Befragungen des Managements** und – sofern sachgerecht – der für die Überwachung Verantwortlichen, ob nachträgliche Ereignisse eingetreten sind, die sich auf den Abschluss auswirken können
- Lesen ggf. vorhandener **Protokolle** von Besprechungen der Eigentümer, des Managements und der für die Überwachung Verantwortlichen, die nach dem Abschlussstichtag stattgefunden haben, und für Besprechungen, zu denen noch keine Protokolle vorliegen, Befragungen zu den erörterten Sachverhalten
- Lesen des letzten nachfolgenden **Zwischenabschlusses** der Einheit

ISA [DE] 560

Ereignisse, die zwischen dem Abschlussstichtag und dem Datum des Vermerks des APr eintreten (6-9)

Bei Identifikation von Ereignissen, die eine Anpassung des Abschlusses oder Angaben im Abschluss erfordern:	Der APr hat festzustellen, ob jedes dieser Ereignisse in Übereinstimmung mit den maßgebenden Rechnungslegungsgrundsätzen im Abschluss angemessen berücksichtigt ist.

Vom Management und, soweit angebracht, von den für die Überwachung Verantwortlichen ist eine **schriftliche Erklärung** darüber einzuholen, dass bei allen nachträglichen Ereignissen, die nach den maßgebenden Rechnungslegungsgrundsätzen Anpassungen oder Angaben im Abschluss erfordern, diese Anpassungen bzw. Angaben vorgenommen worden sind. → ISA [DE] 580

Tatsachen, die dem Abschlussprüfer nach dem Datum des Vermerks des APr, jedoch vor dem Datum der Herausgabe des Abschlusses bekannt werden (10-13)

Grundsatz: Der APr ist **nicht** verpflichtet, nach dem Datum des Vermerks Prüfungshandlungen zu dem Abschluss durchzuführen.

Ausnahme: Wird dem APr nach dem Datum des Vermerks, jedoch vor dem Datum der Herausgabe des Abschlusses eine Tatsache bekannt, die ihn – wäre sie ihm zum Datum des Vermerks bekannt gewesen – hätte veranlasst haben können, diesen Vermerk zu ändern, so hat er:

- den Sachverhalt mit dem Management und – sofern sachgerecht – mit den für die Überwachung Verantwortlichen zu diskutieren
- **+** festzustellen, ob der Abschluss geändert werden muss und, falls dies zutrifft
- zu erfragen, wie das Management mit dem Sachverhalt im Abschluss umzugehen beabsichtigt.

→ Änderung des Abschlusses (11-12) | Keine Änderung des Abschlusses (13)

ISA [DE] 560

Tatsachen, die dem Abschlussprüfer nach dem Datum des Vermerks des APr, jedoch vor dem Datum der Herausgabe des Abschlusses bekannt werden (10-13)

Änderung des Abschlusses (11-12)

Grundsatz	Durchführung von Prüfungshandlungen, soweit es die Änderung erfordert. **+**	Ausdehnung der Prüfungshandlungen zur Identifizierung von nachträglichen Ereignissen auf das Datum des neuen Abschlusses **+**	Zurverfügungstellung eines neuen Vermerks zu dem geänderten Abschluss
Ausnahme: Zulässigkeit einer beschränkten Änderung	Durchführung von Prüfungshandlungen, soweit es die Änderung erfordert. **+**	» Änderung des Vermerks durch die Angabe eines zusätzlichen, auf diese Änderung bezogenen Datums **oder** » Zurverfügungstellung eines neuen Vermerks zu dem geänderten Abschluss, in dem ausgesagt wird, dass sich die Prüfungshandlungen zu nachträglichen Ereignissen nur auf die Änderung des Abschlusses beziehen	
D.11.2 **D.12.1**	» Wird der Abschluss oder der Lagebericht nach Vorlage des Prüfungsberichts geändert, so hat der APr diese Unterlagen gemäß § 316 Abs. 3 Satz 1 HGB erneut zu prüfen, soweit es die Änderung erfordert (Nachtragsprüfung). » Ausdehnung der Prüfungshandlungen zur Identifizierung von nachträglichen Ereignissen ist **nicht** erforderlich » Änderung des Vermerks: → IDW PS 400 n.F., Tz. 87 ff.; IDW PS 406, Tz. 14; IDW PS 450 n.F., Tz. 144 ff.		

Keine Änderung des Abschlusses bei Umständen, die nach Auffassung des APr eine Änderung erfordern (13)

falls der Vermerk der Einheit noch nicht zur Verfügung gestellt wurde	▶ Modifikation des Prüfungsurteils (→ IDW PS 405)	
falls der Vermerk der Einheit bereits zur Verfügung gestellt wurde	▶ Die Verantwortlichen der Einheit sind darüber zu informieren, dass der Abschluss nicht an Dritte herausgegeben werden darf	**D.A14.1:** ggf. Widerruf des Bestätigungsvermerks (→ IDW PS 400 n.F., Tz. 92 ff.)

Tatsachen, die dem APr nach der Herausgabe des Abschlusses bekannt werden (14-17)

Der APr hat grundsätzlich die gleichen Verantwortlichkeiten wie bei Tatsachen, die ihm nach dem Datum des Vermerks, jedoch vor dem Datum der Herausgabe des Abschlusses bekannt werden.

Zusätzlich hat der APr die Schritte einer Durchsicht zu unterziehen, die das Management unternommen hat, um sicherzustellen, dass jeder, der den zuvor herausgegebenen Abschluss zusammen mit dem dazu erteilten Vermerk erhalten hat, über die Situation informiert ist

ISA 570 (Revised): Fortführung der Geschäftstätigkeit

ISA 570 (Revised) ist nicht Bestandteil der vom IDW festgestellten deutschen Grundsätze ordnungsmäßiger Abschlussprüfung, weil hierfür ein gesonderter IDW PS existiert.

Anforderungen sind dargestellt im IDW Prüfungsstandard: Die Beurteilung der Fortführung der Unternehmenstätigkeit im Rahmen der Abschlussprüfung (IDW PS 270 n.F.).

ISA [DE] 580
Schriftliche Erklärungen

Zusammenfassung:
ISA [DE] 580 ist die um spezifische Modifikationen zu Einzelaspekten (sog. „D-Textziffern") ergänzte autorisierte deutsche Übersetzung von ISA 580. Der Standard definiert eine „schriftliche Erklärung" als eine schriftliche Äußerung des Managements gegenüber dem Abschlussprüfer zur Bestätigung bestimmter Sachverhalte oder zur Unterstützung sonstiger Prüfungsnachweise. Schriftliche Erklärungen schließen in diesem Zusammenhang weder den Abschluss, noch die darin enthaltenen Aussagen, noch unterstützende Bücher und Aufzeichnungen mit ein.

ISA [DE] 580 stellt zunächst klar, dass schriftliche Erklärungen für sich allein keine ausreichenden geeigneten Prüfungsnachweise zu den sie betreffenden Sachverhalten bieten. Auch wirkt sich die Tatsache, dass das Management verlässliche schriftliche Erklärungen abgegeben hat, nicht auf Art oder Umfang von sonstigen Prüfungsnachweisen aus.

Vom Management ist eine schriftliche Erklärung anzufordern, dass
— das Management seiner Verantwortlichkeit für die Aufstellung des Abschlusses und Lageberichts nachgekommen ist,
— dem Abschlussprüfer alle relevanten Informationen und Zugangsberechtigungen zur Verfügung gestellt wurden,
— alle Geschäftsvorfälle erfasst und im Abschluss wiedergegeben sind.

Anlage 1 zu ISA [DE] 580 enthält eine Auflistung anderer Standards, aus welchen sich das Erfordernis zur Einholung weiterer einzuholender schriftlicher Erklärungen ergibt

Die schriftlichen Erklärungen müssen in Form einer an den Abschlussprüfer adressierten Vollständigkeitserklärung erfolgen und eine Beschreibung der in den Auftragsbedingungen vereinbarten Verantwortlichkeiten des Managements enthalten. Dabei muss das Datum der schriftlichen Erklärungen so nahe wie praktisch durchführbar am Datum des Vermerks des Abschlussprüfers liegen, darf jedoch nicht nach diesem Datum liegen.

Verweise:
— ISA [DE] 210: Vereinbarung der Auftragsbedingungen für Prüfungsaufträge
— Anlage 1 zu ISA [DE] 580 enthält eine Auflistung anderer Standards, aus welchen sich das Erfordernis zur Einholung weiterer einzuholender schriftlicher Erklärungen ergibt

ISA [DE] 580: Schriftliche Erklärungen

Anwendungsbereich und Zielsetzung (1-4, 6)

ISA [DE] 580 behandelt die Verantwortlichkeit des APr zur Erlangung schriftlicher Erklärungen vom Management und – soweit angemessen – von den für die Überwachung Verantwortlichen bei einer Abschlussprüfung.

Schriftliche Erklärungen bieten für sich allein **keine ausreichenden geeigneten Prüfungsnachweise** zu den sie betreffenden Sachverhalten. Darüber hinaus **wirkt sich** die Tatsache, dass das Management verlässliche schriftliche Erklärungen abgegeben hat, **nicht auf Art oder Umfang von sonstigen Prüfungsnachweisen aus**, die der APr über die Erfüllung der Verantwortlichkeiten des Managements oder zu besonderen Aussagen erlangt.

Ziele des APr sind:
» schriftliche Erklärungen des Managements zu erlangen, dass diese ihrer Ansicht nach ihrer Verantwortlichkeit für die Aufstellung des Abschlusses und für die Vollständigkeit der dem APr zur Verfügung gestellten Informationen nachgekommen sind,
» sonstige für den Abschluss oder spezifische Abschlussaussagen relevante Prüfungsnachweise durch schriftliche Erklärungen zu unterstützen, sofern der APr dies für notwendig erachtet oder dies aufgrund anderer ISA erforderlich ist, und
» angemessen zu reagieren auf schriftliche Erklärungen, die vom Management abgegeben wurden, oder falls das Management vom APr angeforderte schriftliche Erklärungen nicht abgibt.

Definitionen (7-8)

Schriftliche Erklärung	Eine schriftliche Äußerung des Managements gegenüber dem APr zur Bestätigung bestimmter Sachverhalte oder zur Unterstützung sonstiger Prüfungsnachweise. Schriftliche Erklärungen schließen in diesem Zusammenhang weder den Abschluss, noch die darin enthaltenen Aussagen, noch unterstützende Bücher und Aufzeichnungen mit ein.

ISA [DE] 580

Mitglieder des Managements, von denen schriftliche Erklärungen angefordert werden (9)

Der APr **hat schriftliche Erklärungen** von den Mitgliedern des Managements, welche die entsprechende Verantwortlichkeit für den Abschluss und die Kenntnisse der betreffenden Sachverhalte haben, **anzufordern.**

D.9.1	Schriftliche Erklärungen sind von den Mitgliedern des Managements in vertretungsberechtigter Zahl abzugeben.

Schriftliche Erklärungen zu den Verantwortlichkeiten des Managements (10-12)

Aufstellung des Abschlusses (10)	Vom Management ist eine schriftliche Erklärung anzufordern, dass dieses seiner Verantwortlichkeit für die Aufstellung des Abschlusses nachgekommen ist.
	D.10.1 — Ferner ist eine schriftliche Erklärung anzufordern, dass das Management seiner Verantwortlichkeit für die Aufstellung des Lagebericht nachgekommen ist.
Dem APr zur Verfügung gestellte Informationen und Vollständigkeit der Geschäftsvorfälle (11)	Der APr hat das Management aufzufordern, eine schriftliche Erklärung abzugeben, » dass es dem APr alle relevanten Informationen und Zugangsberechtigungen zur Verfügung gestellt hat » dass alle Geschäftsvorfälle erfasst und im Abschluss wiedergegeben sind.
Beschreibung der Verantwortlichkeiten des Managements in den schriftlichen Erklärungen (12)	Die Verantwortlichkeiten des Managements sind in den gemäß den Textziffern 10 und 11 erforderlichen schriftlichen Erklärungen in der Weise zu beschreiben, wie diese Verantwortlichkeiten in den Auftragsbedingungen für die Abschlussprüfung festgehalten sind.

Weitere schriftliche Erklärungen (13)

Weitere einzuholende schriftliche Erklärungen ergeben sich aus anderen ISA oder aus der Beurteilung des APr → Anlage 1 zu ISA [DE] 580

- » ISA [DE] 240 „Verantwortlichkeiten des Abschlussprüfers bei dolosen Handlungen" – Tz. 39
- » ISA [DE] 250 (Revised) „Berücksichtigung von Gesetzen und anderen Rechtsvorschriften bei einer Abschlussprüfung" – Tz. 16
- » ISA [DE] 450 „Beurteilung der während der Abschlussprüfung identifizierten falschen Darstellungen" – Tz. 14
- » ISA [DE] 501 „Prüfungsnachweise - Besondere Überlegungen zu ausgewählten Sachverhalten" – Tz. 12
- » ISA [DE] 540 „Prüfung geschätzter Werte in der Rechnungslegung, einschließlich geschätzter Zeitwerte, und der damit zusammenhängenden Abschlussangaben" – Tz. 22
- » ISA [DE] 550 „Nahe stehende Personen" – Tz. 26
- » ISA [DE] 560 „Nachträgliche Ereignisse" – Tz. 9
- » ISA 570 „Fortführung der Geschäftstätigkeit" – Tz. 16(e)
- » ISA [DE] 710 „Vergleichsinformationen – Vergleichsangaben und Vergleichsabschlüsse" – Tz. 9
- » ISA [DE] 720 (Revised) „Verantwortlichkeiten des Abschlussprüfers im Zusammenhang mit sonstigen Informationen" – Tz. 13(c)
- » IDW PS 270 n.F. „Die Beurteilung der Fortführung der Unternehmenstätigkeit im Rahmen der Abschlussprüfung" – Tz. 21(e)
- » IDW PS 350 n.F. „Prüfung des Lageberichts im Rahmen der Abschlussprüfung" – Tz. 105 f.

Datum und abgedeckte Zeiträume schriftlicher Erklärungen (14)

Das Datum der schriftlichen Erklärungen muss so nahe wie praktisch durchführbar am Datum des Vermerks des APr zum Abschluss liegen, darf jedoch nicht nach diesem Datum liegen. Die schriftlichen Erklärungen müssen für alle Abschlüsse und Zeiträume gelten, auf die im Vermerk des APr Bezug genommen wird.

Form von schriftlichen Erklärungen (15)

Die schriftlichen Erklärungen müssen in Form einer an den APr adressierten **Vollständigkeitserklärung** erfolgen.

ISA [DE] 580

Zweifel an der Verlässlichkeit schriftlicher Erklärungen und Nichtabgabe angeforderter schriftlicher Erklärungen (16-20)

Der APr hat die Nichtabgabe eines Prüfungsurteils zum Abschluss (→ IDW PS 405) zu erklären, wenn:

- er zu dem Schluss gelangt, dass **ausreichend Zweifel an der Integrität** des Managements bestehen, so dass die nach den Tz. 10 und 11 erforderlichen schriftlichen Erklärungen nicht verlässlich sind
- das Management die nach den Tz. 10 und 11 erforderlichen **schriftlichen Erklärungen nicht abgibt**

Zweifel an der Verlässlichkeit schriftlicher Erklärungen (16)

Hat der APr Bedenken in Bezug auf die Kompetenz, die Integrität, die ethischen Wertvorstellungen oder die Sorgfalt des Managements oder in Bezug auf dessen Selbstverpflichtung darauf oder deren Durchsetzung, hat er festzustellen, welche Auswirkungen diese Bedenken auf die Verlässlichkeit der (mündlichen oder schriftlichen) Erklärungen und Prüfungsnachweise im Allgemeinen haben können.

Insbesondere wenn schriftliche Erklärungen nicht mit anderen Prüfungsnachweisen in Einklang stehen, hat der APr Prüfungshandlungen zur Klärung des Sachverhalts durchzuführen.

Gelangt der APr zu dem Schluss, dass die schriftlichen Erklärungen nicht verlässlich sind, hat er angemessene Maßnahmen zu ergreifen.

Nichtabgabe angeforderter schriftlicher Erklärungen (19)

Gibt das Management eine oder mehrere der angeforderten schriftlichen Erklärungen nicht ab, hat der APr
» den Sachverhalt mit dem Management zu erörtern,
» die Integrität des Managements erneut zu beurteilen und abzuwägen, welche Auswirkung dies auf die Verlässlichkeit von Erklärungen und Prüfungsnachweisen im Allgemeinen haben kann, und
» angemessene Maßnahmen zu ergreifen.

ISA [DE] 600
Besondere Überlegungen zu Konzernabschlussprüfungen (einschließlich der Tätigkeit von Teilbereichsprüfern)

Zusammenfassung:

ISA [DE] 600 ist die um spezifische Modifikationen zu Einzelaspekten (sog. „D.-Textziffern") ergänzte autorisierte deutsche Übersetzung von ISA 600. Gegenstand des Standards sind besondere Überlegungen zu Konzernabschlussprüfungen. Entsprechend enthält ISA [DE] 600 Hinweise zur entsprechenden Anwendung folgender Standards auf Konzernabschlussprüfung:
— ISA [DE] 210 zur Auftragsannahme und -fortführung
— ISA [DE] 300 zur Festzulegen einer Konzernprüfungsstrategie und zur Entwicklung eines Konzernprüfungsprogramms
— ISA [DE] 315 zum Verständnis vom Konzern, seiner Teilbereiche und dem jeweiligen Umfeld sowie zur Identifizierung und Beurteilung der Risiken wesentlicher falscher Darstellungen
— ISA [DE] 320 zur Wesentlichkeitsgrenzen bei Konzernabschlussprüfungen
— ISA [DE] 330 zur Reaktion auf die beurteilten Risiken wesentlicher falscher Darstellungen
— ISA [DE] 560 zu nachträglichen Ereignissen
— IDW PS 475 zur Kommunikation mit dem Konzernmanagement und den für die Konzernüberwachung Verantwortlichen

Das Prüfungsrisiko des Konzernabschlussprüfers wird konkretisiert als das Risiko, dass der Teilbereichsprüfer möglicherweise eine falsche Darstellung in den Finanzinformationen des Teilbereichs, die zu einer wesentlichen falschen Darstellung im Konzernabschluss führen könnte, nicht aufdeckt, sowie das Risiko, dass das Konzernprüfungsteam diese falsche Darstellung möglicherweise nicht aufdeckt.
ISA [DE] 600 betont zunächst, dass die Zuständigkeit und Verantwortlichkeit des für die Konzernabschlussprüfung Verantwortlichen. Daraus folgt u.a., dass grundsätzlich keine Bezugnahme auf einen Teilbereichsprüfer im Vermerk zulässig ist und dass eine Einbindung des Konzernprüfungsteam in die Tätigkeit von Teilbereichsprüfern in dem Umfang möglich sein muss, der zur Erlangung ausreichender geeigneter Prüfungsnachweise erforderlich ist. Dazu gehört auch die Notwendigkeit zur Erlangung eines ausreichenden Verständnisses von den Teilbereichsprüfern.

Weiterhin konkretisiert der Standard, welche Inhalte die mitzuteilenden Anforderungen des Konzernteams an die Teilbereichsprüfer beinhalten müssen und welche Bestandteile die Berichterstattung von Teilbereichsprüfern an das Konzernprüfungsteam umfassen muss. Zudem werden die wesentlichen Inhalte der Prüfungsdokumentation dargelegt.

Verweise:
— ISA [DE] 200: Übergeordnete Ziele des unabhängigen Prüfers und Grundsätze einer Prüfung in Übereinstimmung mit den International Standards on Auditing
— ISA [DE] 210: Vereinbarung der Auftragsbedingungen für Prüfungsaufträge
— ISA [DE] 315 (Revised): Identifizierung und Beurteilung der Risiken wesentlicher falscher Darstellungen aus dem Verständnis von der Einheit und ihrem Umfeld
— ISA [DE] 320: Wesentlichkeit bei der Planung und Durchführung einer Abschlussprüfung
— ISA [DE] 330: Reaktionen des Abschlussprüfers auf beurteilte Risiken
— ISA [DE] 560: Nachträgliche Ereignisse
— IDW PS 475: Mitteilung von Mängeln im internen Kontrollsystem an die für die Überwachung Verantwortlichen und das Management

ISA [DE] 600: Besondere Überlegungen zu Konzernabschlussprüfungen (einschließlich der Tätigkeit von Teilbereichsprüfern)

Anwendungsbereich und Zielsetzung (1-6, 8)

Gegenstand von ISA [DE] 600 sind besondere Überlegungen zu Konzernabschlussprüfungen, insb. zu denjenigen, bei denen Teilbereichsprüfer eingebunden sind.

Bei einer Konzernabschlussprüfung umfasst das **Prüfungsrisiko des Konzernabschlussprüfers**
» das Risiko, dass der Teilbereichsprüfer möglicherweise eine falsche Darstellung in den Finanzinformationen des Teilbereichs, die zu einer wesentlichen falschen Darstellung im Konzernabschluss führen könnte, nicht aufdeckt, sowie
» das Risiko, dass das Konzernprüfungsteam diese falsche Darstellung möglicherweise nicht aufdeckt.

Das Ziel des Konzernabschlussprüfers besteht darin,
» sich mit Teilbereichsprüfern eindeutig über Umfang und zeitliche Einteilung ihrer Tätigkeiten in Bezug auf die Finanzinformationen zu Teilbereichen sowie über ihre Feststellungen auszutauschen,
» ausreichende geeignete Prüfungsnachweise über die Finanzinformationen der Teilbereiche sowie über den Konsolidierungsprozess zu erlangen, um ein Prüfungsurteil darüber abzugeben, ob der Konzernabschluss in allen wesentlichen Belangen in Übereinstimmung mit den maßgebenden Rechnungslegungsgrundsätzen aufgestellt wurde.

Definitionen (9-10)

Teilbereich	Eine Einheit oder Geschäftstätigkeit, für die das Konzern- oder Teilbereichsmanagement Finanzinformationen erstellt, die in den Konzernabschluss einzubeziehen sind.
Teilbereichsprüfer	Ein Prüfer, der nach Aufforderung des Konzernprüfungsteams Tätigkeiten in Bezug auf die Finanzinformationen zu einem Teilbereich für die Konzernabschlussprüfung durchführt.
Teilbereichsmanagement	Das für die Erstellung der Finanzinformationen eines Teilbereichs verantwortliche Management.

ISA [DE] 600

Definitionen (9-10)

Teilbereichswesentlichkeit	Die vom Konzernprüfungsteam festgelegte Wesentlichkeit für einen Teilbereich.
Konzern	Alle Teilbereiche, deren Finanzinformationen in den Konzernabschluss einbezogen werden.
Konzernabschluss	Abschluss, der die Finanzinformationen mehr als eines Teilbereichs enthält.
Konzernabschlussprüfung	Die Prüfung des Konzernabschlusses.
Konzernprüfungsurteil	Das Prüfungsurteil über den Konzernabschluss.
Der für den Konzernprüfungsauftrag Verantwortliche	Der Partner oder sonstige Mitarbeiter der Praxis, der für den Auftrag zur Konzernabschlussprüfung und dessen Durchführung sowie für den im Namen der Praxis erteilten Vermerk zum Konzernabschluss verantwortlich ist.
Konzernprüfungsteam	Partner und fachliche Mitarbeiter, welche die Konzernprüfungsstrategie festlegen, mit Teilbereichsprüfern kommunizieren, Tätigkeiten in Bezug auf den Konsolidierungsprozess durchführen und die aus den Prüfungsnachweisen gezogenen Schlussfolgerungen als Grundlage für die Bildung eines Prüfungsurteils über den Konzernabschluss beurteilen.
Konzernmanagement	Das für die Aufstellung des Konzernabschlusses verantwortliche Management.
Konzernweite Kontrollen	Vom Konzernmanagement konzipierte, eingerichtete und aufrechterhaltene Kontrollen über die Rechnungslegung des Konzerns.
Bedeutsamer Teilbereich	Ein vom Konzernprüfungsteam identifizierter Teilbereich, der » für sich genommen von wirtschaftlicher Bedeutung für den Konzern ist oder » aufgrund seiner spezifischen Merkmale oder Umstände wahrscheinlich bedeutsame Risiken wesentlicher falscher Darstellungen im Konzernabschluss beinhaltet.

ISA [DE] 600

Definitionen (9-10)

Konsolidierungsprozess
- » Ansatz, Bewertung, Ausweis und Angabe der Finanzinformationen der Teilbereiche im Konzernabschluss im Rahmen der Vollkonsolidierung, der Quotenkonsolidierung, der Equity-Methode oder der Anschaffungskostenmethode und
- » die Aggregation der Finanzinformationen von Teilbereichen, die keine Muttergesellschaft haben, jedoch unter gemeinsamer Beherrschung stehen, in einem kombinierten Abschluss.

Verantwortlichkeit (11)

Zuständigkeit des für den Konzernprüfungsauftrag Verantwortlichen	» Anleitung, Überwachung und Durchführung des Auftrags » Beurteilung, ob der erteilte Vermerk unter den gegebenen Umständen angemessen ist	Grundsätzlich keine Bezugnahme auf einen Teilbereichsprüfer im Vermerk

Auftragsannahme und -fortführung (12-14)

Der für den Konzernprüfungsauftrag Verantwortliche hat zu entscheiden, ob erwartet werden kann, dass **ausreichende geeignete Prüfungsnachweise** zum Konsolidierungsprozess und zu den Finanz-informationen der Teilbereiche als Grundlage für das Konzernprüfungsurteil erlangt werden können.

Das Konzernprüfungsteam hat ein **Verständnis vom Konzern, seiner Teilbereiche und dem jeweiligen Umfeld** zu erlangen, das ausreicht, um Teilbereiche zu identifizieren, bei denen es sich **wahrscheinlich** um **bedeutsame Teilbereiche** handelt.

Wenn **Teilbereichsprüfer** Tätigkeiten in Bezug auf **bedeutsame Teilbereiche** durchführen, muss eine Einbindung des Konzernprüfungsteam in dem Umfang möglich sein, der zur Erlangung ausreichender geeigneter Prüfungsnachweise erforderlich ist.

Über die **Bedingungen des Auftrags** zur Konzernabschlussprüfung ist Einvernehmen zu erzielen

→ ISA [DE] 210

Prüfungsstrategie und Prüfungsprogramm (15-16)

| Das Konzernprüfungsteam hat eine **Konzernprüfungsstrategie** festzulegen und ein **Konzernprüfungsprogramm** zu entwickeln. | **Durchsich**t durch den für den Konzernprüfungsauftrag Verantwortlichen | → ISA [DE] 300 |

Verständnis vom Konzern, seiner Teilbereiche und dem jeweiligen Umfeld (17-18)

Identifizierung und Beurteilung der Risiken wesentlicher falscher Darstellungen durch die Erlangung eines Verständnisses von der Einheit und ihrem Umfeld → ISA [DE] 315 (Revised)

| Vertiefung des bei der Auftragsannahme erlangten Verständnisses (einschließlich der konzernweiten Kontrollen) | + | Verständnis des Konsolidierungsprozesses (einschließlich der Anweisungen des Konzernmanagements an die Teilbereiche) | Bestätigung oder Anpassung von bedeutsamen Teilbereichen | + | Beurteilung der Risiken wesentlicher falscher Darstellungen aufgrund von dolosen Handlungen oder Irrtümern |

| Versteht der Teilbereichsprüfer die relevanten **beruflichen Verhaltensanforderungen** und wird sie einhalten (insb. der **Unabhängigkeit**)? | Ausreichende **berufliche Kompetenz** des Teilbereichsprüfers? | Kann das Konzernprüfungsteam in ausreichendem Umfang **eingebunden** werden? | Tätigkeit des Teilbereichsprüfers in einem regulatorischen Umfeld, in dem er **aktiv beaufsichtigt** wird? |

Das Konzernprüfungsteam hat ein **Verständnis vom Teilbereichsprüfer** zu erlangen. Beispiele (A33-A36) sind u.a. ein Besuch des Teilbereichsprüfers oder die Einholung einer schriftliche Bestätigung des Teilbereichsprüfers (Musterbestätigung: → Anlage 4)

Das Konzernprüfungsteam kann weniger schwerwiegende **Bedenken** hinsichtlich des Teilbereichsprüfers dadurch **ausgleichen**, dass es sich in die Tätigkeit des Teilbereichsprüfers einbringt, eine zusätzliche Risikobeurteilung oder weitere Prüfungshandlungen in Bezug auf den Teilbereich durchführt. Eine fehlende Unabhängigkeit kann jedoch nicht ausgeglichen werden. (A39-A41)

ISA [DE] 600

Wesentlichkeit (21-23)

Wesentlichkeitsgrenzen bei Konzernabschlussprüfungen: → ISA [DE] 320

| Wesentlichkeit für den Konzernabschluss als Ganzes | Falls erforderlich: Wesentlichkeitsgrenzen, die auf bestimmte Arten von Geschäftsvorfällen, Kontensalden oder Abschlussangaben anzuwenden sind | Teilbereichswesentlichkeiten auf Teilbereichsebene festgelegte Toleranzwesentlichkeit | Schwellenwert, oberhalb dessen falsche Darstellungen nicht als zweifelsfrei unbeachtlich für den Konzernabschluss sind |

Eine Teilbereichswesentlichkeit wird für solche Teilbereiche festgelegt, deren Finanzinformationen als Teil der Konzernabschlussprüfung geprüft oder einer prüferischen Durchsicht unterzogen werden.
» Teilbereichswesentlichkeit einer Einheit ≤ Wesentlichkeit für den Konzernabschluss als Ganzes
» ∑ Teilbereichswesentlichkeiten aller Einheiten ≥ Wesentlichkeit für den Konzernabschluss als Ganzes

Reaktion auf beurteilte Risiken (24-31)

Als Reaktion auf die beurteilten Risiken wesentlicher falscher Darstellungen im Abschluss ist ein angemessenes Vorgehen zu planen und umzusetzen → ISA [DE] 330

Durchführung von **Funktionsprüfungen** in Bezug auf konzernweite Kontrollen und den Konsolidierungsprozess (25)	Festlegung der Art der Tätigkeiten in Bezug auf Teilbereiche (26-29)			Einbindung in die Tätigkeit von Teilbereichsprüfern (30-31)
	Teilbereiche, die aufgrund ihres **wirtschaftlichen Gewichts** bedeutsam sind	Teilbereiche, die bedeutsam sind, weil sie wahrscheinlich **bedeutsame Risiken** wesentlicher falscher Darstellungen beinhalten	Teilbereiche, die **nicht** bedeutsame Teilbereiche sind	

ISA [DE] 600 5/11

Reaktion auf beurteilte Risiken (24-31)

Durchführung von Funktionsprüfungen in Bezug auf konzernweite Kontrollen und den Konsolidierungsprozess (25)

- Falls Tätigkeiten auf der Erwartung basieren, dass konzernweite Kontrollen wirksam funktionieren
- Falls aussagebezogene Prüfungs-handlungen allein keine ausreichenden geeigneten Prüfungsnachweise auf Aussageebene liefern können

Festlegung der Art der Tätigkeiten,
die in Bezug auf die Finanzinformationen von Teilbereichen durchzuführen sind (26-29)

Teilbereiche, die aufgrund ihres wirtschaftlichen Gewichts bedeutsam sind	**Prüfung der Finanzinformationen** des Teilbereichs unter Berücksichtigung der Teilbereichswesentlichkeit durch das Konzernprüfungsteam oder einen Teilbereichsprüfer
Teilbereiche, die bedeutsam sind, weil sie wahrscheinlich bedeutsame Risiken wesentlicher falscher Darstellungen beinhalten	Durchführung einer oder mehrerer der folgenden Tätigkeiten: » **Prüfung der Finanzinformationen** des Teilbereichs unter Anwendung der Teilbereichswesentlichkeit » **Prüfung** von Kontensalden, Arten von Geschäftsvorfällen oder Abschlussangaben, die **im Zusammenhang mit den wahrscheinlich bedeutsamen Risiken** stehen » **festgelegte Prüfungshandlungen**, die im Zusammenhang mit den wahrscheinlich bedeutsamen Risiken stehen
Teilbereiche, die nicht bedeutsame Teilbereiche sind	Durchführung einer oder mehrerer der folgenden Tätigkeiten für ausgewählte Teilbereiche: » **Prüfung der Finanzinformationen** des Teilbereichs unter Anwendung der Teilbereichswesentlichkeit » **Prüfung** von Kontensalden, Arten von Geschäftsvorfällen oder Abschlussangaben » **prüferische Durchsicht** der Finanzinformationen des Teilbereichs unter Anwendung der Teilbereichswesentlichkeit » **festgelegte Untersuchungshandlungen**

Reaktion auf beurteilte Risiken (24-31)

Einbindung in die Tätigkeit von Teilbereichsprüfern bei bedeutsamen Teilbereichen (30-31)

Einbindung des Konzernprüfungsteams in die Risikobeurteilung des Teilbereichsprüfers durch:
- Diskussion der für den Konzern bedeutsamen Geschäftstätigkeiten des Teilbereichs mit dem Teilbereichsprüfer oder dem Teilbereichsmanagement
- Diskussion der Anfälligkeit des Teilbereichs für wesentliche falsche Darstellungen aufgrund von dolosen Handlungen oder Irrtümern in den Finanzinformationen mit dem Teilbereichsprüfer
- Durchsicht der Dokumentation des Teilbereichsprüfers über identifizierte bedeutsame Risiken

Falls bedeutsame Risiken in einem Teilbereich identifiziert wurden, hat das Konzernprüfungsteam die Angemessenheit der weiteren Prüfungshandlungen zu beurteilen, die als Reaktion auf die identifizierten bedeutsamen Risiken durchzuführen sind. Das Konzernprüfungsteam hat festzustellen, ob es notwendig ist, in die weiteren Prüfungshandlungen eingebunden zu werden.

Konsolidierungsprozess (32-37)

Tätigkeiten in Bezug auf konzernweite Kontrollen (17, 35, 32)	Wurden alle Teilbereiche in den Konzernabschluss einbezogen (33)?	Wurden unterschiedliche Rechnungslegungsmethoden zutreffend angepasst (35)?	Beurteilung von Konsolidierungsbuchungen und Umgliederungen sowie Einschätzung von Risikofaktoren für dolose Handlungen oder mögliche einseitige Ausrichtungen des Managements (34, A56)
	Wurden die geprüften Finanzinformationen in den Konzernabschluss einbezogenen (36)?	Wurden unterschiedliche Rechnungslegungszeiträume zutreffend angepasst (37)?	

ISA [DE] 600

Nachträgliche Ereignisse (38-39) — subsequent events

Anforderung bei Prüfungen der Finanzinformationen von Teilbereichen	Anforderung bei anderen Tätigkeiten als Prüfungen
Erforderlich sind Prüfungshandlungen zur Identifizierung von Ereignissen, die zwischen dem Datum der Finanzinformationen der Teilbereiche und dem Datum des Vermerks zum Konzernabschluss eintreten und die ggf. eine Korrektur im Konzernabschluss erfordern	Teilbereichsprüfer haben das Konzernprüfungsteam zu benachrichtigen, wenn ihnen nachträgliche Ereignisse bekannt werden

Kommunikation mit dem Teilbereichsprüfer (40-41) — Instruction

Das Konzernprüfungsteam hat dem Teilbereichsprüfer in angemessener Zeit **seine Anforderungen mitzuteilen**. Die Mitteilung hat Folgendes zu enthalten:

- Mitteilung der durchzuführenden Tätigkeiten, die Nutzung dieser Tätigkeiten sowie Form und Inhalt der Kommunikation
- Aufforderung des Teilbereichsprüfers zur Bestätigung der Zusammenarbeit
- Mitteilung der relevanten beruflichen Verhaltensanforderungen (u.a. zur Unabhängigkeit)
- Mitteilung der Wesentlichkeitsgrenzen
- identifizierte bedeutsame Risiken wesentlicher falscher Darstellungen im Konzernabschluss
- Liste von nahestehenden Personen

ISA [DE] 600

Kommunikation mit dem Teilbereichsprüfer (40-41)

Die **Berichterstattung** von Teilbereichsprüfern **an das Konzernprüfungsteam** hat Folgendes zu umfassen:

- a) Feststellung, ob der Teilbereichsprüfer die für die Konzernabschlussprüfung relevanten beruflichen Verhaltensanforderungen, einschließlich Unabhängigkeit und beruflicher Kompetenz, eingehalten hat

- b) Feststellung, ob der Teilbereichsprüfer die Anforderungen des Konzernprüfungsteams eingehalten hat

- c) Identifizierung der Finanzinformationen des Teilbereichs, über den der Teilbereichsprüfer Bericht erstattet

- d) Informationen zu Fällen von Verstößen gegen Gesetze oder andere Rechtsvorschriften, die eine wesentliche falsche Darstellung im Konzernabschluss zur Folge haben könnten

- e) Liste der nicht korrigierten falschen Darstellungen zu den Finanzinformationen des Teilbereichs

- f) Anzeichen für eine mögliche einseitige Ausrichtung des Managements

- g) Beschreibung von identifizierten bedeutsamen Mängeln im internen Kontrollsystem (IKS) auf Teilbereichsebene

- h) Andere bedeutsame Sachverhalte, die der Teilbereichsprüfer den für die Überwachung des Teilbereichs Verantwortlichen mitgeteilt hat oder noch mitteilen will

- i) Alle anderen Sachverhalte, die für die Konzernabschlussprüfung relevant sein können oder auf die der Teilbereichsprüfer das Konzernprüfungsteam aufmerksam machen möchte

- j) Zusammenfassende Feststellungen des Teilbereichsprüfers, seine Schlussfolgerungen oder das Prüfungsurteil *[opinion]*

Beurteilung von erlangten Prüfungsnachweisen auf ausreichenden Umfang und Eignung (42-45)

Beurteilung der Berichterstattung der Teilbereichsprüfer und der Angemessenheit ihrer Tätigkeit (42-43)

Das Konzernprüfungsteam hat die Berichterstattung der Teilbereichsprüfer zu beurteilen

- Bedeutsame Sachverhalte, die sich aus dieser Beurteilung ergeben sind mit dem Teilbereichsprüfer, dem Teilbereichsmanagement oder dem Konzernmanagement zu diskutieren.
- Es ist festzustellen, ob eine Durchsicht anderer relevanter Teile der mitgeteilten Prüfungsdokumentation erforderlich ist.

Sofern die Tätigkeit des Teilbereichsprüfers unzureichend ist, hat das Konzernprüfungsteam festzulegen, welche zusätzlichen Prüfungshandlungen durchzuführen sind

Ausreichender Umfang und Eignung von Prüfungsnachweisen (44-45)

Das Konzernprüfungsteam hat zu beurteilen, ob **aus den zum Konsolidierungsprozess durchgeführten Prüfungshandlungen** sowie **aus den Tätigkeiten des Konzernprüfungsteams und der Teilbereichsprüfer zu den Finanzinformationen der Teilbereiche** ausreichende geeignete Prüfungsnachweise als Grundlage für das Konzernprüfungsurteil erlangt wurden.

Der für den Konzernprüfungsauftrag Verantwortliche hat die **Auswirkung von nicht korrigierten falschen Darstellungen** sowie von **Fällen, in denen keine ausreichenden geeigneten Prüfungsnachweise erlangt** werden konnten, zu beurteilen.

Kommunikation mit dem Konzernmanagement und den für die Konzernüberwachung Verantwortlichen (46-49)

Das Konzernprüfungsteam hat festzulegen, welche identifizierten Mängel im IKS den für die Überwachung Verantwortlichen und dem Konzernmanagement mitgeteilt werden.	→ IDW PS 475
Wurden dolose Handlungen identifiziert oder deuten Informationen darauf hin, dass eine dolose Handlung vorliegen kann, ist dies in angemessener Zeit der angemessenen Ebene des Konzernmanagements mitzuteilen.	→ ISA [DE] 240

Sofern Teilbereichsprüfer ein Prüfungsurteil zum Abschluss des Teilbereichs abgeben, hat das Konzernprüfungsteam das Konzernmanagement aufzufordern, das Teilbereichsmanagement über jeden dem Konzernprüfungsteam bekannt werdenden Sachverhalt zu informieren, der für den Abschluss des Teilbereichs bedeutsam sein kann, jedoch dem Teilbereichsmanagement nicht bekannt ist.

ISA [DE] 600

Beurteilung von erlangten Prüfungsnachweisen auf ausreichenden Umfang und Eignung (42-45)

Kommunikation mit den für die Konzernüberwachung Verantwortlichen → IDW PS 470 n.F

| Übersicht über die Art der Tätigkeiten, die zu den Finanzinformationen der Teilbereiche durchzuführen sind | Übersicht über die Art der geplanten Einbindung in die Tätigkeit der Teilbereichsprüfer von bedeutsamen Teilbereichen | Fälle, in denen sich Bedenken hinsichtlich der Qualität der Tätigkeit von Teilbereichsprüfern ergeben haben | jegliche Beschränkungen der Konzern-abschlussprüfung | (vermutete) dolose Handlungen, an denen das Konzernmanagement u.a. wichtige Mitarbeiter beteiligt sind |

Dokumentation (50)

In die **Prüfungsdokumentation** sind aufzunehmen:

| Analyse der Teilbereiche, in der die bedeutsamen Teilbereiche aufgezeigt werden, sowie die Art der zu den Finanzinformationen der Teilbereiche durchgeführten Tätigkeiten | Art, zeitliche Einteilung und Umfang der Einbindung des Konzernprüfungsteams in die Tätigkeit der Teilbereichsprüfer zu bedeutsamen Teilbereichen, ggf. einschließlich der Durchsicht von relevanten Teilen der Prüfungsdokumentation der Teilbereichsprüfer durch das Konzernprüfungsteam sowie diesbezüglicher Schlussfolgerungen | schriftliche Kommunikation zwischen dem Konzernprüfungsteam und den Teilbereichsprüfern zu den Anforderungen des Konzernprüfungsteams |

ISA [DE] 610 (Revised 2013)
Nutzung der Tätigkeit interner Revisoren

Zusammenfassung:

ISA [DE] 610 (Revised) ist die um spezifische Modifikationen zu Einzelaspekten (sog. „D.-Textziffern") ergänzte autorisierte deutsche Übersetzung von ISA 610 (Revised). Der Standard stellt mit der „Nutzung der Tätigkeiten der Internen Revision bei der Erlangung von Prüfungsnachweisen" und dem „Einsatz interner Revisoren zur direkten Unterstützung" zwei Fallgruppen vor, von denen die zweite Fallgruppe in Deutschland gemäß § 319 Abs. 3 Satz 1 HGB nicht zulässig ist.

Die Nutzung der Tätigkeiten der Internen Revision bei der Erlangung von Prüfungsnachweisen (z.B. Durchführung von Kontrollprüfungen oder Saldenbestätigungsaktionen, Inventurbegleitung oder der Nachverfolgung von Geschäftsvorfällen im rechnungslegungsbezogenen Informationssystem) ist vom Anwendungsbereich des ISA [DE] 315 (Revised) abzugrenzen, wo die Kenntnisse und Erfahrungen der Internen Revision auch dem Verständnis des Abschlussprüfers von der Einheit und von ihrem Umfeld sowie der Identifizierung und Beurteilung der Risiken wesentlicher falscher Darstellungen dienen kann. Der Standard verpflichtet den Abschlussprüfer ausdrücklich nicht dazu, die Tätigkeit der Internen Revision bei der Erlangung von Prüfungsnachweisen zu nutzen.

Der Begriff „Interne Revision" wird definiert als eine Funktion einer Einheit, die Prüfungs- und Beratungstätigkeiten ausübt, die dazu konzipiert sind, die Wirksamkeit der Überwachungs-, Risikomanagement- und internen Kontrollprozesse der Einheit zu beurteilen und zu verbessern. Voraussetzung für die Nutzung der Tätigkeit interner Revisoren ist zunächst eine Beurteilung der Internen Revision. Zudem wird klargestellt, dass den für die Überwachung Verantwortlichen die geplante Nutzung der Tätigkeit der Internen Revision mitzuteilen ist.

Wenn die Nutzung der Tätigkeit der Internen Revision geplant ist, sind die jeweiligen Aktivitäten mit der Internen Revision abzustimmen. Nach der Durchführung der Tätigkeiten hat der Abschlussprüfer ein Verständnisses von Art, Umfang und Feststellungen der Prüfungshandlungen der Internen Revision zu erlangen, indem er die Berichte der Internen Revision zu deren Tätigkeit liest. Zudem ist die Durchführung ausreichender eigener Prüfungshandlungen erforderlich, welche auch den Nachvollzug von Teilen der Tätigkeit zu umfassen haben.

Schließlich enthält ISA [DE] 610 (Revised) die Anforderung, dass die Beurteilung der Internen Revision, Art und Umfang der genutzten Tätigkeit sowie die durchgeführten Prüfungshandlungen zur Beurteilung der Angemessenheit der genutzten Tätigkeit in die Prüfungsdokumentation aufzunehmen sind.

Verweise:
— ISA [DE] 315 (Revised): Identifizierung und Beurteilung der Risiken wesentlicher falscher Darstellungen aus dem Verständnis von der Einheit und ihrem Umfeld
— ISA [DE] 500: Prüfungsnachweise

ISA [DE] 610: Nutzung der Tätigkeit interner Revisoren

Anwendungsbereich und Zielsetzung (1-11, 13)

ISA [DE] 610 behandelt die Verantwortlichkeit des APr bei der Nutzung der Tätigkeit von internen Revisoren. Dies umfasst
» die **Nutzung der Tätigkeit der Internen Revision bei der Erlangung von Prüfungsnachweisen** sowie
» den **Einsatz interner Revisoren zur direkten Unterstützung** unter der Anleitung, Überwachung und Durchsicht durch den APr.

ISA [DE] 610 verpflichtet den APr nicht dazu, die Tätigkeit der Internen Revision zu nutzen.

D.5.1 § 319 HGB	Der Einsatz interner Revisoren zur direkten Unterstützung ist gemäß § 319 Abs. 3 Satz 1 HGB nicht zulässig.	Die Ausführungen zum Einsatz interner Revisoren zur direkten Unterstützung finden daher keine Anwendung.
Abgrenzung zu → ISA [DE] 315 (Revised)	Können die Kenntnisse und Erfahrungen der Internen Revision dem Verständnis des APr von der Einheit und von ihrem Umfeld sowie der Identifizierung und Beurteilung der Risiken wesentlicher falscher Darstellungen dienen?	

Wenn die Interne Revision genutzt werden soll, um Art oder zeitliche Einteilung von Prüfungshandlungen zu ändern, bestehen die Ziele des APr darin,
» festzulegen, in welchen Bereichen und in welchem Umfang die Tätigkeit der Internen Revision genutzt werden kann oder interne Revisoren zur direkten Unterstützung eingesetzt werden können,
» festzulegen, ob diese Tätigkeit für Zwecke der Abschlussprüfung angemessen ist und
» falls interne Revisoren zur direkten Unterstützung eingesetzt werden, deren Tätigkeit angemessen anzuleiten, zu überwachen und durchzusehen.

Definitionen (14)

Interne Revision	Eine Funktion einer Einheit, die Prüfungs- und Beratungstätigkeiten ausübt, die dazu konzipiert sind, die Wirksamkeit der Überwachungs-, Risikomanagement- und internen Kontrollprozesse der Einheit zu beurteilen und zu verbessern.
Direkte Unterstützung	Der Einsatz von internen Revisoren zur Durchführung von Prüfungshandlungen unter der Anleitung, Überwachung und Durchsicht des APr.

Festlegung, ob, in welchen Bereichen und in welchem Umfang die Tätigkeit der Internen Revision genutzt werden kann (15-20)

Beurteilung der Internen Revision (15-16)

Die Tätigkeit der Internen Revision darf **nicht** genutzt werden, wenn:

… die Stellung der Internen Revision innerhalb der Organisation sowie relevante Regelungen und Maßnahmen die Objektivität interner Revisoren nicht angemessen fördern.	… die Interne Revision nicht ausreichend kompetent ist.	… die Interne Revision keiner systematischen und geregelten Vorgehensweise, einschließlich Qualitätssicherung, folgt.
Faktoren sind unter anderem: » Stellung innerhalb der Organisation » Ob sie frei von sich widersprechenden Verantwortlichkeiten ist » Ob Auflagen oder Beschränkungen bestehen	Faktoren sind unter anderem: » Angemessene und geeignete Ressourcen » Regelungen zur Einstellung und Schulung interner Prüfer und deren Einteilung für interne Prüfungsaufträge » Angemessene fachliche Ausbildung und Kenntnisse » Ob die internen Prüfer entsprechenden Berufsorganisationen angehören	Faktoren sind unter anderem: » Vorhandensein, Angemessenheit und Anwendung von dokumentierten Untersuchungshandlungen » Verfügung über geeignete Regelungen und Maßnahmen zur Qualitätssicherung

ISA [DE] 610 (Revised 2013)

Festlegung, ob, in welchen Bereichen und in welchem Umfang die Tätigkeit der Internen Revision genutzt werden kann (15-20)

Festlegung von Art und Umfang der Tätigkeit der Internen Revision, die genutzt werden kann (17-20)

Grundlage: Der APr würdigt:	Für die Abschlussprüfung relevante Tätigkeiten sind z. B.:
» Art und Umfang der Tätigkeit, die von der Internen Revision durchgeführt wurde oder deren Durchführung geplant ist, sowie » die Relevanz dieser Tätigkeit für die Prüfungsstrategie und das Prüfungsprogramm.	» Prüfung der Wirksamkeit von Kontrollen » Aussagebezogene Prüfungshandlungen, die nur begrenztes Ermessen beinhalten » Inventurbegleitung » Nachverfolgung von Geschäftsvorfällen im rechnungslegungsbezogenen Informationssystem » Überprüfung der Einhaltung von rechtlichen Anforderungen

Die Tätigkeit der Internen Revision ist in umso geringerem Umfang zu nutzen, je …

… mehr Ermessen mit der Planung und Durchführung der Prüfungshandlungen sowie der Beurteilung der Prüfungsnachweise verbunden ist	… höher das beurteilte Risiko wesentlicher falscher Darstellungen auf Aussageebene ist	… geringer die Objektivität der Internen Revision ist	… weniger kompetent die Interne Revision ist

Angesichts seiner alleinigen Verantwortung für das abgegebene Prüfungsurteil muss der APr noch ausreichend in die Abschlussprüfung eingebunden sein.

Den für die Überwachung Verantwortlichen ist die geplante Nutzung der Tätigkeit der Internen Revision mitzuteilen.	→ IDW PS 470 n.F.

Nutzung der Tätigkeit der Internen Revision (21-25)

Wenn die Nutzung der Tätigkeit der Internen Revision geplant ist, hat der APr die jeweiligen Aktivitäten mit der Internen Revision abzustimmen (21).	Erlangung eines Verständnisses von Art, Umfang und Feststellungen der Prüfungshandlungen der Internen Revision, indem der APr die Berichte der Internen Revision zu deren Tätigkeit liest (22).	Durchführung ausreichender eigener Prüfungshandlungen (23), wie z.B. Befragungen, Beobachtungen oder Durchsicht von Arbeitspapieren. Die Prüfungshandlungen haben den Nachvollzug von Teilen der Tätigkeit zu umfassen.

Bei der Feststellung der Angemessenheit für Zwecke der Abschlussprüfung ist zu beurteilen, ob …
» die Tätigkeit der Internen Revision ordnungsgemäß geplant, durchgeführt, überwacht, durchgesehen und dokumentiert wurde,
» ausreichende geeignete Nachweise erlangt wurden, um die Interne Revision in die Lage zu versetzen, sachgerechte Schlussfolgerungen zu ziehen, und
» die gezogenen Schlussfolgerungen unter den gegebenen Umständen angemessen sind und ob die von der Internen Revision erstellten Berichte mit den Ergebnissen der durchgeführten Tätigkeit in Einklang stehen.
» die Schlussfolgerungen betreffend der Internen Revision sowie die Festlegung von Art und Umfang der Nutzung der Tätigkeit der Internen Revision für Zwecke der Abschlussprüfung angemessen bleiben.

Art und Umfang der Prüfungshandlungen des APr richten sich nach der Beurteilung …

des Maßes an auszuübendem Ermessen	des beurteilten Risikos wesentlicher falscher Darstellungen	der Stellung der Internen Revision innerhalb der Organisation sowie der relevanten Regelungen und Maßnahmen zur Förderung der Objektivität	der Kompetenz der Internen Revision

Festlegung, ob, in welchen Bereichen und in welchem Umfang interne Revisoren zur direkten Unterstützung eingesetzt werden können (26-32)

Einsatz interner Revisoren zur direkten Unterstützung (33-35)

| D.35.1 § 319 HGB | Der Einsatz interner Revisoren für das Prüfungsteam ist gemäß § 319 Abs. 3 Satz 1 Nr. 4 i.V.m. Nr. 2 HGB nicht zulässig. Aus diesem Grund finden die Tz. 26-35 und 37 sowie die zugehörigen Anwendungshinweise (Tz. A31-A41) keine Anwendung. | Auf die Darstellung der Anforderungen wird daher verzichtet. |

Dokumentation (36)

In die **Prüfungsdokumentation** sind aufzunehmen:

- Beurteilung, ob die Stellung der Internen Revision innerhalb der Organisation sowie relevante Regelungen und Maßnahmen die Objektivität der internen Revisoren angemessen fördern,
- Beurteilung, wie kompetent die Interne Revision ist und
- Beurteilung, ob die Interne Revision einer systematischen und geregelten Vorgehensweise, einschließlich Qualitätssicherung, folgt.

- Art und Umfang der genutzten Tätigkeit sowie die Grundlage für die entsprechende Entscheidung

- Durchgeführte Prüfungshandlungen zur Beurteilung der Angemessenheit der genutzten Tätigkeit

ISA [DE] 620
Nutzung der Tätigkeit eines Sachverständigen des Abschlussprüfers

Zusammenfassung:

ISA [DE] 620 ist die um spezifische Modifikationen zu Einzelaspekten (sog. „D.-Textziffern") ergänzte autorisierte deutsche Übersetzung von ISA 620. Der Standard definiert einen „Sachverständigen des Abschlussprüfers" als eine Person oder Organisation mit Fachkenntnissen auf einem anderen Gebiet als dem der Rechnungslegung oder Prüfung, deren Tätigkeit auf diesem Gebiet genutzt wird, um den Abschlussprüfer dabei zu unterstützen, ausreichende geeignete Prüfungsnachweise zu erlangen. Er ist damit abzugrenzen von dem in ISA [DE] 500 definierten „Sachverständigen des Managements" sowie von Personen oder Organisation mit Fachkenntnissen auf einem Spezialgebiet der Rechnungslegung oder Prüfung, welche nach IDW QS 1 Teil des Prüfungsteams sind.

Voraussetzung für die Nutzung der Tätigkeit eines Sachverständigen des Managements ist zunächst eine Beurteilung von Kompetenz, Fähigkeiten und Objektivität des Sachverständigen. Zudem hat der Abschlussprüfer ein ausreichendes Verständnis von dem Fachgebiet des Sachverständigen zu erlangen, um Art, Umfang und Ziel seiner Tätigkeit festlegen und die Eignung der Tätigkeiten für die Zwecke des Abschlussprüfers beurteilen zu können. Wenn die Nutzung der Tätigkeit eines Sachverständigen des Abschlussprüfers geplant ist, sind die jeweiligen Aktivitäten zuvor abzustimmen. Nach der Durchführung der Tätigkeiten hat der Abschlussprüfer ein Verständnis von der Angemessenheit der Tätigkeit des Sachverständigen zu erlangen. In den Anwendungshinweisen werden dazu beispielhafte Prüfungshandlungen beschrieben.

ISA [DE] 620 regelt zudem, dass im Vermerk des Abschlussprüfers grundsätzlich keine Bezugnahme auf einen Sachverständigen des Abschlussprüfers zulässig ist. Im Fall eines modifizierten Vermerks kann der Abschlussprüfer jedoch im Vermerk auf die Tätigkeit eines Sachverständigen Bezug nehmen, wenn dies für das Verständnis der Modifizierung relevant ist.

Verweise:

— ISA [DE] 500: Prüfungsnachweise
— IDW PS 405: Modifizierungen des Prüfungsurteils im Bestätigungsvermerk

ISA [DE] 620

ISA [DE] 620: Nutzung der Tätigkeit eines Sachverständigen des APr

Anwendungsbereich und Zielsetzung (1-3, 5)

ISA [DE] 620 behandelt die Verantwortlichkeit des APr, wenn die Tätigkeit einer Person oder Organisation auf einem anderen Fachgebiet als dem der Rechnungslegung oder Prüfung den APr bei der Erlangung ausreichender geeigneter Prüfungsnachweise unterstützt

Nicht Gegenstand von ISA [DE] 620 sind:	Einbeziehung einer Person oder Organisation mit Fachkenntnissen auf einem Spezialgebiet der Rechnungslegung oder Prüfung	→ IDW QS 1
	Nutzung der Tätigkeit eines Sachverständigen des Managements	→ ISA [DE] 500

Die Zielsetzung des APr ist,
» festzulegen, ob die Tätigkeit eines Sachverständigen des APr genutzt wird, und
» falls die Tätigkeit eines Sachverständigen des APr genutzt wird, festzustellen, ob diese Tätigkeit angemessen ist.

Definitionen (6)

Sachverständiger des Abschlussprüfers	Eine Person oder Organisation mit Fachkenntnissen auf einem **anderen Gebiet** als dem der Rechnungslegung oder Prüfung, deren Tätigkeit auf diesem Gebiet genutzt wird, um den APr dabei zu unterstützen, ausreichende geeignete Prüfungsnachweise zu erlangen. Es kann sich entweder um einen internen Sachverständigen des APr handeln oder um einen externen Sachverständigen des APr.
Fachkenntnisse	Fähigkeiten, Kenntnisse und Erfahrungen auf einem bestimmten Gebiet.
Sachverständiger des Managements	Eine Person oder Organisation mit Fachkenntnissen auf einem **anderen Gebiet** als dem der Rechnungslegung oder Prüfung, deren Tätigkeit auf diesem Gebiet von der Einheit zur Unterstützung bei der Aufstellung des Abschlusses genutzt wird.

Festlegung der Notwendigkeit, einen Sachverständigen des APr einzubeziehen (7)

Wenn Fachkenntnisse auf einem **anderen Gebiet als dem der Rechnungslegung oder Prüfung** notwendig sind, um ausreichende geeignete Prüfungsnachweise zu erlangen, hat der APr festzulegen, ob die Tätigkeit eines Sachverständigen des APr zu nutzen ist.

Beispiele für Fachkenntnissen auf einem anderen Gebiet als dem der Rechnungslegung oder Prüfung:
- Bewertung von komplexen Finanzinstrumenten, Grundstücken und Gebäuden oder immateriellen Vermögenswerten;
- versicherungsmathematische Berechnung;
- Auslegung von Verträgen sowie von Gesetzen und anderen Rechtsvorschriften;
- Analyse komplexer oder außergewöhnlicher Fragen zur Einhaltung von Steuervorschriften.

Sachverständige des APr können den APr bei einem oder mehreren der folgenden Punkte zu unterstützen:
- Erlangung eines Verständnisses von der Einheit und ihrem Umfeld, einschließlich ihres Internen Kontrollsystems (IKS);
- Identifizierung und Beurteilung der Risiken wesentlicher falscher Darstellungen;
- Festlegung und Umsetzung allgemeiner Reaktionen auf beurteilte Risiken auf Abschlussebene;
- Planung und Durchführung weiterer Prüfungshandlungen als Reaktion auf beurteilte Risiken auf Aussageebene, bestehend aus Funktionsprüfungen oder aussagebezogenen Prüfungshandlungen;
- Beurteilung, ob die erlangten Prüfungsnachweise ausreichend und geeignet sind für die Bildung eines Prüfungsurteils zum Abschluss.

Art, zeitliche Einteilung und Umfang der Prüfungshandlungen (8)

Bei der Festlegung von Art, zeitlicher Einteilung und Umfang von **Prüfungshandlungen zur Beurteilung von Sachverständigen** sind u.a. die folgenden Sachverhalte zu würdigen:

die Art des Sachverhalts, auf den sich die Tätigkeit bezieht	die Risiken wesentlicher falscher Darstellungen in Bezug auf den Sachverhalt, auf den sich die Tätigkeit bezieht	die Bedeutung der Tätigkeit des Sachverständigen für die Abschlussprüfung	Kenntnisse und Erfahrungen des APr über die bisher durchgeführte Tätigkeit des Sachverständigen	Unterliegt der Sachverständige den Regelungen zur Qualitätssicherung

ISA [DE] 620

Kompetenz, Fähigkeiten und Objektivität des Sachverständigen des APr (9)

Es ist zu beurteilen, ob der Sachverständige über die Kompetenz, die Fähigkeiten sowie die Objektivität verfügt, die für Zwecke des APr notwendig sind

- **Kompetenz** bezieht sich auf die Art und den Grad der Fachkenntnisse des Sachverständigen.
- **Fähigkeit** bezieht sich auf das Vermögen dieses Sachverständigen, diese Kompetenz nach den Umständen des jeweiligen Auftrags auszuüben. Zu den Faktoren, welche die Fähigkeit beeinflussen, können bspw. der geografische Ort und die Verfügbarkeit von Zeit und Ressourcen gehören.
- **Objektivität** bezieht sich auf die möglichen Auswirkungen, die einseitige Ausrichtung, Interessenkonflikte oder der Einfluss anderer Personen auf das berufliche oder geschäftliche Urteilsvermögen des Sachverständigen haben können.

Im Falle eines **externen Sachverständigen** muss der APr den Sachverständigen zu den Interessen und Beziehungen befragen, die eine Gefährdung der Objektivität des Sachverständigen hervorrufen können

Erlangung eines Verständnisses von dem Fachgebiet des Sachverständigen des APr (10)

Der APr hat ein ausreichendes Verständnis von dem Fachgebiet des Sachverständigen zu erlangen, um in der Lage zu sein, …

… Art, Umfang und Ziele der Tätigkeit dieses Sachverständigen für die Zwecke des APr festzulegen und

… die Eignung dieser Tätigkeit für die Zwecke des APr zu beurteilen.

Zu den Aspekten des Fachgebiets des Sachverständigen, die für das Verständnis des APr relevant sind, können gehören:
- ob berufliche oder andere Standards und gesetzliche oder andere rechtliche Anforderungen gelten;
- die vom Sachverständigen genutzten Annahmen und Methoden (ggf. einschließlich Modellen) und ob diese innerhalb des Fachgebiets dieses Sachverständigen allgemein anerkannt und für Zwecke der Rechnungslegung geeignet sind;
- die Art von internen und externen Daten oder Informationen, die der Sachverständige nutzt.

ISA [DE] 620

Vereinbarung mit dem Sachverständigen des APr (11)

Der APr hat – falls sachgerecht in Schriftform – mit dem Sachverständigen Folgendes zu vereinbaren:

- Art, Umfang und Ziele der Tätigkeit des Sachverständigen
- Aufgaben und Verantwortlichkeiten des APr und des Sachverständigen
- Art, Zeitpunkte und Umfang der Kommunikation, einschließlich der Art eines zur Verfügung gestellten Berichts
- Verschwiegenheitspflichten des Sachverständigen

Beurteilung der Angemessenheit der Tätigkeit des Sachverständigen des APr (12-13)

Beurteilung der Angemessenheit der Tätigkeit	Mögliche Prüfungshandlungen (A33-A39)
Relevanz und Vertretbarkeit der Feststellungen oder Schlussfolgerungen des Sachverständigen sowie deren Übereinstimmungen mit anderen Prüfungsnachweisen	» Befragungen des Sachverständigen des APr » Durchsicht der Arbeitspapiere und Berichte des Sachverständigen » Untermauernde Prüfungshandlungen » Diskussion mit einem anderen Sachverständigen » Diskussion des Berichts mit dem Management
Bei Nutzung bedeutsame Annahmen und Methoden: Relevanz und Vertretbarkeit dieser Annahmen und Methoden	» Prüfungshandlungen bei geschätzten Werten gemäß ISA [DE] 540 » Sind die Annahmen und Methoden allgemein anerkannt? » Wurden spezialisierte Modelle angewendet? » Stehen die Annahmen und Methoden mit den Anforderungen des maßgebenden Regelwerks der Rechnungslegung im Einklang?
Bei Verwendung von bedeutsamen Ausgangsdaten: Relevanz, Vollständigkeit und Genauigkeit dieser Ausgangsdaten	» Verifizierung der Herkunft der Daten, einschließlich der Erlangung eines Verständnisses über die internen Kontrollen » Durchsicht der Daten auf Vollständigkeit und Stimmigkeit

ISA [DE] 620

Beurteilung der Angemessenheit der Tätigkeit des Sachverständigen des APr (12-13)	
Wenn der APr zu dem Schluss kommt, dass die Tätigkeit des Sachverständigen nicht ausreichend ist:	Der APr hat mit diesem Sachverständigen Art und Umfang weiterer von dem Sachverständigen durchzuführender Tätigkeiten zu vereinbaren oder
	Der APr hat zusätzliche Prüfungshandlungen durchzuführen, die unter den gegebenen Umständen geeignet sind.

Bezugnahme auf den Sachverständigen des Abschlussprüfers im Vermerk des APr (14-15)	
Vermerk des APr, der ein **nicht modifiziertes Prüfungsurteil** enthält	APr darf im Vermerk keinen Bezug auf die Tätigkeit eines Sachverständigen nehmen, es sei denn, dies ist durch Gesetz oder andere Rechtsvorschriften vorgeschrieben
Vermerk des APr mit einem **modifizierten Prüfungsurteil**	APr kann im Vermerk auf die Tätigkeit eines Sachverständigen Bezug nehmen, wenn dies für das Verständnis der Modifizierung relevant ist

ISA 700 (Revised): Bildung eines Prüfungsurteils und Erteilung eines Vermerks zum Abschluss

ISA 701: Mitteilung besonders wichtiger Prüfungssachverhalte im Vermerk des unabhängigen APr

ISA 705 (Revised): Modifizierungen des Prüfungsurteils im Vermerk des unabhängigen APr

ISA 706 (Revised): Absätze im Vermerk des unabhängigen Abschlussprüfers zur Hervorhebung eines Sachverhalts und zu sonstigen Sachverhalten

ISA 700, ISA 701, ISA 705 und ISA 706 sind nicht Bestandteil der vom IDW festgestellten deutschen Grundsätze ordnungsmäßiger Abschlussprüfung, weil hierfür gesonderte IDW PS existieren.

Die Anforderungen sind dargestellt in:
» IDW Prüfungsstandard: Bildung eines Prüfungsurteils und Erteilung eines Bestätigungsvermerks (IDW PS 400 n.F.)
» IDW Prüfungsstandard: Mitteilung besonders wichtiger Prüfungssachverhalte im Bestätigungsvermerk (IDW PS 401)
» IDW Prüfungsstandard: Modifizierungen des Prüfungsurteils im Bestätigungsvermerk (IDW PS 405)
» IDW Prüfungsstandard: Hinweise im Bestätigungsvermerk (IDW PS 406)

ISA [DE] 710
Vergleichsinformationen – Vergleichsangaben und Vergleichsabschlüsse

Zusammenfassung:
ISA [DE] 710 ist die um spezifische Modifikationen zu Einzelaspekten (sog. „D.-Textziffern") ergänzte autorisierte deutsche Übersetzung von ISA 710. Der Standard behandelt die Verantwortlichkeiten des Abschlussprüfers im Hinblick auf Vergleichsangaben und Vergleichsabschlüsse, wobei in der Rechnungslegung nach HGB oder nach IFRS lediglich Vergleichsangaben relevant sind. Vergleichsangaben werden definiert als Beträge und anderen Angaben für den vorhergehenden Zeitraum, die als integraler Bestandteil im Abschluss des Berichtszeitraums enthalten sind und nur im Zusammenhang mit den Angaben des Berichtszeitraums zu lesen sind.
Nach ISA [DE] 710 hat der Abschlussprüfer festzustellen, ob die Vergleichsinformationen mit den im vorhergehenden Zeitraum dargestellten Beträgen und anderen Angaben überein oder erforderlichenfalls angepasst wurden. Zudem ist festzustellen, ob die Rechnungslegungsmethoden stetig angewandt wurden.
Behandelt werden zudem verschiedene Auswirkungen von Vergleichsinformationen auf den Vermerk des Abschlussprüfers:

— Sofern eine Modifizierung im Vermerk zum vorhergehenden Zeitraum nicht gelöst wurde oder eine wesentliche falsche Darstellung im Abschluss des vorhergehenden Zeitraums vorliegt: Modifikation des Prüfungsurteils zum Abschluss des Berichtszeitraums.
— Sofern der Abschluss des vorhergehenden Zeitraums von einem anderen Abschlussprüfer geprüft wurde: Eine Darstellung des Sachverhalts ist im Absatz zu einem sonstigen Sachverhalt möglich; eine Bezugnahme ist jedoch untersagt, sofern hierdurch gegen die Verschwiegenheitspflicht verstoßen wird.
— Sofern der Abschluss des vorhergehenden Zeitraums nicht geprüft wurde: Der Sachverhalt ist im Absatz zu einem sonstigen Sachverhalt verpflichtend darzustellen.

Verweise:
— ISA [DE] 510: Eröffnungsbilanzwerte bei Erstprüfungsaufträgen
— IDW PS 406: Hinweise im Bestätigungsvermerk

ISA [DE] 710: Vergleichsinformationen – Vergleichsangaben und Vergleichsabschlüsse

Anwendungsbereich und Zielsetzung (1-3, 5)

» ISA [DE] 710 behandelt die Verantwortlichkeit des APr im Zusammenhang mit Vergleichsinformationen.
» Das Ziel des APr besteht darin, ausreichende geeignete Prüfungsnachweise darüber zu erlangen, ob die im Abschluss enthaltenen Vergleichsinformationen in allen wesentlichen Belangen in Übereinstimmung mit den Anforderungen im maßgebenden Regelwerk der Rechnungslegung dargestellt sind und den Vermerk in Übereinstimmung mit den Anforderungen zu erteilen.

Wenn der Abschluss des vorhergehenden Zeitraums von einem bisherigen APr geprüft ist oder nicht geprüft wurde, gelten außerdem die Anforderungen und erläuternden Hinweise zu **Eröffnungsbilanzwerten** in ISA [DE] 510.

Definitionen (6)

Vergleichsinformationen: In Übereinstimmung mit den maßgebenden Rechnungslegungsgrundsätzen im Abschluss enthaltenen Beträge und Angaben zu einem oder mehreren vorhergehenden Zeiträumen.

Vergleichsangaben: Beträge und anderen Angaben für den vorhergehenden Zeitraum, die als integraler Bestandteil im Abschluss des Berichtszeitraums enthalten sind und nur im Zusammenhang mit den Angaben des Berichtszeitraums zu lesen sind.	**Vergleichsabschluss**: Beträge und andere Angaben für den vorhergehenden Zeitraum die zum Vergleich mit dem Abschluss des Berichtszeitraums eingefügt werden, aber auf die im Vermerk des APr Bezug genommen wird, wenn sie geprüft wurden.
Der Detaillierungsgrad wird hauptsächlich durch ihre Relevanz für die Angaben des Berichtszeitraums bestimmt.	Der Informationsgehalt ist vergleichbar mit dem des Abschlusses des Berichtszeitraums.
Das Prüfungsurteil nimmt nur auf den Berichtszeitraum Bezug.	Das Prüfungsurteil bezieht sich auf jeden dargestellten Zeitraum.

D.2.1 Das HGB sowie die IFRS fordern Vergleichsinformationen nur in Form von Vergleichsangaben.

Prüfungsanforderungen (7-9)

Der APr hat festzustellen, ob der Abschluss die nach den maßgebenden Rechnungslegungsgrundsätzen erforderlichen Vergleichsinformationen enthält und ob diese Informationen zutreffend eingestuft sind. (7)

Stimmen die Vergleichsinformationen mit den im vorhergehenden Zeitraum dargestellten Beträgen und anderen Angaben überein oder wurden erforderlichenfalls angepasst?

Stimmen die in den Vergleichsinformationen widergespiegelten **Rechnungslegungsmethoden** mit den im Berichtszeitraum angewendeten übereinstimmen oder sind im Falle von Änderungen in den Rechnungslegungsmethoden diese Änderungen sachgerecht in der Rechnungslegung berücksichtigt und angemessen im Abschluss angegeben und dargestellt?

Aufdeckung wesentlicher falscher Darstellung in den Vergleichsinformationen (8)

Der APr hat zusätzliche Prüfungshandlungen durchzuführen, um festzustellen, ob eine wesentliche falsche Darstellung vorliegt.

Hat der Apr den Abschluss des vorhergehenden Zeitraums geprüft, sind die Anforderungen des ISA [DE] 560 „Nachträgliche Ereignisse" zu beachten

Wenn der Abschluss des vorhergehenden Zeitraums geändert wurde, hat der APr festzustellen, ob die Vergleichsinformationen mit dem geänderten Abschluss übereinstimmen.

Schriftliche Erklärungen (9)
- » APr hat schriftliche Erklärungen für alle Zeiträume anzufordern, auf die sich das Prüfungsurteil bezieht (→ ISA [DE] 580).
- » Eine spezifische schriftliche Erklärung ist zu allen Anpassungen anzufordern, die zur Korrektur wesentlicher falscher Darstellungen im Abschluss des vorhergehenden Zeitraums vorgenommen wurden und die sich auf die Vergleichsinformationen auswirken.

ISA [DE] 710

Erteilung eines Vermerks zur Abschlussprüfung (10-19)

Vergleichsangaben (10-14)

Das Prüfungsurteil darf sich grundsätzlich nicht auf angegebene Vergleichsangaben beziehen. Ausnahmen gelten in folgenden Fällen:

Modifizierung im Vermerk des APr zum vorhergehenden Zeitraum nicht gelöst (→ Tz. 11, A3-D.A5.1)	Falsche Darstellung im Abschluss des vorhergehenden Zeitraums (→ Tz. 12, A6)	Von einem bisherigen APr geprüfter Abschluss des vorhergehenden Zeitraums (→ Tz. 13, A7-D.A7.2)	Nicht geprüfter Abschluss des vorhergehenden Zeitraums (→ Tz. 14, A8)
⬇	⬇	⬇	⬇
Das Prüfungsurteil zum Abschluss des Berichtszeitraums ist zu modifizieren. Eine Darstellung erfolgt im Vermerk im Absatz über die **Grundlage für die Modifizierung** im Vermerk des APr. Formulierungsbeispiel: → Anlage D, Beispiele 1 und 2		Eine Darstellung ist im **Absatz zu einem sonstigen Sachverhalt** möglich. Formulierungsbeispiel: → Anlage D, Beispiel 3 ⬆ Eine Bezugnahme ist aber untersagt, sofern hierdurch gegen die Verschwiegenheitspflicht verstoßen wird (D.A7.1)	Eine Darstellung hat im **Absatz zu einem sonstigen Sachverhalt** zu erfolgen. ⬆ Die Angabe befreit den APr nicht von der Prüfungspflicht der Eröffnungsbilanzwerte (→ ISA [DE] 580).

Erteilung eines Vermerks zur Abschlussprüfung (10-19)

Vergleichsabschlüsse (15-19)

Im Vermerk ist auf jeden Zeitraum Bezug zu nehmen, für den ein Abschluss dargestellt ist und zu dem ein Prüfungsurteil abgegeben wird.

Prüfungsurteil zum Abschluss des vorhergehenden Zeitraums weicht vom vorherigen Prüfungsurteil ab (16, A11)	Die ausschlaggebenden Gründe für das abweichende Prüfungsurteil sind im Vermerk in einem **Absatz zu einem sonstigen Sachverhalt** anzugeben.
Von einem bisherigen APr geprüfter Abschluss des vorhergehenden Zeitraums (17-48, A12)	Die Tatsache ist im Vermerk in einem **Absatz zu einem sonstigen Sachverhalt** anzugeben. Besondere Verantwortlichkeiten bestehen, wenn eine wesentliche falsche Darstellung vorliegt, die sich auf den Abschluss des vorhergehenden Zeitraums auswirkt, zu dem der bisherige APr zuvor einen nicht modifizierten Vermerk erteilt hat.
Nicht geprüfter Abschluss des vorhergehenden Zeitraums (19, A13)	Die Tatsache ist im Vermerk in einem **Absatz zu einem sonstigen Sachverhalt** anzugeben.

ISA [DE] 720 (Revised)
Verantwortlichkeiten des Abschlussprüfers im Zusammenhang mit sonstigen Informationen

Zusammenfassung:

ISA [DE] 720 (Revised) ist die um spezifische Modifikationen zu Einzelaspekten (sog. „D-Textziffern") ergänzte autorisierte deutsche Übersetzung von ISA 720 (Revised). Der Standard definiert „sonstige Informationen" als die im Geschäftsbericht einer Einheit enthaltene Finanzinformationen oder nichtfinanzielle Informationen (außer dem Abschluss selbst und dem dazugehörigen Vermerk des Abschlussprüfers). Im Umkehrschluss wird der Begriff des „Geschäftsberichts" als ein Dokument oder eine Kombination von Dokumenten definiert, welche den Abschluss und den dazugehörigen Vermerk des Abschlussprüfers beinhalten müssen.

Der Standard enthält zunächst die Anforderung, dass der Abschlussprüfer Vorkehrungen zur Erlangung von sonstigen Informationen zu treffen hat. Auch wenn diese keine Prüfungspflicht unterliegen, hat der Abschlussprüfer die sonstigen Informationen zu lesen und dabei zu würdigen, ob eine wesentliche Unstimmigkeit zum Abschluss oder zu den bei der Abschlussprüfung erlangten Informationen des Abschlussprüfers vorliegt. Wenn der Abschlussprüfer dabei den Schluss zieht, dass eine wesentliche falsche Darstellung der sonstigen Informationen vorliegt hat er das Management zur Vornahme einer Korrektur aufzufordern. Der Standard enthält weitere Anforderungen, falls das Management die Vornahme einer Korrektur verweigert.

Weiterhin enthält der Standard die Anforderung, dass der Vermerk des Abschlussprüfers einen gesonderten Abschnitt mit der Überschrift „Sonstige Informationen" zu enthalten hat, wenn der Abschlussprüfer zum Datum des Vermerks sonstige Informationen erlangt hat (oder bei PIEs: deren Erlangung erwartet).

Hinsichtlich der Prüfungsdokumentation wird vorgegeben, dass die nach ISA [DE] 720 (Revised) durchgeführten Handlungen zu dokumentieren sind und die endgültige Version der sonstigen Informationen in die Prüfungsdokumentation aufzunehmen ist.

Verweise:

— ISA [DE] 210: Vereinbarung der Auftragsbedingungen für Prüfungsaufträge
— IDW PS 400 n.F.: Bildung eines Prüfungsurteils und Erteilung eines Bestätigungsvermerks

> **Die Visualisierung dieses Standards bezieht sich auf die Entwurfsfassung, da bei Drucklegung der finale Standard noch nicht durch den HFA verabschiedet war. Sollte materieller Änderungsbedarf an der Visualisierung entstehen, stellen wir Ihnen die geänderte Version im Downloadbereich zu Verfügung. Lösen Sie hierzu den Code auf der Innenseite des Umschlags ein wie beschrieben.**

ISA [DE] 720 (Revised): Verantwortlichkeiten des APr im Zusammenhang mit sonstigen Informationen

Anwendungsbereich und Zielsetzung (1-9, 11)

ISA [DE] 720 (Revised) behandelt die Verantwortlichkeit des APr im Zusammenhang **mit anderen** – als dem Abschluss und dem dazugehörigen Vermerk des APr – **im Geschäftsbericht** einer Einheit **enthaltenen Informationen**.

| D.1.1 | » In ISA [DE] 720 (Revised) ist auch die deutsche Besonderheit, dass der LB mit hinreichender Sicherheit durch den APr zu prüfen ist, berücksichtigt. |

» Ein Prüfungsurteil zum Abschluss erstreckt sich nicht auf die sonstigen Informationen.
» ISA [DE] 720 (Revised) verlangt nicht die Erlangung von Prüfungsnachweisen, die über die zur Bildung eines Prüfungsurteils zum Abschluss erforderlichen hinausgehen.

ABER

ISA [DE] 720 (Revised) verlangt, dass der APr die sonstigen Informationen **liest und würdigt**.

Die Verantwortlichkeiten des APr im Zusammenhang mit sonstigen Informationen gelten unabhängig davon, ob er die sonstigen Informationen **vor oder nach dem Datum des Vermerks** erlangt.

Das Ziel des APr besteht darin,
» zu würdigen, ob eine wesentliche Unstimmigkeit zwischen den sonstigen Informationen und **dem Abschluss** vorliegt,
» zu würdigen, ob eine wesentliche Unstimmigkeit zwischen den sonstigen Informationen und den bei der Abschlussprüfung **erlangten Kenntnissen** des APr vorliegt,
» **angemessen zu reagieren**, wenn er identifiziert, dass solche wesentlichen Unstimmigkeiten vorzuliegen scheinen, oder wenn er anderweitig erkennt, dass sonstige Informationen wesentlich falsch dargestellt erscheinen,
» einen **Vermerk in Übereinstimmung mit diesem ISA [DE]** sowie den IDW PS zu erteilen

ISA [DE] 720 (Revised)

Definitionen (12)

Sonstige Informationen	**Im Geschäftsbericht** einer Einheit enthaltene Finanzinformationen oder nichtfinanzielle Informationen (außer dem Abschluss und dem dazugehörigen Vermerk des Abschlussprüfers).
	Nicht im Geschäftsbericht enthaltene andere finanzielle oder nichtfinanzielle Informationen sind keine sonstigen Informationen im Sinne von ISA [DE] 720 (Revised).
Geschäftsbericht	Ein Geschäftsbericht umfasst den **Abschluss** <u>und</u> den dazugehörigen **Vermerk des APr** oder ist diesen beigefügt.
	Veröffentlichungen der Einheit, die den Vermerk des APr nicht umfassen, sind kein Geschäftsbericht im Sinne von ISA [DE] 720 (Revised).
	Ein Geschäftsbericht ist ein Dokument oder eine Kombination von Dokumenten, » das/die typischerweise jährlich vom Management oder den für die Überwachung Verantwortlichen in Übereinstimmung mit Gesetzen, anderen Rechtsvorschriften oder dem Handelsbrauch aufgestellt wird, » dessen/deren Zweck darin besteht, den Eigentümern (oder ähnlichen Interessengruppen) Informationen über die im Abschluss dargestellte(n) Geschäftstätigkeiten, Ergebnisse sowie Vermögens- und Finanzlage der Einheit zur Verfügung zu stellen.
	Ein Geschäftsbericht enthält normalerweise Informationen über die Entwicklung der Einheit, deren Zukunftsaussichten und Risiken sowie Unsicherheiten, eine Erklärung des Überwachungsgremiums der Einheit und Berichte zu Überwachungssachverhalten.
Falsche Darstellung der sonstigen Informationen	Die sonstigen Informationen sind unrichtig angegeben oder anderweitig irreführend (einschließlich, weil sie für ein angemessenes Verständnis eines in den sonstigen Informationen angegebenen Sachverhalts notwendige Informationen unterlassen oder verschleiern).

Erlangung der sonstigen Informationen (13)

Zur Erlangung der sonstigen Informationen hat der APr ...

| ... durch Erörterung mit dem Management **festzustellen**,
» aus welchen Dokumenten der Geschäftsbericht besteht
» die geplante Vorgehensweise und zeitliche Einteilung der Einheit zur Herausgabe dieser Dokumente. | ... mit dem Management geeignete Vorkehrungen zu treffen, um in angemessener Zeit und – wenn möglich – vor dem Datum des Vermerks die **endgültige Version der Dokumente zu erlangen**, aus denen der Geschäftsbericht besteht. | ... wenn einige oder alle der festgestellten Dokumente nicht vor dem Datum des Vermerks zur Verfügung stehen werden, das Management zur **Abgabe einer schriftlichen Erklärung** aufzufordern, dass die endgültige Version der Dokumente sobald verfügbar und vor deren Herausgabe durch die Einheit dem APr zur Verfügung gestellt wird, sodass er die nach diesem ISA erforderlichen Handlungen abschließen kann. |

Lesen und Würdigung der sonstigen Informationen (14-15)

Der APr hat die sonstigen Informationen zu lesen und dabei zu würdigen, ob ...

| ... eine **wesentliche Unstimmigkeit** zwischen den sonstigen Informationen **und dem Abschluss** vorliegt.

Als Grundlage für diese Würdigung sind ausgewählte Angaben in den sonstigen Informationen mit diesen Angaben im Abschluss zu vergleichen. | ... im Zusammenhang mit den bei der Abschlussprüfung erlangten Prüfungsnachweisen und gezogenen Schlussfolgerungen eine **wesentliche Unstimmigkeit** zwischen den sonstigen Informationen **und den** bei der Abschlussprüfung **erlangten Kenntnissen** des APr vorliegt. |

Beim Lesen der sonstigen Informationen hat der APr für Anzeichen aufmerksam zu bleiben, ob die nicht mit dem Abschluss oder den bei der Abschlussprüfung erlangten Kenntnissen zusammenhängenden sonstigen Informationen wesentlich falsch dargestellt erscheinen.

Reaktion, wenn eine wesentliche Unstimmigkeit vorzuliegen scheint oder sonstige Informationen wesentlich falsch dargestellt erscheinen (16)

Wenn der APr beim Lesen und Würdigen von sonstigen Informationen feststellt, dass eine wesentliche Unstimmigkeit vorzuliegen scheint oder sonstige Informationen wesentlich falsch dargestellt erscheinen hat der APr den Sachverhalt **mit dem Management zu erörtern** und, falls notwendig, **andere Handlungen durchzuführen**.

Der APr muss den Schluss ziehen, ob …

eine wesentliche falsche Darstellung der sonstigen Informationen vorliegt (→ Tz. 17-19)	eine wesentliche falsche Darstellung des Abschlusses vorliegt (→ Tz. 20)	es notwendig ist, das Verständnis des APr von der Einheit und ihrem Umfeld zu aktualisieren (→ Tz. 20)

Reaktion, wenn der APr den Schluss zieht, dass eine wesentliche falsche Darstellung der sonstigen Informationen vorliegt (17-19)

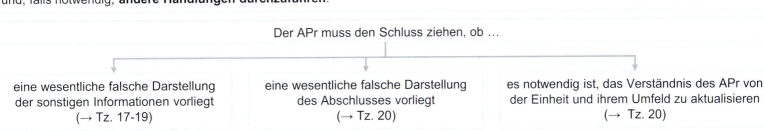

Wenn eine wesentliche falsche Darstellung der sonstigen Informationen vorliegt, hat der APr **das Management zur Korrektur** der sonstigen Informationen **aufzufordern**.

- Management ist mit Vornahme der Korrektur einverstanden. → Der APr hat festzustellen, ob die Korrektur vorgenommen wurde → Keine wesentliche falsche Darstellung
- Management verweigert die Korrektur. → Der APr hat mit **den für die Überwachung Verantwortlichen** über den Sachverhalt **zu kommunizieren** und zur Vornahme der **Korrektur aufzufordern**.
  ↓
  Der APr hat weitere geeignete Maßnahmen zu ergreifen (→ Tz. 18-19)

Reaktion, wenn der APr den Schluss zieht, dass eine wesentliche falsche Darstellung der sonstigen Informationen vorliegt (17-19)

Vorliegen einer wesentliche nicht korrigierten falsche Darstellung in **vor dem Datum des Vermerks** erlangten sonstigen Informationen

Reaktion des APr (18)	» Würdigung der Auswirkungen auf den Vermerk des APr und Kommunikation mit den für die Überwachung Verantwortlichen darüber, wie der APr plant, die wesentliche falsche Darstellung im Vermerk des APr zu behandeln, » Niederlegung des Auftrags, sofern dies nach den maßgebenden Gesetzen oder anderen Rechtsvorschriften möglich ist.
D.18.1	» Der APr hat festzustellen, ob die wesentliche falsche Darstellung einen schwerwiegenden Verstoß gegen gesetzliche Berichterstattungspflichten der gesetzlichen Vertreter darstellt, über den nach § 321 Abs. 1 Satz 3 HGB zu berichten ist. » Auch in anderen Fällen kann eine Berichterstattung im Prüfungsbericht in Betracht kommen. » Je nach Art und Gewichtigkeit der wesentlichen falschen Darstellungen in den sonstigen Informationen kann es sachgerecht sein, den Vermerk nicht herauszugeben, bis die Unstimmigkeiten geklärt sind.
D.A46.1	Eine Niederlegung des Mandats ist nur bei freiwilligen Abschlussprüfungen zulässig. Bei gesetzlichen Abschlussprüfungen ist die Kündigungsmöglichkeit des Abschlussprüfers gemäß § 318 Abs. 6 HGB eingeschränkt

Vorliegen einer wesentliche nicht korrigierten falsche Darstellung in **nach dem Datum des Vermerks** erlangten sonstigen Informationen

Reaktion des APr (19)	Unter Berücksichtigung der gesetzlichen Rechte und Pflichten hat der APr geeignete Maßnahmen zu ergreifen, um darauf hinzuwirken, dass die Nutzer, für die der Vermerk bestimmt ist, in angemessener Weise auf die nicht korrigierte wesentliche falsche Darstellung aufmerksam gemacht werden..
D.19.1	Der APr hat nach Erteilung seines Vermerks grundsätzlich keine Verpflichtung den Vermerk aufgrund von nach dessen Erteilung in den sonstigen Informationen identifizierten wesentlichen falschen Darstellungen zu widerrufen oder eine Nachtragsprüfung vorzunehmen, da die sonstigen Informationen keiner inhaltlichen Prüfung unterliegen.
D.A50.1	Der Anforderung nach Tz. 19 kann nur entsprochen werden, wenn der APr wirksam von seiner Verschwiegenheitspflicht entbunden wurde.

ISA [DE] 720 (Revised)

Reaktion, wenn eine wesentliche falsche Darstellung im Abschluss vorliegt oder eine Aktualisierung des Verständnisses von der Einheit und ihrem Umfeld durch den Abschlussprüfer notwendig ist (20, A51)

Der APr hat in Übereinstimmung mit anderen ISA [DE] angemessen zu reagieren:

| Mögliche Auswirkungen auf das Verständnis des APr von der Einheit und ihrem Umfeld, und dementsprechend auf die Notwendigkeit der Berichtigung seiner Risikobeurteilung (→ ISA [DE] 315 (Revised)) | Beurteilung der Auswirkungen festgestellter falscher Darstellungen auf die Abschlussprüfung und etwaiger nicht korrigierter falscher Darstellungen auf den Abschluss (→ ISA [DE] 450) | Mögliche Verantwortlichkeiten des APr im Zusammenhang mit nachträglichen Ereignissen (→ ISA [DE] 560) |

Vermerk (21-24)

Der Vermerk des APr hat **einen gesonderten Abschnitt** mit der Überschrift „Sonstige Informationen" zu enthalten, wenn der APr zum Datum des Vermerks sonstige Informationen erlangt hat (oder bei kapitalmarktnotierten Unternehmen: deren Erlangung erwartet).

Eingeschränktes Prüfungsurteil	Würdigung ob die sonstigen Informationen zu demselben Sachverhalt oder einem zusammenhängenden Sachverhalt wie der das eingeschränkte Prüfungsurteil zum Abschluss begründende Sachverhalt auch wesentlich falsch dargestellt sind.
Versagtes Prüfungsurteil	Ein versagtes Prüfungsurteil zum Abschluss in Bezug auf einen oder mehrere bestimmte im Abschnitt „Grundlage für das versagte Prüfungsurteil" beschriebene Sachverhalte rechtfertigt nicht das Unterlassen der Angabe identifizierter wesentlicher falscher Darstellungen der sonstigen Informationen im Vermerk
Nichtabgabe eines Prüfungsurteils	Wenn der APr die Nichtabgabe eines Prüfungsurteils zum Abschluss erklärt, enthält der Vermerk keinen Abschnitt „Sonstige Informationen"

Vermerk (21-24)

Gesonderten Abschnitt mit der Überschrift „Sonstige Informationen" (22, Anlage D.2 – Beispiele)

Verantwortlichkeit des Managements	Die gesetzlichen Vertreter sind für die sonstigen Informationen verantwortlich.
Bezeichnung der sonstigen Informationen	Die sonstigen Informationen umfassen [genaue Bezeichnung, z. B. „die nicht inhaltlich geprüften Bestandteile des Lageberichts", „die Erklärung zur Unternehmensführung nach § 289f Abs. 4 HGB (Angaben zur Frauenquote)" oder „den Corporate Governance Bericht nach Nr. 3.10 des Deutschen Corporate Governance Kodex"], aber nicht den Jahresabschluss, nicht die in die Prüfung einbezogenen Lageberichtsangaben und nicht unseren dazugehörigen Bestätigungsvermerk.
Abgrenzung zum Prüfungsurteil	Unsere Prüfungsurteile zum Jahresabschluss und Lagebericht erstrecken sich nicht auf die oben genannten Informationen, und dementsprechend geben wir weder ein Prüfungsurteil noch irgendeine andere Form von Prüfungsschlussfolgerung hierzu ab.
Beschreibung der Verantwortlichkeit des APr	Im Zusammenhang mit unserer Prüfung haben wir die Verantwortung, die oben genannten sonstigen Informationen zu lesen und dabei zu würdigen, ob die sonstigen Informationen » wesentliche Unstimmigkeiten zum Jahresabschluss, zu den inhaltlich geprüften Lageberichtsangaben oder unseren bei der Prüfung erlangten Kenntnissen aufweisen oder » anderweitig wesentlich falsch dargestellt erscheinen.
Erklärung des APr zu den sonstigen Informationen	Falls wir auf Grundlage der von uns durchgeführten Arbeiten den Schluss ziehen, dass eine wesentliche falsche Darstellung dieser sonstigen Informationen vorliegt, sind wir verpflichtet, über diese Tatsache zu berichten. Wir haben in diesem Zusammenhang nichts zu berichten. D.22.2 Dieser Absatz ist nur einschlägig, wenn der APr von seiner Verschwiegenheitspflicht (§ 43 Abs. 1 WPO, § 323 Abs. 1 Satz 1 HGB, § 203 Abs. 1 Nr. 3 StGB) wirksam entbunden wurde.

Dokumentation (25, D.25.1)

In die **Prüfungsdokumentation** sind aufzunehmen:

Dokumentation der nach diesem ISA durchgeführten Handlungen	Die endgültige Version der sonstigen Informationen, zu denen der APr die nach diesem ISA erforderlichen Tätigkeiten durchgeführt hat.

IDW PS 201
IDW Prüfungsstandard: Rechnungslegungs- und Prüfungsgrundsätze für die Abschlussprüfung

Zusammenfassung:

In diesem IDW Prüfungsstandard wird beschrieben, welche Rechnungslegungs- und Prüfungsgrundsätze bei einer der Berufsauffassung entsprechenden Abschlussprüfung von Wirtschaftsprüfern unbeschadet ihrer Eigenverantwortlichkeit zu beachten sind. Der Standard ergänzt ISA [DE] 200 im Hinblick auf nationale Rechnungslegungs- und Prüfungsgrundsätze.

Die bei der Abschlussprüfung zu berücksichtigenden Rechnungslegungsgrundsätze können sich auf deutsche Grundsätze, die vom International Accounting Standards Board (IASB) verabschiedeten International Financial Reporting Standards (IFRS) oder auf nationale Grundsätze anderer Staaten beziehen. Die Durchführung von Abschlussprüfungen hat nach den deutschen Prüfungsgrundsätzen zu erfolgen. Dies gilt auch, wenn ein der Prüfung zugrunde liegender Abschluss nicht nach deutschen Rechnungslegungsgrundsätzen erstellt wurde.

Die von den Fachausschüssen des Instituts der Wirtschaftsprüfer abgegebenen IDW Stellungnahmen zur Rechnungslegung und die vom IDW festgestellten Grundsätze ordnungsmäßiger Abschlussprüfung legen die Berufsauffassung zu Rechnungslegungsfragen bzw. fachlichen Fragen der Prüfung dar. Der Abschlussprüfer hat sorgfältig zu prüfen, ob die Verlautbarungen in der von ihm durchzuführenden Prüfung zu beachten sind. Eine vertretbare Abweichung von den Verlautbarungen im Einzelfall ist schriftlich und an geeigneter Stelle (z.B. im Prüfungsbericht) darzustellen und ausführlich zu begründen.

Verweise:

— ISA [DE] 200: Übergeordnete Ziele des unabhängigen Prüfers und Grundsätze einer Prüfung in Übereinstimmung mit den International Standards on Auditing
— IDW PS 400 n.F.: Bildung eines Prüfungsurteils und Erteilung eines Bestätigungsvermerks
— IDW PS 450 n.F.: Grundsätze ordnungsmäßiger Erstellung von Prüfungsberichten
— IDW QS 1: Anforderungen an die Qualitätssicherung in der Wirtschaftsprüferpraxis

Hinweis:

Am 03.12.2019 wurde der Entwurf einer Neufassung des Standards verabschiedet (IDW EPS 201 n.F.).

IDW PS 201: Rechnungslegungs- und Prüfungsgrundsätze für die Abschlussprüfung

Rechnungslegungsgrundsätze

National (5 ff.)		International (16b ff.; in EPS: 19 ff.)	
HGB		**In EU-Recht übernommene IFRS**	
» Buchführung und Inventar (§§ 238–241a HGB) » Ansatz, Bewertung und Gliederung der JA-Posten (§§ 242–277 HGB) » Anhang und Lagebericht (§§ 284–289f HGB) » Konzernabschluss und Konzernlagebericht (§§ 290–315e HGB) » Kreditinstitute und Finanzdienstleistungsinstitute (§§ 340–340o HGB) » Versicherungsunternehmen und Pensionsfonds (§§ 341–341p HGB) » Empfehlungen des DRSC (§ 342 HGB)		§ 315e Abs. 1 HGB	Mutterunternehmen mit » Pflicht zur Aufstellung eines KA und KLB (§§ 290–293 HGB) und » Wertpapieren an einem geregelten Markt in der EU zugelassen
Grundsätze ordnungsmäßiger Buchführung		§ 315e Abs. 2 HGB	Mutterunternehmen mit » Pflicht zur Aufstellung eines KA und KLB (§§ 290–293 HGB) und » Wertpapieren an einem geregelten Markt in der EU bis zum Abschlussstichtag beantragt
» Gesetzlich normierte GoB » Nicht gesetzlich festgeschriebene GoB → haben durch Verweise in § 238 HGB (Buchführung), §§ 243 Abs. 1, 264 Abs. 2 (JA) und § 297 Abs. 2 HGB (KA) den Rang gesetzlicher Vorschriften			
Höchstrichterliche handelsrechtliche Rechtsprechung in Deutschland (inkl. Finanzgerichte) und der EU		§ 315e Abs. 3 HGB	Freiwillige Anwendung für Mutterunternehmen, die nicht unter § 315e Abs. 1 und 2 HGB fallen
IDW Stellungnahmen zur Rechnungslegung		**Sonstige (z.B. US-GAAP)**	
IDW Rechnungslegungshinweise		Keine Bedeutung für einen nach deutschen Rechnungslegungsgrundsätzen zu beurteilenden Jahresabschluss und dessen Prüfung	
Anwendung wird empfohlen			
Entwürfe von IDW Stellungnahmen zur Rechnungslegung			
Können berücksichtigt werden, soweit sie geltenden IDW Stellungnahmen zur Rechnungslegung nicht entgegenstehen			

IDW PS 201   1/2

IDW PS 201

Prüfungsgrundsätze (22 ff.; in EPS: 23 ff.)

Gesetzliche Abschlussprüfung

Deutsche Prüfungsgrundsätze

Anwendung der deutschen Grundsätze ordnungsmäßiger Abschlussprüfung (GoA) → IDW QS 1, ISA [DE], IDW PS, IDW PH

Freiwillige Abschlussprüfung (23)

Deutsche Prüfungsgrundsätze

Anforderungen wie bei der gesetzlichen Abschlussprüfung

Internationale Prüfungsgrundsätze

Von der IFAC herausgegebene ISAs

Sonstige (z.B. US-GAAS), soweit diese mit den Grundsätzen ordnungsmäßiger Abschlussprüfung vereinbar sind

---

Berufliche Grundsätze (24 f.)

- §§ 43, 44, 49 WPO
- BS WP/vBP
- §§ 318, 319, 319a, 319b, 323 HGB

Fachliche Grundsätze (27 ff.)

- §§ 316–317, 320–322 HGB
- Anforderungen aus Satzung, Gesellschaftervertrag oder Gesellschafterbeschlüssen
- Wirtschaftszweigspezifische, rechtsformbezogene oder gesellschafterbezogene Vorschriften
- enthalten die vom IDW festgestellten Grundsätze ordnungsmäßiger Abschlussprüfung
- IDW Prüfungshinweise (Anwendung empfohlen)
- Entwürfe von ISA [DE] und IDW Prüfungsstandards (können berücksichtigt werden, soweit sie geltenden IDW Prüfungsstandards nicht entgegenstehen)

© IDW Verlag GmbH

IDW PS 208
IDW Prüfungsstandard: Zur Durchführung von Gemeinschaftsprüfungen (Joint Audit)

Zusammenfassung:

In den einschlägigen gesetzlichen Vorschriften ist von „einem" oder „dem" Abschlussprüfer die Rede. Dies schließt die Bestellung mehrerer Personen zum gesetzlichen Abschlussprüfer nicht aus. Werden mehrere Personen zum Abschlussprüfer bestellt, führen diese zwar ihre Prüfung jeweils eigenverantwortlich durch, jedoch sind sie gemeinsam der Abschlussprüfer i.S.d. gesetzlichen Vorschriften. Die bestellten Personen werden in diesem Rahmen die Prüfung i.d.R. gemeinsam durchführen (Gemeinschaftsprüfung). Da sich das Gesamtergebnis der Abschlussprüfung aus den abschließenden Ergebnissen der Gemeinschaftsprüfer zusammensetzt, muss jeder der beteiligten Gemeinschaftsprüfer mit Hilfe der Prüfungsplanung und -durchführung hinreichende Sicherheit erlangen, um die Gesamtverantwortung für das Prüfungsergebnis übernehmen zu können.

Im Rahmen der Prüfungsplanung und -durchführung erfolgt ein enger Austausch zwischen den Gemeinschaftsprüfern. Die Prüfungshandlungen und die Prüfungsergebnisse jedes Gemeinschaftsprüfers, einschließlich der erforderlichen Dokumentation, sind von den anderen Gemeinschaftsprüfern in eigener Verantwortung unter Einsichtnahme in die Arbeitspapiere zu würdigen.

Besonderheiten ergeben sich bei der Wahl von Gemeinschaftsprüfern, wenn diese einer Sozietät angehören, oder wenn einer oder mehrere gewählte Gemeinschaftsprüfer nicht die Voraussetzungen zur Abschlussprüfung aufweisen oder von der Abschlussprüfung ausgeschlossen sind. Eine weitere Besonderheit tritt auf, wenn sich die Gemeinschaftsprüfer nicht auf ein einheitliches Gesamturteil über die Prüfung einigen können.

Verweise:

— ISA [DE] 210: Vereinbarung der Auftragsbedingungen für Prüfungsaufträge
— ISA [DE] 300: Planung einer Abschlussprüfung
— IDW PS 400 n.F.: Bildung eines Prüfungsurteils und Erteilung eines Bestätigungsvermerks
— IDW PS 450 n.F.: Grundsätze ordnungsmäßiger Erstellung von Prüfungsberichten

IDW PS 208: Zur Durchführung von Gemeinschaftsprüfungen (Joint Audit)

Wahl von Gemeinschaftsprüfern (5 ff.)

Allgemein
- Eindeutige Bezeichnung der Personen im Wahlbeschluss, die zum Abschlussprüfer bestellt werden sollen
- Nennung mehrerer Personen im Wahlbeschluss ohne weitere Maßgaben → führen Prüfung gemeinsam durch

Besonderheit: Wahlbeschluss nennt WP-Sozietät
- Alle WP-Partner der Sozietät zum Zeitpunkt der Wahl werden Gemeinschaftsprüfer
- Später eintretende WP-Partner werden nicht Gemeinschaftsprüfer

Besonderheit: Eine oder mehrere gewählte Person(en) kann/können nicht Abschlussprüfer sein (Ausschluss nach §§ 319 Abs. 1, Abs. 2 ff., 319a oder 319b HGB) → Prüfen:
Gemeinsame Berufsausübung der gewählten Personen i.S.d. § 319 Abs. 3 HGB (z.B. Sozietät)?

Ja → Wahlbeschluss ist insgesamt nichtig

Nein → Nur die Wahl des betroffenen WPs ist nichtig
→ Ersatzprüfer bestellen oder Prüfung mit verbliebenen WPs durchführen

Auftragsverhältnis (13 f.)

- Erteilung Prüfungsauftrag durch gesetzliche Vertreter / Aufsichtsrat
- Jeder Gemeinschaftsprüfer entscheidet eigenständig über die Auftragsannahme
- Gemeinschaftsprüfer sollten sich auf einheitliche Auftragsbedingungen verständigen

IDW PS 208

Prüfungsplanung und -durchführung (15 ff.)

Gemeinsame Risikobeurteilung und Prüfungsplanung	Beschaffung/Auswertung von Informationen über » Geschäftstätigkeit » Wirtschaftliches/rechtliches Umfeld » Rechnungswesen, internes Kontrollsystem, Rechnungslegungsgrundsätze
Aufteilung der Prüfungsgebiete	» Gemeinsame Prüfgruppen in Prüffeldern mit wesentlichen Risiken » Empfehlung: mehrjährige Prüfungsplanung mit wechselnder Zuordnung der Prüfungsgebiete (Risikoreduktion) » Angemessene Beteiligung aller Gemeinschaftsprüfer an der Prüfung → keine Einschränkungen » Enge Zusammenarbeit, rechtzeitiger Austausch wesentlicher Informationen
Würdigung der Prüfungshandlungen und -ergebnisse	» Prüfungsergebnisse inkl. Dokumentation der anderen Gemeinschaftsprüfer würdigen » Einsicht und Beurteilung in Arbeitspapiere der anderen Gemeinschaftsprüfer » Austausch schriftlicher Zusammenfassungen über wesentliche Punkte zur Prüfungsdurchführung und zu den Prüfungsergebnissen

Prüfungsergebnis

Jeder Gemeinschaftsprüfer übernimmt Gesamtverantwortung für Prüfungsergebnis

Prüfungsbericht (22 ff.)

» Gemeinsamer Prüfungsbericht
» Keine Darstellung zur Aufteilung der Prüfungsgebiete auf die einzelnen Gemeinschaftsprüfer
» Meinungsverschiedenheiten zwischen den Gemeinschaftsprüfern sollten vorab geklärt werden, ansonsten in geeigneter Weise im Abschnitt „Grundsätzliche Feststellungen" im Prüfungsbericht darstellen

Bestätigungsvermerk (27 ff.)

Einheitliches Gesamturteil

Gemeinsamer Bestätigungsvermerk mit gemeinsamer Unterzeichnung

Abweichendes Gesamturteil

» Jeder Gemeinschaftsprüfer erteilt eigenen Bestätigungsvermerk
» In einem gesonderten Absatz ist auf die abweichenden Ergebnisse der anderen beteiligten Prüfer hinzuweisen

IDW PS 270 n.F.
IDW Prüfungsstandard: Die Beurteilung der Fortführung der Unternehmenstätigkeit im Rahmen der Abschlussprüfung

Zusammenfassung:

IDW PS 270 n.F. transformiert die in ISA 570 (Revised) enthaltenen internationalen Anforderungen unter Berücksichtigung nationaler Besonderheiten. Der Abschlussprüfer hat im Rahmen der Abschlussprüfung zu beurteilen, ob die von den gesetzlichen Vertretern vorgenommene Einschätzung der Fähigkeit des Unternehmens zur Fortführung der Unternehmenstätigkeit angemessen ist. Ferner hat er zu beurteilen, ob nach seinem Ermessen eine wesentliche Unsicherheit im Zusammenhang mit Ereignissen oder Gegebenheiten besteht, die einzeln oder insgesamt bedeutsame Zweifel an der Fähigkeit des Unternehmens zur Fortführung der Unternehmenstätigkeit aufwerfen können, und das Unternehmen daher möglicherweise nicht in der Lage ist, im gewöhnlichen Geschäftsverlauf seine Vermögenswerte zu realisieren sowie seine Schulden zu begleichen. Wesentliche Unsicherheiten entsprechen dem Begriff der bestandsgefährdenden Risiken nach § 322 Abs. 2 Satz 3 HGB.

IDW PS 270 n.F. legt dar, dass über eine wesentliche Unsicherheit eine Angabepflicht in sämtlichen HGB-Abschlüssen besteht. In der Regel erfolgen diese Angaben im Anhang. Wird kein Anhang aufgestellt, können diese Ausführungen beispielsweise unter der Bilanz erfolgen. Falls der Abschlussprüfer zu der Schlussfolgerung kommt, dass eine wesentliche Unsicherheit besteht, hat er festzustellen, ob die entsprechenden Angaben im Anhang und – sofern einschlägig – im Lagebericht gemacht wurden. Der Abschlussprüfer hat in diesem Fall einen Hinweis über die wesentliche Unsicherheit in einen gesonderten Abschnitt des Bestätigungsvermerks aufzunehmen. Sind die Angaben nicht angemessen, ist das Prüfungsurteil gemäß IDW PS 405 zu modifizieren.

Eine Bilanzierung unter Anwendung des Rechnungslegungsgrundsatzes der Fortführung der Unternehmenstätigkeit ist unangemessen, wenn die gesetzlichen Vertreter gezwungen sind (d.h. sie haben keine realistische Alternative) oder wenn die Entscheidung getroffen wurde, das gesamte Unternehmen zu liquidieren oder die Geschäftstätigkeit einzustellen. Wurde der Abschluss dennoch unter der Annahme der Fortführung der Unternehmenstätigkeit aufgestellt, hat der Abschlussprüfer sein Prüfungsurteil zum Abschluss zu versagen.

Verweise:
— ISA 570 (Revised): Fortführung der Geschäftstätigkeit
— IDW PS 405: Modifizierungen des Prüfungsurteils im Bestätigungsvermerk

IDW PS 270 n.F.: Die Beurteilung der Fortführung der Unternehmenstätigkeit im Rahmen der Abschlussprüfung

Fortführung der Unternehmenstätigkeit (4)

» Ist das Unternehmen in der Lage, im gewöhnlichen Geschäftsverlauf seine Vermögenswerte zu realisieren und seine Schulden zu begleichen?

Rechnungslegungsgrundsatz der Fortführung der Unternehmenstätigkeit (4)

» Der Abschluss wird unter der Annahme aufgestellt, dass das Unternehmen für die absehbare Zukunft seine Geschäftstätigkeit fortführt
» § 252 Abs. 1 Nr. 2 HGB: Bei der Bewertung ist von der Fortführung der Unternehmenstätigkeit auszugehen, sofern dem nicht tatsächliche oder rechtliche Gegebenheiten entgegenstehen
» IAS 1.25: Der Abschluss ist unter Anwendung des Rechnungslegungsgrundsatzes der Fortführung der Unternehmenstätigkeit aufzustellen, es sei denn, die gesetzlichen Vertreter beabsichtigen, entweder das Unternehmen zu liquidieren oder das Geschäft einzustellen, oder sie haben hierzu keine realistische Alternative

Verantwortung der gesetzlichen Vertreter (5 ff.)

Vornahme einer Einschätzung der Fähigkeit des Unternehmens zur Fortführung der Unternehmenstätigkeit bei Aufstellung des Abschlusses	Besteht eine wesentliche Unsicherheit, muss hierüber im Abschluss und – sofern einschlägig – im Lagebericht berichtet werden	Im Abschluss erfolgen die Angaben i.d.R. im Anhang, ansonsten an geeigneter Stelle, bspw. unter der Bilanz

Ziele des Abschlussprüfers (14)

Beurteilung, ob die Einschätzung der gesetzlichen Vertreter über die Anwendung des Rechnungslegungsgrundsatzes der Fortführung der Unternehmenstätigkeit bei der Aufstellung des Abschlusses angemessen ist	Beurteilung, ob eine wesentliche Unsicherheit im Zusammenhang mit Ereignissen oder Gegebenheiten besteht, die einzeln oder insgesamt bedeutsame Zweifel an der Fähigkeit des Unternehmens zur Fortführung der Unternehmenstätigkeit aufwerfen können	Berichterstattung im Bestätigungsvermerk und Prüfungsbericht

IDW PS 270 n.F.

Risikobeurteilung und damit zusammenhängende Tätigkeiten (15 f.)

» Der Abschlussprüfer hat abzuwägen, ob Ereignisse oder Gegebenheiten vorliegen, die einzeln oder insgesamt bedeutsame Zweifel an der Fähigkeit des Unternehmens zur Fortführung der Unternehmenstätigkeit aufwerfen können (kurz: Ereignisse oder Gegebenheiten)

» 22 Beispiele zu finanzwirtschaftlichen, betrieblichen und sonstigen Gegebenheiten (A5)

» Haben die gesetzlichen Vertreter bereits eine vorläufige Einschätzung der Fähigkeit des Unternehmens zur Fortführung der Unternehmenstätigkeit vorgenommen?

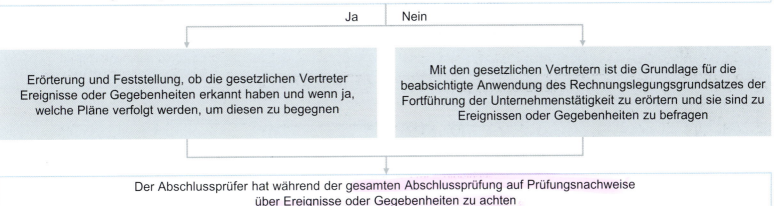

Der Abschlussprüfer hat während der gesamten Abschlussprüfung auf Prüfungsnachweise über Ereignisse oder Gegebenheiten zu achten

Beurteilung der Einschätzung der gesetzlichen Vertreter (17 ff.) / Zeitraum jenseits des der Einschätzung der gesetzlichen Vertreter zugrunde gelegten Zeitraums (20)

» Prognosezeitraum mindestens zwölf Monate ab dem Abschlussstichtag des zu prüfenden Geschäftsjahres

» Befragung der gesetzlichen Vertreter, ob ihnen Ereignisse oder Gegebenheiten bekannt sind, die nach dem Zeitraum eintreten werden, auf den sich ihre Einschätzung bezieht, und die bedeutsame Zweifel an der Fortführung der Unternehmenstätigkeit aufwerfen können

Zusätzliche Prüfungshandlungen, wenn Ereignisse oder Gegebenheiten identifiziert wurden (21)

Wurden Ereignisse oder Gegebenheiten identifiziert, die bedeutsame Zweifel an der Fähigkeit des Unternehmens zur Fortführung der Unternehmenstätigkeit aufwerfen können?

Ja

- » Erlangung ausreichender geeigneter Prüfungsnachweise, um festzustellen, ob eine wesentliche Unsicherheit im Zusammenhang mit Ereignissen und Gegebenheiten besteht, die bedeutsame Zweifel an der Fähigkeit des Unternehmens zur Fortführung der Unternehmenstätigkeit aufwerfen können (kurz: wesentliche Unsicherheit)
- » Berücksichtigung von Tatsachen und Maßnahmen, die dieser Unsicherheit entgegenwirken
- » Durchführung zusätzlicher Prüfungshandlungen, die Folgendes umfassen müssen:
- a) Gesetzliche Vertreter auffordern, eine Einschätzung der Fähigkeit des Unternehmens zur Fortführung der Unternehmenstätigkeit vorzunehmen, sofern sie dies noch nicht getan haben
- b) Beurteilung der Pläne der gesetzlichen Vertreter für zukünftige Maßnahmen; dabei auch beurteilen, ob die Folgen dieser Pläne voraussichtlich die Situation verbessern und die Pläne unter den gegebenen Umständen durchführbar sind
- c) Falls eine Liquiditätsprognose vorliegt: Analyse durch den Abschlussprüfer, einschließlich Würdigung, ob die zugrunde liegenden Daten verlässlich sind, und Feststellung, ob die zugrunde liegenden Annahmen ausreichend begründet sind
- d) Abwägung, ob nach dem Zeitpunkt der Einschätzung durch die gesetzlichen Vertreter zusätzliche Tatsachen oder Informationen verfügbar geworden sind
- e) Anforderung schriftlicher Erklärungen der gesetzlichen Vertreter und soweit angebracht der für die Überwachung Verantwortlichen zu Plänen für künftige Maßnahmen und deren Durchführbarkeit

Nein

- Keine weitergehenden Prüfungshandlungen erforderlich

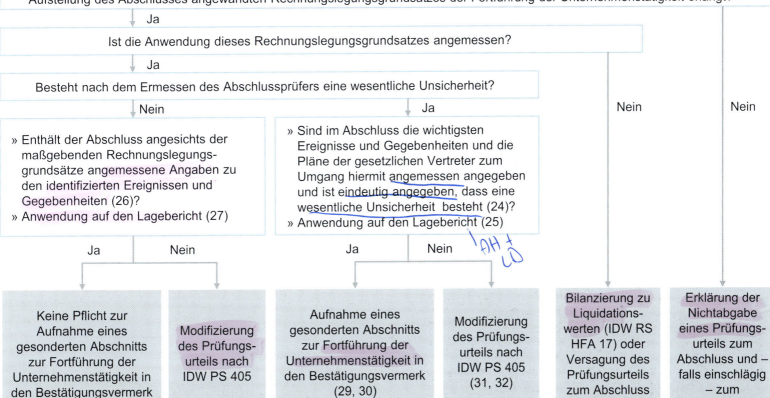

IDW PS 340
IDW Prüfungsstandard: Die Prüfung des Risikofrüherkennungssystems nach § 317 Abs. 4 HGB

Zusammenfassung:

Der Abschlussprüfer hat bei börsennotierten Aktiengesellschaften im Rahmen der Abschlussprüfung zu beurteilen, ob der Vorstand die nach § 91 Abs. 2 AktG erforderlichen Maßnahmen in einer geeigneten Form getroffen hat und ob das danach einzurichtende Überwachungssystem seine Aufgaben erfüllen kann. Dabei muss der Abschlussprüfer auch darauf eingehen, ob Maßnahmen erforderlich sind, um das interne Überwachungssystem zu verbessern. Bei Gesellschaften, bei denen § 317 Abs. 4 HGB nicht anzuwenden ist, kann die Prüfung des Risikofrüherkennungssystems Gegenstand einer vertraglichen Erweiterung des Prüfungsauftrags sein.

Das Risikofrüherkennungssystem i.S.v. § 91 Abs. 2 AktG ist auf die Früherkennung bestandsgefährdender Entwicklungen und damit auf einen wichtigen Teilaspekt des Risikomanagements ausgerichtet. Es hat sicherzustellen, dass diejenigen Risiken und deren Veränderungen erfasst werden, die in der jeweiligen Situation des Unternehmens dessen Fortbestand gefährden können. Da derartige Risiken früh erkannt werden sollen, muss das Risikofrüherkennungssystem geeignet sein, die Risiken so rechtzeitig zu erfassen und die Information darüber an die zuständigen Entscheidungsträger weiterzuleiten, dass diese in geeigneter Weise reagieren können und der Vorstand über Risiken, die allein oder im Zusammenwirken mit anderen Risiken bestandsgefährdend werden können, informiert wird. Die Reaktionen des Vorstands auf erfasste und kommunizierte Risiken selbst sind nicht Gegenstand der Maßnahmen i.S.d. § 91 Abs. 2 AktG und damit auch nicht Gegenstand der Prüfung nach § 317 Abs. 4 HGB. Ebenso gehört die Beurteilung, ob die von den nachgeordneten Entscheidungsträgern eingeleiteten oder durchgeführten Handlungen zur Risikobewältigung bzw. der Verzicht auf solche sachgerecht oder wirtschaftlich sinnvoll sind, nicht zur Prüfung des Risikofrüherkennungssystems.

Ob die in einem bestimmten Unternehmensbereich getroffenen Maßnahmen nach § 91 Abs. 2 AktG geeignet sind, kann vielfach nur unter Berücksichtigung von Beurteilungen anderer Sachverständiger festgestellt werden, z.B. Verwertung der Ergebnisse eines Umweltgutachters bei der Beurteilung von Umweltrisiken.

Verweise:

— ISA [DE] 620: Nutzung der Tätigkeit eines Sachverständigen des Abschlussprüfers
— IDW PS 400 n.F.: Bildung eines Prüfungsurteils und Erteilung eines Bestätigungsvermerks
— IDW PS 450 n.F.: Grundsätze ordnungsmäßiger Erstellung von Prüfungsberichten

IDW PS 340: Die Prüfung des Risikofrüherkennungssystems nach § 317 Abs. 4 HGB

Pflichten (1 f.)

Vorstand	Muss geeignete Maßnahmen treffen, insbesondere durch die Einrichtung eines Überwachungssystems, damit den Fortbestand der Gesellschaft gefährdende Entwicklungen früh erkannt werden (Risikofrüherkennungssystem) (§ 91 II AktG)
Abschlussprüfer	Muss bei börsennotierten AGs beurteilen, ob der Vorstand die geeigneten Maßnahmen zur Risikofrüherkennung getroffen hat, das Überwachungssystem seine Aufgaben erfüllen kann und ggf. Verbesserungsmaßnahmen notwendig sind (§ 317 IV HGB)

Abgrenzung des Risikofrüherkennungssystems vom gesamten Risikomanagementsystem (3 ff.)

Risikomanagementsystem	⟷	Risikofrüherkennungssystem i.S.v. § 91 II AktG

Risikomanagementsystem

Gesamtheit aller organisatorischen Regelungen und Maßnahmen zur Risikoerkennung und zum Umgang mit den Risiken unternehmerischer Betätigung, insbesondere

» Erfassung, Analyse und Bewertung von Risiken,
» Kommunikation von Risiken an zuständige Entscheidungsträger (bestandsgefährdende Risiken sind bis zum Vorstand weiterzuleiten),
» Überwachung der Einhaltung der getroffenen Maßnahmen,
» Reaktionen des Vorstands auf erfasste, analysierte und kommunizierte Risiken.

Risikofrüherkennungssystem i.S.v. § 91 II AktG

Teil des gesamten Risikomanagementsystems, welches auf die Früherkennung bestandsgefährdender Entwicklungen ausgerichtet ist

Wesentliche Bestandteile des RFS:	Keine Bestandteile des RFS
» Erfassung von Risiken und deren Veränderungen, die den Fortbestand des Unternehmens gefährden können	» Reaktionen des Vorstands auf erfasste und kommunizierte Risiken
» Diese Risiken sind so rechtzeitig zu erfassen und zu kommunizieren, dass die zuständigen Entscheidungsträger (inkl. Vorstand) in geeigneter Weise reagieren können	» Beurteilung, ob eingeleitete oder durchgeführte Handlungen zur Risikobewältigung bzw. deren Verzicht sachgerecht oder wirtschaftlich sinnvoll sind

IDW PS 340

Risikofrüherkennungssystem als Prüfungsgegenstand

Festlegung von Risikofeldern (7 f.)
- Die Maßnahmen des Risikofrüherkennungssystem sind auf alle Unternehmensbereiche (betriebliche Funktionen und Prozesse) zu erstrecken
- Für die jeweiligen Prozesse und Bereiche ist eine Definition der Risiken vorzunehmen, die zu einer Bestandsgefährdung des Unternehmens führen können

Risikoerkennung und Risikoanalyse (9 f.)
- Risikoerkennung und -analyse (Risikoerfassung) für im Vorhinein definierte Risiken sowie Auffälligkeiten oder Risiken, die keinem vorab definierten Erscheinungsbild entsprechen → setzt ein angemessenes Risikobewusstsein aller Mitarbeiter voraus
- Risikoanalyse beinhaltet die Analyse der Eintrittswahrscheinlichkeit und der quantitativen Auswirkungen der erkannten Risiken (u.a. auch das Zusammenwirken oder die Kumulation mehrerer Risiken beachten)

Risikokommunikation (11 f.)
- Informationen über nicht bewältigte Risiken sind an zuständige Entscheidungsträger weiterzuleiten
- Für jede Stufe der Risikokommunikation sind Schwellenwerte zu definieren → deren Überschreiten löst eine Berichtspflicht aus
- Abhängig von der Art und Bedeutung des Risikos sind die zeitlichen Abstände der Berichterstattung und die Empfänger zu bestimmen

Verantwortlichkeiten und Aufgaben (13 f.)
- Jeder Unternehmensbereich ist für die Erfassung der dort auftretenden Risiken, deren Bewältigung und bei Nichtbewältigung für die Weiterleitung der Information an die Berichtsempfänger verantwortlich
- Informationsaustausch zwischen den Unternehmensbereichen über gemeldete Risiken
- Verantwortung für den Informationsaustausch tragen die Berichtsempfänger der jeweiligen Unternehmensbereiche

Einrichtung eines Überwachungssystems (15 f.)
- Dient der Überwachung der Einhaltung der eingerichteten Maßnahmen zur Erfassung und Kommunikation bestandsgefährdender Risiken
- Überwachung der Maßnahmen erfolgt in zwei Stufen:
  1. durch in die Abläufe fest eingebaute Kontrollen
  2. durch die Interne Revision

Dokumentation der Maßnahmen (17 f.)
- Sämtliche Maßnahmen, einschließlich des Überwachungssystems, müssen angemessen dokumentiert werden, z.B. im Risikohandbuch
- Eine fehlende oder unvollständige Dokumentation führt zu Zweifeln an der dauerhaften Funktionsfähigkeit der getroffenen Maßnahmen

IDW PS 340

Prüfung der Maßnahmen des Risikofrüherkennungssystems (19 ff.)

Prüfungsplanung

Ziele (22)
» Erlangung eines ausreichenden Verständnisses über die im Risikofrüherkennungssystem getroffenen Maßnahmen
» Analyse der Grundeinstellung der Unternehmensleitung zur Risikosteuerung sowie des Risikobewusstseins der Unternehmensleitung und der Mitarbeiter des Unternehmens

Prüfungshandlungen (20 ff.)
» Einbeziehung der im Rahmen der Prüfungsplanung zur Abschlussprüfung erworbenen Kenntnisse der Geschäftstätigkeit sowie des wirtschaftlichen und rechtlichen Umfelds
» Analyse der inhärenten Risiken und Feststellung, ob organisatorische Maßnahmen zur Begrenzung dieser Risiken eingerichtet sind
» Würdigung der eingerichteten Maßnahmen zur Schulung der Mitarbeiter (Wurden die Mitarbeiter mit ihren Aufgaben vertraut gemacht? Wurde die Bedeutung der Risikoerfassung und -kommunikation auf allen hierarchischen Ebenen verdeutlicht?)
» Berücksichtigung, ob eine Dokumentation der Maßnahmen vorliegt und ob diese für die Zwecke der Prüfung geeignet ist

Prüfungsdurchführung

Feststellung der getroffenen Maßnahmen (24 f.)
Feststellung der getroffenen Maßnahmen des Risikofrüherkennungssystems anhand der vom Unternehmen erstellten Dokumentation

Beurteilung der Eignung der getroffenen Maßnahmen (26 ff.)
Prüfung und Beurteilung, ob
» alle wesentlichen Risiken bzw. Risikoarten vom System zutreffend und frühzeitig erfasst, bewertet und kommuniziert werden
» dies durch eine verantwortliche Stelle geregelt ist
» alle wesentlichen Risikofelder durch die identifizierten Risiken bzw. Risikoarten abgedeckt sind
» die organisatorischen Maßnahmen ausreichend sind, um das Bewusstsein der Mitarbeiter für die Bedeutung der Risikoerfassung und -kommunikation zu schärfen und sie die Handlungsanweisungen verstanden haben
» die in den Unternehmensbereichen integrierten Kontrollmaßnahmen und die Prüfungen der Internen Revision ausreichend sind, um die Funktionsfähigkeit des Systems zu gewährleisten

Zur Beurteilung der Eignung der Maßnahmen sind bei bestimmten Risiken ggf. Sachverständige hinzuzuziehen

IDW PS 340

Prüfungsdurchführung

Prüfung der Einhaltung der vorgesehenen Maßnahmen (31)

Stichprobenprüfung der Wirksamkeit und kontinuierlichen Anwendung der getroffenen Maßnahmen nach den allgemeinen Grundsätzen einer Systemprüfung

Es kommen u.a. folgende Funktionsprüfungen in Betracht:
- Durchsicht von Unterlagen zur Risikoerfassung
- Durchsicht der Unterlagen zur Risikokommunikation auf den verschiedenen hierarchischen Ebenen und in unterschiedlichen Funktionsbereichen
- Befragungen und Beobachtungen zur Einhaltung der eingerichteten Kontrollmaßnahmen
- Durchsicht von Prüfungsprogrammen und Arbeitspapieren der Internen Revision

Berichterstattung

Prüfungsbericht (32 f.)

- Das Ergebnis der Prüfung des Risikofrüherkennungssystems ist in einem besonderen Teil des Prüfungsberichts darzustellen
- Sofern Maßnahmen i.S.d. § 91 II AktG nicht eingerichtet sind oder das Risikofrüherkennungssystem nicht dokumentiert ist, ist hierauf im Prüfungsbericht hinzuweisen

Bestätigungsvermerk (32 f.)

Mängel bei den vom Vorstand nach § 91 II AktG getroffenen Maßnahmen haben als solche keine Auswirkung auf den BestV

Besonderheiten bei Konzernen

Anforderungen (34 ff.)

- Überwachungs- und Organisationspflicht von Mutterunternehmen i.S.d. § 290 HGB ist konzernweit zu verstehen
- Maßnahmen zur Risikoerkennung, Risikoanalyse und Risikokommunikation sind im gesamten Konzern sicherzustellen

Prüfung (37)

- Die getroffenen Maßnahmen zur konzernweiten Erfassung und Kommunikation der für das Mutterunternehmen bestandsgefährdenden Risiken sind in die Prüfung einzubeziehen
- Zur Kommunikation mit Teilbereichsprüfern und der Verwertung von deren Ergebnissen

IDW PS 345
IDW Prüfungsstandard: Auswirkungen des Deutschen Corporate Governance Kodex auf die Abschlussprüfung

Zusammenfassung:

Vorstand und der Aufsichtsrat einer börsennotierten Gesellschaft haben außerhalb des Jahres- bzw. Konzernabschlusses jährlich zu erklären, dass den Verhaltensempfehlungen des Deutschen Corporate Governance Kodex (DCGK) entsprochen wurde und wird bzw. welche Verhaltensempfehlungen nicht angewendet wurden oder werden und warum nicht (sog. Entsprechenserklärung, § 161 Abs. 1 Satz 1 AktG). Im Anhang zum Jahres- bzw. Konzernabschluss ist anzugeben, dass die Entsprechenserklärung abgegeben und wo sie öffentlich zugänglich gemacht worden ist (§§ 285 Nr. 16, 314 Abs. 1 Nr. 8 HGB). Gleiches gilt nach § 161 Abs. 1 Satz 2 AktG für Vorstand und Aufsichtsrat einer Gesellschaft, die ausschließlich andere Wertpapiere als Aktien zum Handel an einem organisierten Markt i.S.d. § 2 Abs. 5 WpHG ausgegeben hat und deren ausgegebene Aktien auf eigene Veranlassung über ein multilaterales Handelssystem i.S.d. § 2 Abs. 3 Satz 1 Nr. 8 WpHG gehandelt werden. Zusätzlich ist die Entsprechenserklärung in die Erklärung zur Unternehmensführung aufzunehmen, welche börsennotierte und bestimmte andere Aktiengesellschaften abzugeben haben (§ 289a Abs. 1 HGB).

Aufgabe des Abschlussprüfers ist es, im Rahmen der Prüfung des Jahres- bzw. Konzernabschlusses festzustellen, ob die Angabe zur Entsprechenserklärung im Anhang enthalten, vollständig und zutreffend ist, ohne dass der Inhalt der Entsprechenserklärung Gegenstand der Abschlussprüfung wird. Letzteres gilt auch für den Fall, dass die Erklärung als Teil der Erklärung zur Unternehmensführung in den Lagebericht aufgenommen wird (§ 317 Abs. 2 Satz 3 HGB). Inhaltlich sehen die Verhaltensempfehlungen in Abschnitt 7.2 des DCGK darüber hinaus u.a. vor, dass der Aufsichtsrat von dem vorgesehenen Abschlussprüfer im Vorfeld der Unterbreitung des Wahlvorschlags an die Hauptversammlung eine so genannte Unabhängigkeitserklärung einholen und mit dem bestellten Abschlussprüfer zusätzliche Informationspflichten vereinbaren soll.

Verweise:
— IDW PS 350 n.F.: Prüfung des Lageberichts im Rahmen der Abschlussprüfung
— ISA [DE] 720 (Revised): Verantwortlichkeiten des Abschlussprüfers im Zusammenhang mit sonstigen Informationen

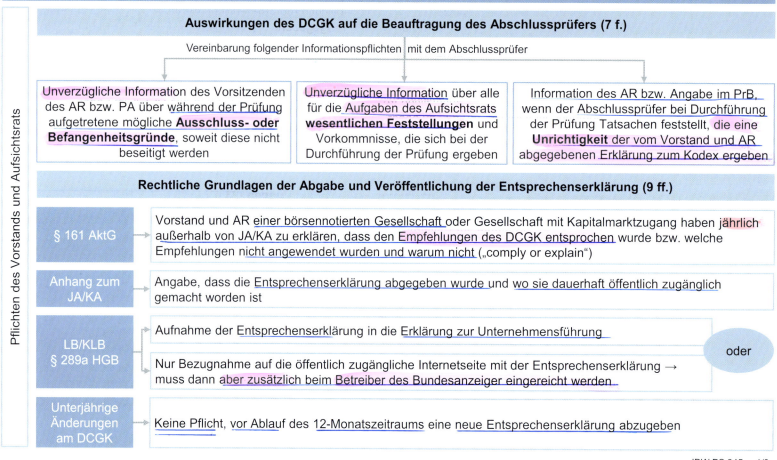

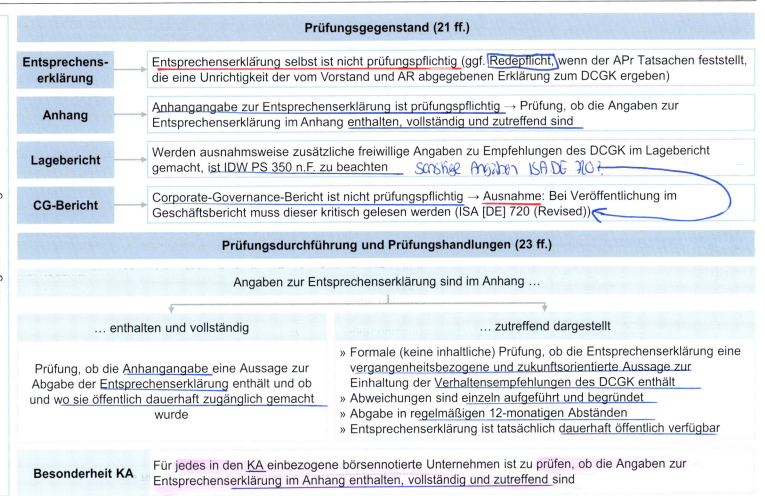

Berichterstattung (30 ff.)

	Bestätigungsvermerk (30)	Prüfungsbericht (32)
Sind die Anhangangaben zur Entsprechenserklärung vorhanden, vollständig und zutreffend? — **Ja**	Keine gesonderte Bestätigung im BestV	Keine Berichterstattung
Sind die Anhangangaben zur Entsprechenserklärung vorhanden, vollständig und zutreffend? — **Nein**	Einschränkung des BestV	Berichterstattung im Rahmen der Ausführungen zur Ordnungsmäßigkeit
Feststellung von unzutreffenden Aussagen in der Entsprechenserklärung	Keine Auswirkung auf den BestV	Redepflicht des APr

Unabhängigkeitserklärung (36 ff.)

AR bzw. PA soll vor der Unterbreitung des Wahlvorschlags an die HV eine Unabhängigkeitserklärung des für den Wahlvorschlag vorgesehenen WP bzw. der WPG einholen

Empfänger der Erklärung (38)

Grundsätzlich: Vorsitzender des AR; Ausnahme: Aufforderung zur Abgabe an den Vorsitzenden des PA

Inhalt der Erklärung (39 ff.)

| Angaben zu geschäftlichen, finanziellen, persönlichen und sonstigen Beziehungen (39 ff.) | Honorarangaben (49 ff.) | Sonstige Erklärungen (54) |

Im Verlauf der Prüfung eintretende unabhängigkeitsrelevante Tatbestände (55)

APr muss während der Prüfung sicherstellen, dass keine Ausschlussgründe (§§ 319, 319a, 319b HGB) eintreten oder die Besorgnis der Befangenheit begründet wird → ansonsten unverzügliche Unterrichtung des Vorsitzenden des AR bzw. PA

IDW PS 350 n.F.
IDW Prüfungsstandard: Prüfung des Lageberichts im Rahmen der Abschlussprüfung

Zusammenfassung:

Mit IDW PS 350 n.F. wird die Methode zur Prüfung des Lageberichts fortentwickelt. Der Standard enthält eine weitgehend geschlossene Darstellung der Anforderungen an die Prüfung des Lageberichts im Rahmen der Abschlussprüfung und berücksichtigt die enge Verzahnung mit der Prüfung des Abschlusses.

Wesentliche Änderungen gegenüber der bisherigen Fassung bestehen darin, dass der Aufbau und Inhalt der Verlautbarung stärker risiko- und prozessorientiert ist. Dazu gehört ein stärkerer Fokus auf die Befassung des Abschlussprüfers mit den Vorkehrungen und Maßnahmen (Systemen) zur Aufstellung des Lageberichts, die je nach Größe und Komplexität des Unternehmens unterschiedlich formalisiert sein werden. So hat der Abschlussprüfer die Prüfung des Lageberichts zu planen und ggf. auch spezifische Wesentlichkeitsüberlegungen anzustellen. In diesem Zusammenhang sind auch die Risiken wesentlicher falscher Darstellungen im Lagebericht zu bestimmen und entsprechende Reaktionen auf die beurteilten Risiken festzulegen.

Daneben werden die Anforderungen an die Prüfung der zukunftsorientierten Bestandteile (Chancen- und Risikobericht, Prognosebericht) konkretisiert sowie der Umgang mit im Lagebericht enthaltenen lageberichtsfremden Angaben, lageberichtstypischen Angaben, für die keine gesetzliche Pflicht zur inhaltlichen Prüfung besteht, nicht prüfbaren Angaben sowie Querverweisen geregelt.

Verweise:

— ISA [DE] 200: Übergeordnete Ziele des unabhängigen Prüfers und Grundsätze einer Prüfung in Übereinstimmung mit den International Standards on Auditing
— ISA [DE] 210: Vereinbarung der Auftragsbedingungen für Prüfungsaufträge
— ISA [DE] 315 (Revised): Identifizierung und Beurteilung der Risiken wesentlicher falscher Darstellungen aus dem Verständnis von der Einheit und ihrem Umfeld
— ISA [DE] 320: Wesentlichkeit bei der Planung und Durchführung einer Abschlussprüfung
— ISA [DE] 330: Reaktionen des Abschlussprüfers auf beurteilte Risiken
— ISA [DE] 450: Beurteilung der während der Abschlussprüfung identifizierten falschen Darstellungen
— ISA [DE] 560: Nachträgliche Ereignisse
— ISA [DE] 580: Schriftliche Erklärungen

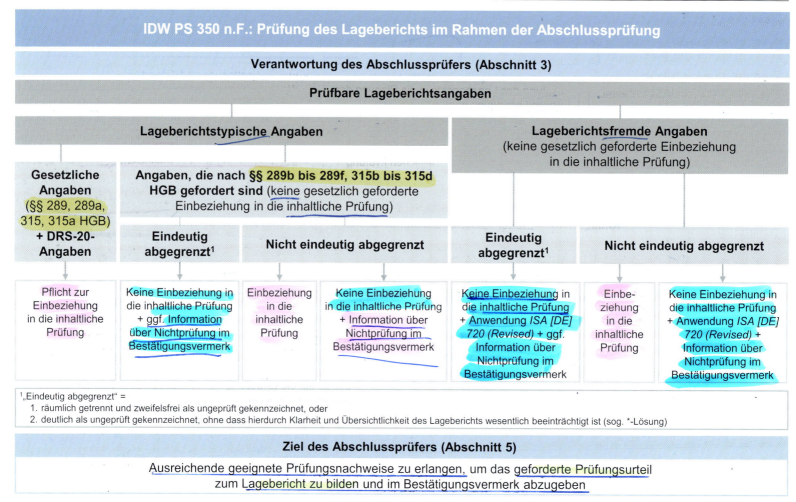

IDW PS 350 n.F.

Beachtung bestimmter Anforderungen an die Abschlussprüfung (Abschnitt 7)	Planung der Prüfung des Lageberichts (Abschnitt 8)	Wesentlichkeit bei der Planung und Durchführung der Prüfung des Lageberichts (Abschnitt 9)
» ISA [DE] 200 und IDW PS 201 » Einschlägige Grundsätze anderer Standards	» Integration der Planungsaktivitäten zur Prüfung des Lageberichts in die Planung der Abschlussprüfung nach IDW PS 240 » Ggf. Entscheidung über die Prüfung lageberichtsfremder Angaben sowie lageberichtstypischer Angaben, für die keine gesetzliche Pflicht zur inhaltlichen Prüfung besteht	» Für die Festlegung und Anwendung der Wesentlichkeit bei der Prüfung der im Lagebericht dargestellten quantitativen vergangenheitsorientierten Finanzinformationen zur VFE-Lage = Zugrundelegen der Wesentlichkeiten für den Abschluss » Ansonsten = Wesentlichkeitsüberlegungen zumindest auf Ebene der sog. Informationskategorien » Ggf. Anpassung der Wesentlichkeitsüberlegungen unter Berücksichtigung der Planungsrechnung

Risiken wesentlicher falscher Darstellungen im Lagebericht (Abschnitt 10)

Prüfungshandlungen zur Risikobeurteilung	Gewinnung eines Verständnisses von dem Unternehmen und dessen Umfeld	Erlangung eines Verständnisses von den relevanten Vorkehrungen und Maßnahmen (Systeme)	Identifikation und Beurteilung der Risiken wesentlicher falscher Darstellungen
» Lageberichtsebene (insgesamt) » Aussageebene (zumindest auf Ebene der sog. Informationskategorien; ggf. für Angabegruppen oder Einzelangaben) 　» Vollständigkeit 　» Richtigkeit 　» Darstellung » Einschließlich quantitativer und qualitativer Aspekte der Angaben	» Zugrundelegung des bei der Prüfung des Abschlusses zu erlangenden Verständnisses auch bei der Prüfung des Lageberichts » Falls nicht ausreichend: Verschaffen des erforderlichen Verständnisses	» Befassung mit dem Prozess zur Aufstellung des Lageberichts » Umfasst auch die Beurteilung der Angemessenheit der Systeme » Auch in Bezug auf die Erfassung und Bewertung von Chancen bzw. Risiken der künftigen Entwicklung und ggf. den Umgang mit ihnen sowie in Bezug auf wesentliche prognostische Angaben	» Lageberichtsebene (insgesamt) » Aussageebene (zumindest auf Ebene der sog. Informationskategorien; ggf. für Angabegruppen oder Einzelangaben) 　» Vollständigkeit 　» Richtigkeit 　» Darstellung » Einschließlich quantitativer und qualitativer Aspekte der Angaben

IDW PS 350 n.F.

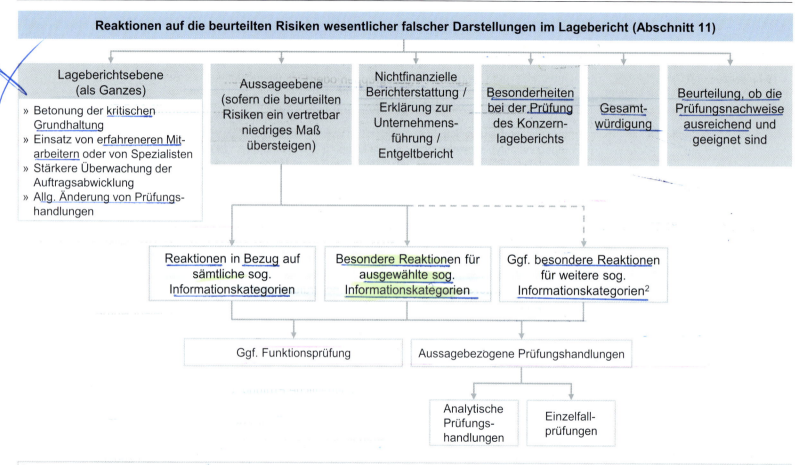

IDW PS 350 n.F.

Reaktionen auf Aussageebene in Bezug auf sämtliche Informationskategorien (Abschnitt 11.2.1)

- » Planung und Durchführung von Prüfungshandlungen, deren Art, Umfang und Zeitpunkt auf den beurteilten Risiken wesentlicher falscher Darstellungen basieren und auf diese ausgerichtet sind
- » Zumindest auf Ebene der sog. Informationskategorien; ggf. für Angabegruppen oder Einzelangaben

Besondere Reaktionen auf Aussageebene für ausgewählte Informationskategorien (Abschnitt 11.2.2)

Ziele und Strategien	Steuerungssystem	Rahmenbedingungen	Geschäftsverlauf	VFE-Lage	Grundzüge des Vergütungssystems	Übernahmerelevante Angaben und Angaben zu eigenen Aktien

Prognosebericht

- » Nachvollziehen der den Prognosen zugrunde liegenden bedeutsamen Annahmen und Beurteilung der Vertretbarkeit dieser Annahmen
- » Beurteilung der sachgerechten Ableitung der prognostischen Angaben aus den ihnen zugrunde liegenden Annahmen
- » Keine Abgabe eines eigenständigen Prüfungsurteils zu den zukunftsorientierten Angaben oder zu den zugrunde liegenden Annahmen

Chancen- und Risikobericht

- » Beurteilung, ob die wesentlichen Chancen und Risiken der künftigen Entwicklung vollständig im Lagebericht angegeben sind
- » Würdigung, ob die dargestellten Chancen und Risiken mit anderen zur Kenntnis gelangten relevanten Informationen in Einklang stehen
- » Nachvollziehen der Tragweite anhand geeigneter Informationen und Beurteilung der zutreffenden Darstellung der Chancen und Risiken im Lagebericht

Nichtfinanzielle Berichterstattung – ohne inhaltliche Prüfung (Abschnitt 11.3)

- » Prüfung, ob die nichtfinanzielle (Konzern-)Erklärung oder der gesonderte nichtfinanzielle (Konzern-)Bericht vorgelegt wurde
- » Im Falle der Veröffentlichung eines gesonderten nichtfinanziellen (Konzern-)Berichts auf der Internetseite:
  - » Feststellung, ob der Lagebericht auf diese Veröffentlichung unter Angabe der Internetseite Bezug nimmt
  - » Ergänzende Prüfung vier Monate nach dem Abschlussstichtag, ob der Bericht vorgelegt wurde

(Konzern-)Erklärung zur Unternehmensführung – ohne inhaltliche Prüfung (Abschnitt 11.3)

Aufnahme in den Lagebericht	Veröffentlichung auf der Internetseite
Aufnahme in gesonderten Abschnitt des Lageberichts?	Enthält der Lagebericht eine Bezugnahme auf die Internetseite? Existiert die Seite und ist sie öffentlich zugänglich?

Prüfung der Angaben beschränkt sich darauf, ob die Angaben gemacht wurden

Beurteilung der festgestellten, nicht korrigierten falschen Darstellungen im Lagebericht (Abschnitt 12)

- » Beurteilung der Auswirkungen auf die Prüfungsdurchführung, den Lagebericht und ggf. den Abschluss sowie die diesbezüglichen Prüfungsurteile
- » Pflicht, das Unternehmen aufzufordern, die festgestellten falschen Darstellungen zu korrigieren
- » Abschließende Würdigung, ob die festgestellten, nicht korrigierten falschen Darstellungen insgesamt wesentlich sind

Ereignisse nach dem Abschlussstichtag (Abschnitt 13)

Beachtung der die Prüfung des Lageberichts betreffenden Grundsätze gemäß IDW PS 203 n.F.

Schriftliche Erklärungen (Abschnitt 14)

- » Feststellung, ob die Vollständigkeitserklärung und der Nachweis zur Gesamtverantwortung auch die Angaben im Lagebericht umfassen
- » Ggf. Einholung weiterer schriftlicher Erklärungen der gesetzlichen Vertreter oder anderer Parteien

Dokumentation (Abschnitt 15)

- » Dokumentation ist so zu erstellen, dass ein erfahrener, nicht mit der Prüfung des Lageberichts befasster Prüfer in der Lage ist, zu verstehen:
  - » Art, Zeitpunkt und Umfang der durchzuführenden Prüfungshandlungen
  - » Ergebnisse der durchgeführten Prüfungshandlungen und die erlangten Prüfungsnachweise
  - » bedeutsame Sachverhalte der Prüfung, hierzu getroffene Feststellungen sowie vorgenommene bedeutsame Beurteilungen, um diese Feststellungen zu treffen
- » Zu dokumentieren ist auch der Umgang mit Unstimmigkeiten, wenn erlangte Informationen im Widerspruch zu einer getroffenen endgültigen Feststellung zu einem bedeutsamen Sachverhalt stehen
- » Ggf. Dokumentation der Überprüfung der Arbeit von Teilbereichsprüfern
- » Abschluss der Prüfungsakte spätestens 60 Tage nach dem Datum des Bestätigungsvermerks; in Ausnahmefällen spätere Änderung oder Ergänzung der Dokumentation unter bestimmten Bedingungen

IDW PS 350 n.F.

Bildung eines Prüfungsurteils zum Lagebericht (Abschnitt 16)

» Bildung eines Prüfungsurteils, ob der Lagebericht in Übereinstimmung mit den maßgebenden Rechnungslegungsgrundsätzen aufgestellt ist, d.h. ob
  » der Lagebericht insgesamt ein zutreffendes Bild von der Lage des Unternehmens vermittelt und ob
  » der Lagebericht in allen wesentlichen Belangen
    » mit dem Abschluss in Einklang steht,
    » den deutschen gesetzlichen Vorschriften entspricht und
    » die Chancen und Risiken der zukünftigen Entwicklung zutreffend darstellt

Berichterstattung des Abschlussprüfers (Abschnitt 17)

Prüfungsbericht
IDW PS 450 n.F.

Bestätigungsvermerk
IDW PS 400er-Reihe, IDW PS 270 n.F. und ISA [DE] 720 (Revised)

Abschnitt „Prüfungsurteile"
» Pflicht zur Information über Nichtprüfung bei nicht eindeutig abgegrenzten
  » nicht inhaltlich geprüften lageberichtstypischen Angaben
  » lageberichtsfremden Angaben
» Art des Prüfungsurteils → uneingeschränkt, eingeschränkt, versagt oder Erklärung der Nichtabgabe
(vgl. Anhang 1, 2 und 3 sowie *IDW PS 400 n.F.* und *IDW PS 405*)

Abschnitt „Sonstige Informationen"
» Anwendung von *ISA [DE] 720 (Revised)* auf inhaltlich nicht geprüfte lageberichts-fremde Angaben
(vgl. Anhang 2 und 3)

Abschnitt „Wesentliche Unsicherheit"
» Für die Berichterstattung über im Lagebericht dargestellte wesentliche Unsicherheiten im Zusammenhang mit der Fortführung der Unternehmenstätigkeit (= bestandsgefährdende Risiken) gilt *IDW PS 270 n.F.*

Abschnitt „Hinweis(e)"
» Hinweis zur Hervorhebung eines Sachverhalts
» Hinweis auf einen sonstigen Sachverhalt
» Hinweis zur Nachtragsprüfung
(vgl. *IDW PS 406*)

IDW PS 400 n.F.
IDW Prüfungsstandard: Bildung eines Prüfungsurteils und Erteilung eines Bestätigungsvermerks

Zusammenfassung:

IDW PS 400 n.F. transformiert die in ISA 700 (Revised) enthaltenen internationalen Anforderungen unter Berücksichtigung nationaler Besonderheiten. Das Ziel des Abschlussprüfers ist es, auf der Grundlage der Beurteilung der aus den erlangten Prüfungsnachweisen gezogenen Schlussfolgerungen Prüfungsurteile zum Abschluss und – sofern einschlägig – zum Lagebericht bzw. zu sonstigen Prüfungsgegenständen zu bilden und diese Prüfungsurteile durch einen Bestätigungsvermerk schriftlich klar zum Ausdruck zu bringen. IDW PS 400 n.F. bildet das Rahmenkonzept und regelt die Grundlagen für den Inhalt eines Bestätigungsvermerks mit nicht modifizierten Prüfungsurteilen. Ergänzende Vorschriften enthalten

— IDW PS 270 n.F. (bei wesentlicher Unsicherheit im Zusammenhang mit der Fortführung der Unternehmenstätigkeit),
— IDW PS 401 (zur Darstellung von besonders wichtigen Prüfungssachverhalten bei PIE),
— IDW PS 405 (bei Modifizierungen des Prüfungsurteils),
— IDW PS 406 (zur Darstellung von Hinweisen im Bestätigungsvermerk),
— ISA [DE] 710 (zu Vergleichsinformationen) sowie
— ISA [DE] 720 (Revised) (zu Angaben im Bestätigungsvermerk über sonstige Informationen).

Der Bestätigungsvermerk nach IDW PS 400 n.F. führt zu einer Individualisierung der Berichterstattung und gilt grundsätzlich für Prüfungen von Abschlüssen bei allen Unternehmen. Der Bestätigungsvermerk enthält die folgenden Grundbestandteile:

— Prüfungsurteile über die Prüfung des Abschlusses und ggf. des Lageberichts,
— Grundlage für die Prüfungsurteile,
— ggf. Darstellung einer wesentlichen Unsicherheit im Zusammenhang mit der Fortführung des Unternehmens (IDW PS 270 n.F.),
— ggf. Darstellung von Hinweisen (IDW PS 406),
— ggf. Darstellung besonders wichtige Prüfungssachverhalte (sog. KAM, IDW PS 401),
— ggf. Darstellung sonstiger Informationen (ISA [DE] 720 (Revised)),
— Verantwortung der gesetzlichen Vertreter (und des Aufsichtsrats) für den Abschluss und ggf. den Lagebericht,
— Verantwortung des Abschlussprüfers für die Prüfung des Abschlusses und des Lageberichts,
— ggf. weitere Darstellungen zu sonstigen gesetzlichen und anderen rechtlichen Anforderungen.

Verweise:

— ISA 700 (Revised): Bildung eines Prüfungsurteils und Erteilung eines Vermerks zum Abschluss
— ISA [DE] 720 (Revised): Verantwortlichkeiten des Abschlussprüfers im Zusammenhang mit sonstigen Informationen
— IDW PS 270 n.F.: Die Beurteilung der Fortführung der Unternehmenstätigkeit im Rahmen der Abschlussprüfung
— IDW PS 401: Mitteilung besonders wichtiger Prüfungssachverhalte im Bestätigungsvermerk
— IDW PS 405: Modifizierungen des Prüfungsurteils im Bestätigungsvermerk
— IDW PS 406: Hinweise im Bestätigungsvermerk

IDW PS 400 n.F.

IDW PS 400 n.F.: Bildung eines Prüfungsurteils und Erteilung eines Bestätigungsvermerks

\multicolumn{3}{c}{Einflussfaktoren für den Bestätigungsvermerk}
Für alle Unternehmen: **§ 322 HGB**	Für Unternehmen von öffentlichem Interesse i.S. von **§ 319a Abs. 1 Satz 1 HGB** (PIE): **EU-APrVO**: Verordnung (EU) Nr. 537/2014	**ISA**

Prüfungsurteil zum Abschluss (13 ff., 23 ff., A13 ff.)

Der APr muss sich ein Prüfungsurteil zum Abschluss bilden und beurteilen, ob der Abschluss mit hinreichender Sicherheit frei von wesentlichen falschen Darstellungen ist.

Prüfungsurteil zum Lagebericht (19 f.)

Der APr muss sich unter Beachtung von IDW PS 350 n.F. ein Prüfungsurteil darüber bilden, ob der Lagebericht in allen wesentlichen Belangen in Übereinstimmung mit den maßgebenden Rechnungslegungsgrundsätzen aufgestellt ist.

Prüfungsurteil zu einem sonstigen Prüfungsgegenstand (21 f.)

Prüfungsurteile zu sonstigen Prüfungsgegenständen dürfen in den Bestätigungsvermerk nur dann aufgenommen werden, wenn eine Rechtsnorm die Aufnahme eines Prüfungsurteils in den Bestätigungsvermerk vorsieht. Über sonstige gesetzliche Erweiterungen des Prüfungsgegenstandes trifft der APr die Prüfungsaussagen ausschließlich im Prüfungsbericht.

Nur für PIE: Übrige Angaben gemäß Art. 10 APrVO (69, A66 ff.)

» Von welchem Organ der APr bestellt (gewählt und beauftragt) wurde
» Datum der Bestellung des APr und gesamte ununterbrochene Mandatsdauer
» Bestätigung der Übereinstimmung des Prüfungsurteils mit dem Prüfungsbericht
» Angabe der zusätzlich erbrachten Leistungen, die im Lagebericht oder in den Abschlüssen nicht angegeben wurden

	Aufbau und Bestandteile des Bestätigungsvermerks (30 ff., A22 ff.)	
Überschrift und Adressierung	Überschrift: **Bestätigungsvermerk des unabhängigen APr** (31)	
	Angabe des **Empfängers** (Regelfall: „An die [Gesellschaft]") (32)	
Vermerk über die Prüfung des Jahres-abschlusses und des Lageberichts (33)	**Prüfungsurteile** über die Prüfung des Jahresabschlusses (34 ff.) und des Lageberichts (41 ff.)	
	Grundlage für die Prüfungsurteile (46 ff.)	
	Sofern relevant: **Wesentliche Unsicherheit i.Z.m. der Fortführung der Unternehmenstätigkeit** (IDW PS 270 n.F.)	
	Sofern relevant: **Hinweis zur Hervorhebung eines Sachverhalts bzw. auf einen sonstigen Sachverhalt** (IDW PS 406)	
	Nur für PIE: **Besonders wichtige Prüfungssachverhalte** (IDW PS 401)	
	Sofern relevant: **Sonstige Informationen** (ISA [DE] 720 (Revised); z.B. Bericht des AR, nichtfinanzielle Erklärung)	
	Verantwortung [der gesetzlichen Vertreter] für den Abschluss und den Lagebericht (53 ff.)	
	Verantwortung des APr für die Prüfung des Abschlusses und des Lageberichts (58 ff.)	
Sonstige gesetzliche und andere rechtliche Anforderungen	Sofern relevant: Vermerke über andere gesetzliche/rechtlich vorgeschriebene Prüfungen (z.B. § 6 EnwG) (66 ff.)	
	Nur für PIE: **Zusätzliche Angaben gemäß Art. 10 EU-APrVO** (69)	
	Nur für PIE: **Angabe des vorrangig verantwortlichen Wirtschaftsprüfers** (70)	
Datum, Unterschrift	**Ort der Niederlassung** (71), **Datum, Unterschriften (Siegel)** (72 ff.)	

IDW PS 400 n.F.

Prüfungsurteile über die Prüfung des Jahresabschlusses (34 ff.) und des Lageberichts (41 ff.)

Benennung des Prüfungsgegenstandes (36 ff., 42 ff.)

» Beispiel: Wir haben den Jahresabschluss der … [Gesellschaft] – bestehend aus der Bilanz zum … [Datum] und der Gewinn- und Verlustrechnung für das Geschäftsjahr vom … [Datum] bis zum … [Datum] sowie dem Anhang, einschließlich der dort dargestellten Bilanzierungs- und Bewertungsmethoden – geprüft. Darüber hinaus haben wir den Lagebericht der … [Gesellschaft] für das Geschäftsjahr vom … [Datum] bis zum … [Datum] geprüft.

Falls einschlägig: Benennung nicht geprüfter Bestandteile des Lageberichts (45 i.V. mit IDW PS 350 n.F.)

(Standardisierte) Prüfungsurteil(e):

» Abschluss (ohne Anhang) in Übereinstimmung mit Rechnungslegungsgrundsätzen zur Ordnungsmäßigkeit (38)
» Abschluss in Übereinstimmung mit Rechnungslegungsgrundsätzen zur sachgerechten Gesamtdarstellung (37)
» Abschluss und Lagebericht (43)

Erklärung zur Ordnungsmäßigkeit nach § 322 Abs. 3 Satz 1 HGB (38 bzw. 44)

Abweichende Anforderungen bei modifzierten Prüfungsurteilen (IDW PS 405)

Grundlage für die Prüfungsurteile (46 ff.)

» Erklärung der Übereinstimmung der Prüfung mit § 317 HGB [und ggf. der EU-APrVO] unter Beachtung der Grundsätze ordnungsmäßiger Abschlussprüfung [und ggf. der ISA]
» Verweis auf den gesonderten Abschnitt zur Verantwortlichkeit des APr
» Erklärung der Unabhängigkeit und der Erfüllung der sonstigen Berufspflichten
» Erklärung, dass ausreichende und geeignete Prüfungsnachweise erlangt wurden
» Nur für PIE: Erklärung, dass keine verbotenen Nichtprüfungsleistungen erbracht wurden

Abweichende Anforderungen bei modifzierten Prüfungsurteilen (IDW PS 405)

IDW PS 400 n.F.

Sofern relevant: Wesentliche Unsicherheit i.Z. mit der Fortführung der Unternehmenstätigkeit (IDW PS 270 n.F.)

Sofern relevant: Hinweis zur Hervorhebung eines Sachverhalts oder Hinweis auf einen sonstigen Sachverhalt (IDW PS 406)

Nur für PIE: Besonders wichtige Prüfungssachverhalte (IDW PS 401)

Sofern relevant: Sonstige Informationen (ISA [DE] 720 (Revised))

- Nur relevant, falls **im Geschäftsbericht** einer Einheit (außer dem Abschluss, dem Lagebericht und dem Bestätigungsvermerk) weitere Finanzinformationen oder nichtfinanzielle Informationen enthalten sind. Der Geschäftsbericht ist ein oder eine Kombination mehrerer Dokumente, das/die jährlich vom Management erstellt werden, um weitergehende Informationen über die Geschäftstätigkeit und die im Abschluss vermittelte VFE-Lage bereitzustellen.
- **Beispiele** für sonstige Informationen sind
  - die nicht inhaltlich geprüften Bestandteile des Lageberichts (IDW PS 350 n.F.),
  - die Erklärung zur Unternehmensführung nach § 289f Abs. 4 HGB (Angaben zur Frauenquote) oder
  - der Corporate-Governance-Bericht nach Nr. 3.10 des Deutschen Corporate Governance Kodex.
- Im Bestätigungsvermerk ist darzulegen, dass die sonstigen Informationen gelesen und gewürdigt wurden. ISA [DE] 720 (Revised) enthält deutsche Formulierungsbeispiele für den Abschnitt des Bestätigungsvermerks zu sonstigen Informationen.

Verantwortung der gesetzlichen Vertreter für den Abschluss und ggf. für den Lagebericht (53 ff., A48 ff.)

- Beschreibung der Verantwortung der gesetzlichen Vertreter für:
  - die Aufstellung des Abschlusses und ggf. des Lageberichts
  - die als notwendig bestimmten internen Kontrollen
  - die Beurteilung der Fähigkeit des Unternehmens zur Fortführung der Unternehmenstätigkeit
- Die verantwortlichen Organe sind explizit zu bezeichnen, was ggf. auch die Nennung der für die Überwachung Verantwortlichen und die Darstellung ihrer Verantwortlichkeit umfasst.

Verantwortung des APr für die Prüfung des Abschlusses und ggf. des Lageberichts (58 ff., A54 ff.)

In Grundzügen erläutert der APr, wie er die Prüfung geplant und durchgeführt hat, um eine hinreichend sichere Basis für sein Prüfungsurteil zu erlangen:

» Erläuterung der Zielsetzung des APr
» Erläuterung der Begriffe „hinreichende Sicherheit" und „falsche Darstellungen"
» Erklärungen zum pflichtgemäßen Ermessen und zur kritischen Grundhaltung
» Beschreibung der Kommunikation mit den für die Überwachung Verantwortlichen
» Nur bei PIE: Hinweis auf die abgegebene Erklärung zur Unabhängigkeit und die dargestellten besonders wichtigen Prüfungssachverhalte

Ort der Beschreibung der Verantwortung des APr (64 f.)

» Beschreibung der Verantwortung des APr innerhalb des Bestätigungsvermerks
» Alternative: Möglichkeit des teilweisen Verweises auf eine Anlage zum Bestätigungsvermerk oder auf die Website einer Aufsichtsbehörde oder eines Standardsetzers (z.B. Verweis auf IDW Website)

Datum, Unterschrift und Erteilung des Bestätigungsvermerks (71 ff.)

» Der APr hat nach § 322 Abs. 7 Satz 1 HGB den Bestätigungsvermerk unter Angabe des Tages der Unterzeichnung zu unterzeichnen. Dabei ist der Ort der Niederlassung des APr bzw. der Prüfungsgesellschaft anzugeben.
» Ihrer Unterschrift unter den Bestätigungsvermerk haben Wirtschaftsprüfer die Berufsbezeichnung „Wirtschaftsprüfer(in)" hinzuzufügen. Dabei ist § 18 WPO zu beachten.
» Wird der Bestätigungsvermerk über eine Prüfung erteilt, die den Berufsangehörigen gesetzlich vorbehalten ist, hat der Abschlussprüfer den Bestätigungsvermerk nach § 48 Abs. 1 WPO mit dem Berufssiegel zu versehen.

Sofern relevant: Vermerk über „Sonstige gesetzliche und andere rechtliche Anforderungen" (66 ff.)

Allgemeine Grundsätze (66 ff., A63 ff.)

» Erweiterung des Bestätigungsvermerks nur um sonstige Pflichtangaben gemäß Spezialgesetzen möglich
  » Gesonderter Abschnitt, wenn die sonstigen Pflichtangaben andere Themen als die Berichtspflichten zur Prüfung des Abschlusses und ggf. des Lageberichts beinhalten
  » Ansonsten Integration der sonstigen Pflichtangaben in den Bestätigungsvermerk ohne gesonderten Abschnitt, jedoch deutliche Abgrenzung von den übrigen Angaben
» Folgende oder entsprechende Überschrift: „Sonstige gesetzliche und andere rechtliche Anforderungen"

Nur für PIE: Übrige Angaben gemäß Artikel 10 APrVO (69, A66 ff.)

Unterabschnitt mit der Überschrift „Übrige Angaben gemäß Artikel 10 EU-Abschlussprüferverordnung" und folgenden Angaben:
» Von welchem Organ der Abschlussprüfer bestellt (gewählt und beauftragt) wurde
» Datum der Bestellung des Abschlussprüfers und gesamte ununterbrochene Mandatsdauer
» Bestätigung der Übereinstimmung des Prüfungsurteils mit dem Prüfungsbericht
» Angabe der zusätzlich erbrachten Leistungen, die im Lagebericht oder in den Abschlüssen nicht angegeben wurden

Nur für PIE: Name des verantwortlichen Wirtschaftsprüfers (70)

Nennung des verantwortlichen Wirtschaftsprüfers in einem Abschnitt mit der Überschrift „Verantwortlicher Wirtschaftsprüfer"

In Gesetzen oder anderen Rechtsvorschriften vorgeschriebener Bestätigungsvermerk (79 f.)	Bestätigungsvermerk für Abschlussprüfungen, die auftragsgemäß unter ergänzender Beachtung der ISA durchgeführt wurden (81)
Wenn der APr durch Gesetze oder andere Rechtsvorschriften dazu verpflichtet ist, einen bestimmten Aufbau oder Wortlaut des Bestätigungsvermerks zu verwenden, dann darf er nur dann auf die GoA Bezug nehmen, wenn ein Katalog von Mindestanforderungen an den Bestätigungsvermerk erfüllt ist.	Der APr darf im Bestätigungsvermerk zusätzlich zu den GoA nur dann auf die ISA Bezug nehmen, wenn er beauftragt worden ist, eine Abschlussprüfung unter ergänzender Beachtung der ISA durchzuführen, und diese auch eingehalten hat.

Zusätzliche Informationen (82 ff.)

Beurteilung, ob es sich bei den zusätzlichen Informationen um einen integralen Bestandteil des Abschlusses handelt

Integraler Bestandteil des Abschlusses	Kein integraler Bestandteil, jedoch Lagebericht oder sonstiger Prüfungsgegenstand	Weder integraler Bestandteil noch Lagebericht noch sonstiger Prüfungsgegenstand
Einbeziehung in das Prüfungsurteil zum Abschluss	Abgabe eines Urteils zum sonstigen Prüfungsgegenstand; ggf. Abgabe eines Urteils zum Lagebericht, sofern dessen Prüfung gesetzlich gefordert oder freiwillig beauftragt war	Beurteilung, ob die ungeprüften zusätzlichen Informationen von dem geprüften Abschluss ausreichend und eindeutig abgegrenzt werden können

Wenn die zusätzlichen Informationen nicht eindeutig abgegrenzt werden können: Aufforderung der gesetzlichen Vertreter zu einer anderen Darstellung der ungeprüften zusätzlichen Informationen. Ansonsten Erläuterung im Bestätigungsvermerk, dass die Informationen nicht geprüft wurden.

Sonderfragen beim Bestätigungsvermerk (86 ff.)

Kündigung des Prüfungsauftrags (86)

Keine Erteilung eines Bestätigungsvermerks im Falle einer vorzeitigen Beendigung des Prüfungsauftrages

Nachtragsprüfung (87 ff.)

» Nachtragsprüfung, sofern der Abschluss oder der Lagebericht nach Vorlage des Prüfungsberichts geändert werden (§ 316 Abs. 3 HGB)
» Ergänzung bzw. ggf. Neuformulierung des Bestätigungsvermerks und Unterzeichnung mit Doppeldatum
» Aufnahme eines Hinweises gem. IDW PS 406
» Ggf. Verweis auf die Angabe im Abschluss oder im Lagebericht, die die Änderung erläutert

Ergänzende Prüfung (91)

» Ist die Gesellschaft zur Erstellung eines nichtfinanziellen Berichts und Veröffentlichung dieses Berichts auf der Internetseite verpflichtet, so hat der APr vier Monate nach dem Abschlussstichtag zu prüfen, ob dieser Bericht vorgelegt wurde.
» Ergänzung des Bestätigungsvermerks nur, wenn der Bericht nicht vorgelegt worden ist.

Widerruf des Bestätigungsvermerks (92 ff.)

» Grundsätzlich Pflicht zum Widerruf des Bestätigungsvermerks, wenn der APr nachträglich erkennt, dass die Voraussetzungen für die Erteilung dieses Bestätigungsvermerks nicht vorgelegen haben und das Unternehmen die entsprechenden Änderungen nicht vornimmt und die Adressaten des Abschlusses nicht informiert. Ausnahmetatbestände beachten.
» Begründung des Widerrufs und Ergreifung von Maßnahmen, dass alle Adressaten des Bestätigungsvermerks von dem Widerruf Kenntnis erlangen können.
» Ggf. Einholung rechtlichen Rats.

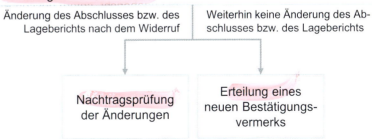

Aufschiebende Bedingung (96 ff.)

Erteilung eines Bestätigungsvermerks unter einer aufschiebenden Bedingung möglich, wenn
» der geprüfte Abschluss Sachverhalte berücksichtigt, die erst nach Abschluss der Prüfung wirksam werden,
» der Sachverhalt auf den geprüften Abschluss zurückwirkt,
» die Bedingung in einem formgebundenen Verfahren bereits inhaltlich festgelegt ist und es ausschließlich formeller Akte bedarf, und
» die Bedingung mit an Sicherheit grenzender Wahrscheinlichkeit erwartet wird,
» der Jahresabschluss gilt bei einem Bestätigungsvermerk unter aufschiebender Bedingung als noch nicht geprüft,
» das Unternehmen hat den Nachweis des Eintritts der Bedingung zu führen.

Zusammengefasster Bestätigungsvermerk (99 f.)

» Möglichkeit der Zusammenfassung des Bestätigungsvermerks zum Jahresabschluss des Mutterunternehmens und des Bestätigungsvermerk
» zum Konzernabschluss (§ 325 Abs. 3a Satz 2 HGB)

Vermerk über die Prüfung des Jahresabschlusses und des Lageberichts des Mutterunternehmens und Vermerk über die Prüfung des Konzernabschlusses als Pflichtbestandteile des Bestätigungsvermerks

Gemeinschaftsprüfungen (101)

» Gemeinsamer Bestätigungsvermerk mit einheitlichem Prüfungsurteil, wenn mehrere Prüfer zum APr bestellt sind.
» Bedingung für gemeinsamen Bestätigungsvermerk: Bekanntmachung des Konzernabschlusses zusammen mit dem Jahresabschluss oder Einzelabschluss des Mutterunternehmens.

Verwendung des Bestätigungsvermerks (102 ff.)

Keine Verpflichtung des APr zur Überprüfung der zutreffenden Offenlegung, Veröffentlichung oder Vervielfältigung des Abschlusses oder des Lageberichts.

IDW PS 401
IDW Prüfungsstandard: Mitteilung besonders wichtiger Prüfungssachverhalte im Bestätigungsvermerk

Zusammenfassung:

IDW PS 401 transformiert die in ISA 701 enthaltenen internationalen Anforderungen unter Berücksichtigung nationaler Besonderheiten und ergänzt das in IDW PS 400 n.F. enthaltene Rahmenkonzept der Grundlagen für den Inhalt eines Bestätigungsvermerks im Hinblick auf die Darstellung von besonders wichtigen Prüfungssachverhalten. Besonders wichtige Prüfungssachverhalte sind Sachverhalte, die nach pflichtgemäßem Ermessen des Abschlussprüfers am bedeutsamsten in der Prüfung des Abschlusses für den aktuellen Berichtszeitraum waren. Hierunter fallen die „bedeutsamsten beurteilten Risiken wesentlicher falscher Darstellungen", die in Übereinstimmung mit Art. 10 EU-APrVO zur Untermauerung des Prüfungsurteils im Bestätigungsvermerk von Unternehmen von öffentlichem Interesse i.S. von § 319a Abs. 1 Satz 1 HGB („PIE") beschrieben werden müssen.

Eine Berichterstattung über besonders wichtige Prüfungssachverhalte außerhalb des Anwendungsbereichs der EU-APrVO kann auch erfolgen, wenn der Abschlussprüfer mit dem Unternehmen ausdrücklich schriftlich vereinbart hat, besonders wichtige Prüfungssachverhalte im Bestätigungsvermerk mitzuteilen.

IDW PS 401 enthält Hinweise zur Bestimmung von besonders wichtigen Prüfungssachverhalten, Anforderungen zur Darstellung von besonders wichtigen Prüfungssachverhalten im Bestätigungsvermerk und Anforderungen an die Prüfungsdokumentation.

Die Darstellung im Bestätigungsvermerk umfasst neben einer standardisierbaren Einleitung individualisierte Erläuterungen jedes besonders wichtigen Prüfungssachverhalts. Die Erläuterungen der einzelnen besonders wichtigen Prüfungssachverhalte umfassen jeweils die Gründe für die Bestimmung als besonders wichtiger Prüfungssachverhalt, eine Beschreibung des prüferischen Vorgehens und Verweise auf zugehörige Angaben im Abschluss.

Verweise:

— ISA 701: Mitteilung besonders wichtiger Prüfungssachverhalte im Vermerk des unabhängigen Abschlussprüfers
— IDW PS 400 n.F.: Bildung eines Prüfungsurteils und Erteilung eines Bestätigungsvermerks

IDW PS 401: Mitteilung besonders wichtiger Prüfungssachverhalte im Bestätigungsvermerk

Anwendungsbereich (5; IDW PS 400 n.F., Tz. 50 f.)

» Verpflichtung nach Art. 10 Abs. 2 Buchst. c) EU-APrVO bei gesetzlichen Prüfungen von (vollständigen) nach Rechnungslegungsgrundsätzen für allgemeine Zwecke aufzustellenden **Abschlüssen von PIE**

» Außerhalb des Anwendungsbereichs der PIE aufgrund einer **ausdrücklichen schriftlichen Vereinbarung** mit dem Unternehmen

Definition: Besonders wichtige Prüfungssachverhalte (9)

Sachverhalte, die nach pflichtgemäßem Ermessen des APr **am bedeutsamsten** in der Prüfung des **Abschlusses** waren.
→ Hierunter fallen die „bedeutsamsten beurteilten Risiken wesentlicher falscher Darstellungen"
i.S. von Art. 10 Abs. 2 Buchst. c) EU-APrVO

Bestimmung besonders wichtiger Prüfungssachverhalte (12 f.)

1. Schritt: Alle Sachverhalte, die mit den für die Überwachung Verantwortlichen erörtert wurden

2. Schritt: Bestimmung der Sachverhalte, die bei der Prüfung des Abschlusses besondere Befassung erforderten

Bereiche mit als **höher beurteiltem Risiko** wesentlicher falscher Darstellungen oder in Übereinstimmung mit IDW PS 261 n.F. identifizierte bedeutsame Risiken (A22–A24)	Erfordernis der kritischen Grundhaltung des APr (IDW PS 200)
Bedeutsame Beurteilungen des APr in Bezug auf Bereiche des Abschlusses mit bedeutsamen **Beurteilungen der gesetzlichen Vertreter** (einschließlich geschätzter Werte mit hoher Schätzunsicherheit) (A25–27)	
Auswirkungen von bedeutsamen Ereignissen oder Geschäftsvorfällen des aktuellen Berichtszeitraums	

3. Schritt: Bestimmung nach pflichtgemäßem Ermessen von Sachverhalten, die in der Prüfung des Abschlusses für den aktuellen Berichtszeitraum am bedeutsamsten waren = **besonders wichtige Prüfungssachverhalte**

\multicolumn{2}{c}{**Bestimmung der Sachverhalte, die vom APr besondere Befassung erforderten (12, A16–A21)**}
Zeitpunkt der Bestimmung	Entwicklung einer vorläufigen Auffassung zu Sachverhalten in der Prüfungsplanung ist möglich. → Die endgültige Bestimmung basiert jedoch auf den Ergebnissen der Abschlussprüfung.
Ressourceneinsatz und Prüfungsstrategie	Oft komplexe Sachverhalte oder bedeutsame Beurteilungen der gesetzlichen Vertreter, die häufig mit schwierigen oder komplexen Beurteilungen des APr verbunden sind. Daraus ergeben sich Auswirkungen auf die Prüfungsstrategie und den Einsatz und die Verteilung von Ressourcen.
Beispiele	» Transaktionen mit nahestehenden Personen » Beschränkungen im Rahmen der Konzernabschlussprüfung » bedeutsame fachliche, berufsrechtliche und sonstige Zweifelsfragen, für die Personen konsultiert wurden » Implementierung eines neuen rechnungslegungsbezogenen IT-Systems » bedeutsame ungewöhnliche Geschäftsvorfälle » Risiken von Verstößen im Zusammenhang mit der Umsatzrealisierung » Abweichung der angewandten Rechnungslegungsmethoden von denen anderer Unternehmen der Branche » Fehlerrisiken, die besondere Aufmerksamkeit erfordern (bedeutsame Risiken)

Bestimmung der relativen Bedeutsamkeit eines Sachverhalts (13, A28–A30)

Art und Umfang der Kommunikation mit den für die Überwachung Verantwortlichen über die Sachverhalte als Hinweis darauf, welche Sachverhalte am bedeutsamsten sind.

Beispielhafte sonstige Überlegungen zur Bestimmung der relativen Bedeutsamkeit eines Sachverhalts:
» Bedeutung des Sachverhalts für das Verständnis der Adressaten von dem Abschluss als Ganzes
» Komplexität bzw. Subjektivität der Auswahl der Rechnungslegungsmethode
» Art und quantitative oder qualitative Wesentlichkeit von etwaigen falschen Darstellungen bezüglich des Sachverhalts
» Schwere von identifizierten Mängel im rechnungslegungsbezogenen IKS, die für den Sachverhalt relevant sind

Kein Ersatz für die Modifizierung des Prüfungsurteils und kein gesondertes Prüfungsurteil (4)

Die Mitteilung besonders wichtiger Prüfungssachverhalte im Bestätigungsvermerk ist
- » kein Ersatz für die Abgabe eines modifizierten Prüfungsurteils (IDW PS 405)
- » kein gesondertes Prüfungsurteil zu einzelnen Sachverhalten

Abgrenzung zu sonstigen Bestandteilen des Bestätigungsvermerks

In gesonderten Abschnitten – außerhalb des Abschnitts zu den besonders wichtigen Prüfungssachverhalten – sind darzustellen:
- » bedeutsame Zweifel an der Fähigkeit des Unternehmens zur Fortführung der Unternehmenstätigkeit (IDW PS 270 n.F.)
- » Sachverhalte, die zu einem modifizierten Prüfungsurteil führen (IDW PS 405)
- » Hinweise zur Hervorhebung eines Sachverhalts und Hinweise auf einen sonstigen Sachverhalt (IDW PS 406)

Fälle, in denen ein besonders wichtiger Prüfungssachverhalt nicht im Bestätigungsvermerk mitgeteilt werden muss (17)

Gesetze oder andere Rechtsvorschriften können die öffentliche Angabe eines Sachverhalts ausschließen oder beschränken

Kommunikation mit den für die Überwachung Verantwortlichen (20)

Erörterung mit den für die Überwachung Verantwortlichen der besonders wichtigen Prüfungssachverhalte bzw. dass keine besonders wichtigen Prüfungssachverhalte mitzuteilen sind.
- » Eine Mitteilung vorläufiger besonders wichtiger Prüfungssachverhalte ist zulässig, um eine zeitgerechte Kommunikation zu erreichen.
- » Zur Vereinfachung der Kommunikation kann ein Entwurf des Bestätigungsvermerks den für die Überwachung Verantwortlichen bereitgestellt werden.

Dokumentation (21)

Erweiterte Anforderungen an die Prüfungsdokumentation nach ISA [DE] 230

IDW PS 401

	Mitteilung besonders wichtiger Prüfungssachverhalte (14 ff.)
	**Gesonderter Abschnitt zu den besonders wichtigen Prüfungssachverhalten in der Abschlussprüfung**
Überschrift	„Besonders wichtige Prüfungssachverhalte in der Prüfung des ... [Jahres-/Konzernabschlusses]"
Standardisierte Einleitung	**Beispielhafte Formulierung** (aus IDW PS 400 n.F., Anlage 2): „Besonders wichtige Prüfungssachverhalte sind solche Sachverhalte, die nach unserem pflichtgemäßen Ermessen am bedeutsamsten in unserer Prüfung des Jahresabschlusses für das Geschäftsjahr vom ... [Datum] bis zum ... [Datum] waren. Diese Sachverhalte wurden im Zusammenhang mit unserer Prüfung des Jahresabschlusses als Ganzem und bei der Bildung unseres Prüfungsurteils hierzu berücksichtigt; wir geben kein gesondertes Prüfungsurteil zu diesen Sachverhalten ab."
Individualisierte Erläuterung	Beschreibung jedes besonders wichtigen Prüfungssachverhalts in Untergliederung mit folgenden Zwischenüberschriften: » Gründe für die Bestimmung als besonders wichtiger Prüfungssachverhalt » Prüferisches Vorgehen » Verweis auf zugehörige Angaben

Die Reihenfolge der Darstellung der Sachverhalte innerhalb des Abschnitts ist eine Frage des pflichtgemäßen Ermessens

Form und Inhalt des Abschnitts zu den besonders wichtigen Prüfungssachverhalten in sonstigen Fällen (Fehlanzeige bzw. Querverweisung) (19)

Ebenfalls im gesonderten Abschnitt zu den besonders wichtigen Prüfungssachverhalten sind Erklärungen aufzunehmen, wenn:
» keine besonders wichtigen Prüfungssachverhalte vorliegen oder
» es sich bei diesen ausschließlich um Sachverhalte handelt, die zu einem modifizierten Prüfungsurteil führen oder bedeutsame Zweifel an der Fähigkeit des Unternehmens zur Fortführung der Unternehmenstätigkeit aufwerfen, oder
» ein besonders wichtiger Prüfungssachverhalt nicht mitgeteilt wird und der APr keinen weiteren besonders wichtigen Prüfungssachverhalt bestimmt.

IDW PS 405
IDW Prüfungsstandard: Modifizierungen des Prüfungsurteils im Bestätigungsvermerk

Zusammenfassung:

IDW PS 405 transformiert die in ISA 705 (Revised) enthaltenen internationalen Anforderungen unter Berücksichtigung nationaler Besonderheiten und ergänzt das in IDW PS 400 n.F. enthaltene Rahmenkonzept der Grundlagen für den Inhalt eines Bestätigungsvermerks im Hinblick auf ggf. erforderliche Modifizierungen des Prüfungsurteils im Bestätigungsvermerk. Als Sachverhalte, die zu einem modifizierten Prüfungsurteil führen können, unterscheidet IDW PS 405 zwischen Einwendungen und Prüfungshemmnissen. Enthält der Abschluss wesentliche falsche Darstellungen, entspricht der Lagebericht nicht bzw. nur mit Ausnahmen in allen wesentlichen Belangen den maßgebenden Rechnungslegungsgrundsätzen bzw. entspricht ein sonstiger Prüfungsgegenstand nicht bzw. nur mit Ausnahmen in allen wesentlichen Belangen den maßgebenden gesetzlichen Vorschriften, so hat der Abschlussprüfer Einwendungen gegen den entsprechenden Prüfungsgegenstand zu erheben. Ein Prüfungshemmnis beschreibt den Fall, dass der Abschlussprüfer nicht in der Lage ist, ausreichende geeignete Prüfungsnachweise zu erlangen.

In Abhängigkeit von der Art der Einwendung bzw. des Prüfungshemmnisses enthält IDW PS 405 Hinweise zur Festlegung der Art des modifizierten Prüfungsurteils. Dabei werden drei Arten von modifizierten Prüfungsurteilen unterschieden:

— eingeschränktes Prüfungsurteil,
— versagtes Prüfungsurteil,
— Erklärung der Nichtabgabe eines Prüfungsurteils.

Weiterhin enthält IDW PS 405 Anforderungen an Form und Inhalt des Bestätigungsvermerks bei modifizierten Prüfungsurteilen. Als Anlage sind zudem Formulierungsbeispiele für Bestätigungs- bzw. Versagungsvermerke beigefügt.

Verweise:

— ISA 705 (Revised): Modifizierungen des Prüfungsurteils im Vermerk des unabhängigen Abschlussprüfers
— IDW PS 400 n.F.: Bildung eines Prüfungsurteils und Erteilung eines Bestätigungsvermerks

© IDW Verlag GmbH

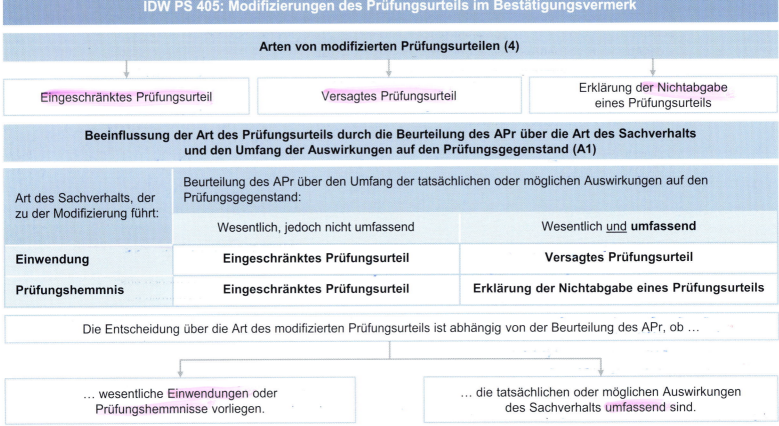

IDW PS 405

Definitionen (7)

Einwendung	Schlussfolgerung des APr auf der Grundlage der erlangten Prüfungsnachweise, dass » der Abschluss als Ganzes falsche Darstellungen enthält, die einzeln oder kumuliert wesentlich sind, bzw. » der Lagebericht insgesamt nicht bzw. nur mit Ausnahmen in allen wesentlichen Belangen den maßgebenden Rechnungslegungsgrundsätzen entspricht (vgl. Tz. 4 a) ii.) bzw. » ein sonstiger Prüfungsgegenstand nicht bzw. nur mit Ausnahmen in allen wesentlichen Belangen den maßgebenden gesetzlichen Vorschriften entspricht.
Prüfungs-hemmnis	Schlussfolgerung des APr, dass er nach Ausschöpfung aller angemessenen Möglichkeiten zur Klärung des Sachverhalts nicht in der Lage ist, ausreichende geeignete Prüfungsnachweise zu erlangen, um festzustellen, ob eine Einwendung zu erheben ist.

Fälle, in denen eine Modifizierung eines Prüfungsurteils erforderlich ist (9)

Erhebung einer Einwendung	Vorliegen eines Prüfungshemmnisses
Wesentliche falsche Darstellungen im Abschluss können sich ergeben in Bezug auf: » die Eignung oder die Anwendung der ausgewählten Rechnungslegungsmethoden » die Eignung oder Angemessenheit von Angaben im Abschluss » rechnungslegungsbezogene Verstöße gegen Gesellschaftsvertrag, Satzung oder Gesellschafterbeschlüsse	Prüfungshemmnisse können sich ergeben aus: » Umständen, die außerhalb der Kontrolle des Unternehmens liegen (z.B. Zerstörung der Unterlagen zur Rechnungslegung) » Umständen im Zusammenhang mit der Art oder der zeitlichen Einteilung der Tätigkeit des APr (z.B. fehlende Möglichkeit der Beurteilung der zutreffenden Anwendung der Equity-Methode) » von den gesetzlichen Vertretern dem APr auferlegten Beschränkungen (z.B. Hinderung an der Einholung von Bestätigungen Dritter)
Falsche Darstellungen im Vorjahresabschluss führen zu einem modifizierten Prüfungsurteil, wenn sie im zu prüfenden Abschluss fortbestehen und wesentlich sind, die Durchführung der Korrektur zu beanstanden ist oder der APr dies nicht beurteilen kann.	§ 322 Abs. 5 HGB verpflichtet den APr, alle angemessenen Möglichkeiten zur Klärung des Sachverhalts auszuschöpfen.

Folge eines von den gesetzlichen Vertretern nach Auftragsannahme auferlegten Prüfungshemmnisses (15 ff.)

Verweigerung von Aufklärungen und Nachweisen durch die gesetzlichen Vertreter nach der Auftragsannahme bzw. die fehlende Vorlage eines Abschlusses, Lageberichts bzw. sonstigen Prüfungsgegenstandes stellt ein von den gesetzlichen Vertretern auferlegtes Prüfungshemmnis dar.

Prüfungshemmnis führt wahrscheinlich zur Modifizierung des Prüfungsurteils

Aufforderung der gesetzlichen Vertreter zur Beseitigung des Prüfungshemmnisses

Weigerung der gesetzlichen Vertreter zur Beseitigung des Prüfungshemmnisses

» Mitteilung des Sachverhaltes an die für die Überwachung Verantwortlichen
» Feststellung, ob mit Hilfe alternativer Prüfungshandlungen ausreichende geeignete Prüfungsnachweise erlangt werden können

Wenn keine ausreichenden geeigneten Prüfungsnachweise erlangt werden können

» Modifizierung des Prüfungsurteils oder
» Kündigung des Auftrages bzw. Vereinbarung einer Auftragsaufhebung
　→ Auftragsniederlegung aufgrund der Unmöglichkeit, ausreichende Prüfungsnachweise zu erlangen, bei **gesetzlichen Prüfungen** nach § 317 HGB nicht möglich
　→ Praktische Anwendbarkeit der Auftragsniederlegung hängt bei **freiwilligen Abschlussprüfungen** von dem Stadium der Fertigstellung des Prüfungsauftrags ab

Kündigung aus Rechtsgründen nicht zulässig | *Kündigung bzw. Aufhebung des Auftrags*

Erklärung der Nichtabgabe eines Prüfungsurteils, wenn die gesetzlichen Vertreter dem APr einen Prüfungsgegenstand nicht vorlegen

Vor der Kündigung bzw. Aufhebung des Auftrags Mitteilung der Gründe für die Kündigung oder Aufhebung an die für die Überwachung Verantwortlichen

IDW PS 405

Form und Inhalt des Bestätigungsvermerks bei modifiziertem Prüfungsurteil (21 ff.)

	Bestätigungsvermerk nach IDW PS 400 n.F.	Modifizierung nach PS 405
Überschrift und Adressierung	**Überschrift**	Ja (21)
	Angabe des **Empfängers**	Nein
Vermerk über die Prüfung des Jahresabschlusses und des Lageberichts	**Prüfungsurteile**	Ja (23–39)
	Grundlage für die Prüfungsurteile	Ja (40–53)
	Sofern relevant: Wesentliche **Unsicherheit i.Z. mit der Fortführung** der Unternehmenstätigkeit (IDW PS 270 n.F.)	Nein
	Sofern relevant: **Hinweis** zur Hervorhebung eines Sachverhalts bzw. auf einen sonstigen Sachverhalt (IDW PS 406)	Nein
	Nur für PIE: **Besonders wichtige Prüfungssachverhalte** (IDW PS 401)	Abschnitte sind bei Nichtabgabe eines Prüfungsurteils **nicht** zulässig (56)
	Sofern relevant: **Sonstige Informationen** (ISA [DE] 720 (Revised))	
	Verantwortung [der gesetzlichen Vertreter] für den Abschluss und den Lagebericht	Nein
	Verantwortung des Abschlussprüfers für die Prüfung des Abschlusses und des Lageberichts	Nur bei Nichtabgabe eines Prüfungsurteils (54–55)
Sonstige gesetzliche und andere rechtliche Anforderungen	*Sofern relevant (insbesondere bei PIE)*	Nein
Datum, Unterschrift	**Ort der Niederlassung**, **Datum, Unterschriften (Siegel)**	Nein

Überschrift des Bestätigungsvermerks (21)

Bei Erteilung eines versagten Prüfungsurteils oder bei Erklärung der Nichtabgabe eines Prüfungsurteils lautet die Überschrift: „Versagungsvermerk des unabhängigen Abschlussprüfers"

Abschnitt „Prüfungsurteil" (23–39)

Anpassung der **Kapitelüberschrift** zum Abschnitt „Prüfungsurteil" (unterschiedliche Kombinationen sind möglich) (23–26):

» [Eingeschränktes/versagtes] Prüfungsurteil zum … [Jahres-/Konzernabschluss] und [eingeschränktes/versagtes] Prüfungsurteil zum … [Lagebericht/Konzernlagebericht],
» [Eingeschränktes/versagtes] Prüfungsurteil zum … [Jahres-/Konzernabschluss] und Erklärung der Nichtabgabe eines Prüfungsurteils zum … [Lagebericht/Konzernlagebericht],
» Erklärung der Nichtabgabe eines Prüfungsurteils zum … [Jahres-/Konzernabschluss] und … [eingeschränktes/versagtes] Prüfungsurteil zum … [Lagebericht/Konzernlagebericht]

Verwendung von weitgehend **standardisierten Formulierungen**:

» Eingeschränkte Prüfungsurteile (27–32)
» Versagtes Prüfungsurteil (33–36)
» Erklärung der Nichtabgabe eines Prüfungsurteils (37–39)

Grundlage für das Prüfungsurteil (40 ff.)

» Anpassung der Überschrift des Abschnitts „Grundlage für die Prüfungsurteile" in Einklang mit der nach Tz. 23–26 geforderten Überschrift
» Beschreibung des Sachverhalts, der zu der Modifizierung geführt hat
» Quantifizierung der Auswirkungen der falschen Darstellungen auf den Abschluss, sofern dies erforderlich ist, um die Tragweite der Modifizierung im Bestätigungsvermerk zu verdeutlichen, und dies praktisch durchführbar ist
» Bei Versagung oder Nichtabgabe des Prüfungsurteils: Beschreibung aller anderen Sachverhalte, die anderenfalls zu einer Modifizierung des Prüfungsurteils geführt hätten

IDW PS 406
IDW Prüfungsstandard: Hinweise im Bestätigungsvermerk

Zusammenfassung:

IDW PS 406 transformiert die in ISA 706 (Revised) enthaltenen internationalen Anforderungen unter Berücksichtigung nationaler Besonderheiten und ergänzt das in IDW PS 400 n.F. enthaltene Rahmenkonzept der Grundlagen für den Inhalt eines Bestätigungsvermerks im Hinblick auf ggf. erforderliche Hinweise.

Der Abschlussprüfer kann es für notwendig erachten, in den Bestätigungsvermerk einen Hinweis aufzunehmen, um Adressaten auf im Abschluss dargestellte Sachverhalte oder auf nicht dargestellte Sachverhalte aufmerksam zu machen. Der Anwendungsbereich von IDW PS 406 umfasst

— Sachverhalte im Abschluss oder im Lagebericht oder in einem sonstigen Prüfungsgegenstand, die so wichtig sind, dass sie grundlegend für das Verständnis durch die Adressaten sind („Hinweise zur Hervorhebung eines Sachverhalts"), oder

— Sachverhalte, die nicht im Abschluss oder im Lagebericht oder in einem sonstigen Prüfungsgegenstand dargestellt sind, jedoch für das Verständnis von der Abschlussprüfung, von der Verantwortung des Abschlussprüfers oder von dem Bestätigungsvermerk relevant sind („Hinweise auf sonstige Sachverhalte").

Der Standard enthält auch eine Abgrenzung zwischen den Hinweisen i.S. von IDW PS 406

— zu Hinweisen auf wesentliche Unsicherheiten im Zusammenhang mit der Fortführung der Unternehmenstätigkeit (IDW PS 270 n.F.),

— zur Mitteilung von besonders wichtigen Prüfungssachverhalten (IDW PS 401) und

— zur Darstellung der Grundlagen für eingeschränkte Prüfungsurteile (IDW PS 405).

Weiterhin enthält IDW PS 406 Anforderungen an Form und Inhalt von Hinweisen zur Hervorhebung eines Sachverhalts sowie von Hinweisen auf sonstige Sachverhalte in Bestätigungsvermerken. Als Sonderfall wird der Hinweis zur Nachtragsprüfung behandelt. Als Anlage sind zudem Formulierungsbeispiele für Bestätigungsvermerke mit Hinweisen beigefügt.

Verweise:

— ISA [DE] 510: Eröffnungsbilanzwerte bei Erstprüfungsaufträgen
— ISA 706 (Revised): Absätze im Vermerk des unabhängigen Abschlussprüfers zur Hervorhebung eines Sachverhalts und zu sonstigen Sachverhalten
— IDW PS 400 n.F.: Bildung eines Prüfungsurteils und Erteilung eines Bestätigungsvermerks
— IDW PS 401: Mitteilung besonders wichtiger Prüfungssachverhalte im Bestätigungsvermerk
— IDW PS 405: Modifizierungen des Prüfungsurteils im Bestätigungsvermerk

IDW PS 406: Hinweise im Bestätigungsvermerk

Zielsetzung des APr (7)

Durch **einen klaren Hinweis im Bestätigungsvermerk** (IDW PS 400 n.F.) sollen die Adressaten aufmerksam gemacht werden auf:
- einen im Abschluss, im Lagebericht oder in einem sonstigen Prüfungsgegenstand angemessen dargestellten oder angegebenen Sachverhalt, der zugleich von grundlegender Bedeutung für das Verständnis des betroffenen Prüfungsgegenstands durch die Adressaten ist, oder
- sonstige Sachverhalte, die für das Verständnis der Adressaten von der Abschlussprüfung, der Verantwortung des APr oder dem Bestätigungsvermerk relevant sind.

Hinweis zur Hervorhebung eines Sachverhalts	Ein im Bestätigungsvermerk enthaltener Abschnitt, der sich auf einen im Abschluss, – sofern einschlägig – im Lagebericht oder in einem sonstigen Prüfungsgegenstand angemessen dargestellten oder angegebenen Sachverhalt bezieht, der nach der Beurteilung des APr von grundlegender Bedeutung für das Verständnis des betroffenen Prüfungsgegenstands durch die Adressaten ist.
Hinweis auf einen sonstigen Sachverhalt	Ein im Bestätigungsvermerk enthaltener Abschnitt, der sich auf einen weder im Abschluss noch im Lagebericht oder in einem sonstigen Prüfungsgegenstand dargestellten oder angegebenen Sachverhalt bezieht, der nach der Beurteilung des APr für das Verständnis der Adressaten von der Abschlussprüfung, der Verantwortung des APr oder dem Bestätigungsvermerk relevant ist.
Sonderfall: Hinweis zur Nachtragsprüfung (14)	Im Fall einer Nachtragsprüfung gemäß § 316 Abs. 3 HGB ist in den Bestätigungsvermerk ein Hinweis zur Nachtragsprüfung in einem gesonderten Abschnitt mit der Überschrift „Hinweis zur Nachtragsprüfung" aufzunehmen.

IDW PS 406

Hinweis zur Hervorhebung eines Sachverhalts (10 f.)

Aufnahme in den Bestätigungsvermerk, wenn ein in einem Prüfungsgegenstand angegebener Sachverhalt – nach der Beurteilung des APr – von grundlegender Bedeutung für das Verständnis der Adressaten von dem betroffenen Prüfungsgegenstand ist

- Ggf. Pflicht zur Aufnahme eines solchen Hinweises durch andere IDW Prüfungsstandards oder IDW Prüfungshinweise

Beispiele für Fälle, in denen der APr einen Hinweis zur Hervorhebung eines Sachverhalts als notwendig erachten kann:
- » Unsicherheiten hinsichtlich des Ausgangs außergewöhnlicher Rechtsstreitigkeiten
- » bedeutsame Ereignisse zwischen dem Abschlussstichtag und dem Datum des Bestätigungsvermerk
- » katastrophale Ereignisse mit bedeutsamen Auswirkungen auf die VFE-Lage

Es ist **kein Hinweis** zur Hervorhebung eines Sachverhalts aufzunehmen, wenn:
- » der Sachverhalt zu einer Modifizierung des Prüfungsurteils i.S. von IDW PS 405 führt,
- » über den Sachverhalt nach IDW PS 400 n.F. i.V. mit IDW PS 270 n.F. als bestandsgefährdendes Risiko zu berichten ist,
- » der Sachverhalt ein besonders wichtiger Prüfungssachverhalt i.S. von IDW PS 401 ist oder
- » der Sachverhalt einen sonstigen Prüfungsgegenstand betrifft, über den nur im Prüfungsbericht zu berichten ist.

Ein Hinweis ist kein Ersatz für:
- » die Modifizierung des Prüfungsurteils (IDW PS 405),
- » Angaben im Abschluss, die von den gesetzlichen Vertretern zu machen sind,
- » die Beachtung der Anforderungen des IDW PS 270 n.F., wenn bestandsgefährdende Risiken vorliegen

- » Gesonderter Abschnitt „Hervorhebung eines Sachverhalts"
- » Verweis auf die zugehörigen Angaben in dem Prüfungsgegenstand
- » Erklärung, dass das Prüfungsurteil im Hinblick auf den hervorgehobenen Sachverhalt nicht modifiziert ist

Hinweis auf einen sonstigen Sachverhalt (12 f.)

Aufnahme in den Bestätigungsvermerk, wenn ein in keinem Prüfungsgegenstand angegebener Sachverhalt – nach der Beurteilung des APr – von grundlegender Bedeutung für das Verständnis der Adressaten von der Abschlussprüfung, von der Verantwortung des APr oder von dem Bestätigungsvermerk ist

- » Ausführlichere Erläuterung der Verantwortung des APr möglich
- » Ggf. Hinweis, dass der Bestätigungsvermerk nur für die vorgesehenen Adressaten bestimmt ist und nicht an Dritte weitergegeben oder von Dritten verwendet werden darf
- » Ggf. Pflicht zur Aufnahme eines solchen Hinweises durch andere IDW Prüfungsstandards oder IDW Prüfungshinweise

Es ist kein Hinweis auf einen sonstigen Sachverhalt aufzunehmen, wenn:
- » Gesetze oder andere Rechtsvorschriften einen solchen Hinweis untersagen oder
- » der Sachverhalt ein besonders wichtiger Prüfungssachverhalt i.S. von IDW PS 401 ist.

- » Gesonderter Abschnitt „Sonstiger Sachverhalt"
- » Der Hinweis darf keine Informationen enthalten, die von den gesetzlichen Vertretern zu geben sind oder die der Abschlussprüfer nicht geben darf

Kommunikation mit den für die Überwachung Verantwortlichen (15)

Erörterung der Absicht der Aufnahme eines Hinweises in den Bestätigungsvermerk mit den für die Überwachung Verantwortlichen sowie Anpassung der Prüfungsdokumentation i.S. von IDW PS 470 n.F.

IDW PS 450 n.F.
IDW Prüfungsstandard: Grundsätze ordnungsmäßiger Erstellung von Prüfungsberichten

Zusammenfassung:

Der Prüfungsbericht ist – neben dem Bestätigungsvermerk – eines der zentralen Berichterstattungsinstrumente, in dem der Abschlussprüfer über Art und Umfang sowie über das Ergebnis seiner Prüfung schriftlich berichtet. Aufgrund der EU-Abschlussprüferverordnung (Verordnung (EU) Nr. 537/2014), des CSR-Richtlinie-Umsetzungsgesetzes, des Entgelttransparenzgesetzes, des Abschlussprüfungsreformgesetzes und des Bilanzrichtlinie-Umsetzungsgesetzes haben sich Änderungen in den Anforderungen an die Prüfungsberichterstattung, vor allem bei der Prüfung von Unternehmen von öffentlichem Interesse („PIE") ergeben.

IDW PS 450 n.F. fasst die Grundsätze ordnungsmäßiger Erstellung von Prüfungsberichten zusammen und ergänzt die überarbeiteten Grundsätze für die Kommunikation mit den für die Überwachung Verantwortlichen in IDW PS 470 n.F.

Verweise:

./.

IDW PS 450 n.F.: Grundsätze ordnungsmäßiger Erstellung von Prüfungsberichten

Vorbemerkungen

Rechtliche Grundlagen (P3/1 f.)

- **PIE:** Vorrang von Art. 11 EU-APrVO vor den im Übrigen geltenden HGB-Vorschriften; **Nicht-PIE:** Rechtslage unverändert
- Der nach Art. 11 EU-APrVO vorgeschriebene „zusätzliche Bericht an den Prüfungsausschuss", der um die Angaben nach § 321 HGB erweitert wird, ist „der Prüfungsbericht".
- Die erforderlichen Angaben nach Art. 11 EU-APrVO können in den PrB integriert oder auch in einem Teilband oder einer inhaltlich entsprechenden Präsentation in Schriftform, die stets integraler Bestandteil des PrB ist, gesondert dargestellt werden.

Inhalt des Prüfungsberichts (P3/3)

PIE	Nicht-PIE
Art. 11 Abs. 2 Unterabs. 1 EU-APrVO (nebst § 321 HGB)	§ 321 Abs. 1 Satz 2 und Satz 3 sowie Absatz 2 bis 4a HGB

Allgemeine Grundsätze für die Erstellung eines Prüfungsberichts

Wesentliche Pflichten des Abschlussprüfers (8 ff.)

- Der Prüfungsbericht ist gewissenhaft und unparteiisch zu erstatten.
- Die Adressaten des PrB sind über Art und Umfang sowie das Ergebnis der Prüfung schriftlich und mit der gebotenen Klarheit zu unterrichten.
- **PIE:** Der PrB muss eine Bestätigung enthalten, dass das Prüfungsurteil mit dem in Art. 11 EU-APrVO genannten zusätzlichen Bericht in Einklang steht.
- Der PrB ist als ein einheitliches Ganzes anzusehen und muss ohne Heranziehung anderer Dokumente für sich lesbar und verständlich sein.

IDW PS 450 n.F.: Grundsätze ordnungsmäßiger Erstellung von Prüfungsberichten

Allgemeine Grundsätze für die Erstellung eines Prüfungsberichts

Gliederung des Prüfungsberichts bei Jahresabschlussprüfungen (12)

Prüfungsauftrag	Grundsätzliche Feststellungen	Gegenstand, Art und Umfang der Prüfung	Feststellungen und Erläuterungen zur Rechnungslegung
Ggf. Feststellungen zum Risikofrüherkennungssystem	Ggf. Feststellungen aus Erweiterungen des Prüfungsauftrags	Wiedergabe des Bestätigungsvermerks	Anlagen

Außerdem: Angabe von Ort der Niederlassung, Datum, Namen der Unterzeichnenden, Unterschrift, Siegel und Vorlage des PrB bei gesetzlichem Vertreter bzw. Aufsichtsrat

Prüfungsbericht über die Jahresabschlussprüfung

Prüfungsauftrag (21 ff.)

» Klarstellung, dass der PrB an das geprüfte Unternehmen gerichtet ist
» Angaben zum Prüfungsauftrag (Firma des geprüften Unternehmens, Abschlussstichtag, ggf. geprüftes Geschäftsjahr, Hinweis auf Abschlussprüfung)
» Angaben zur Wahl und Beauftragung des Abschlussprüfers
» Bestätigung der und Erklärung zur Unabhängigkeit (§ 321 Abs. 4a HGB und Art. 11 Abs. 2a) EU-APrVO)
» Feststellung, dass der PrB nach IDW PS 450 n.F. erstellt wurde
» Ggf. Allgemeine Auftragsbedingungen

IDW PS 450 n.F.

Prüfungsbericht über die Jahresabschlussprüfung

Grundsätzliche Feststellungen (26 f.)

Lage des Unternehmens (28 ff.)

Stellungnahme zur Lagebeurteilung der gesetzlichen Vertreter

» APr muss eine Stellungnahme zur Lagebeurteilung durch die gesetzlichen Vertreter abgeben
» Dabei vor allem auf die Annahme der Fortführung der Unternehmenstätigkeit und die Beurteilung der künftigen Entwicklung eingehen
» Besonderheit: LB wurde zulässigerweise nicht aufgestellt → keine Stellungnahme durch den APr

Entwicklungsbeeinträchtigende oder bestandsgefährdende Tatsachen

» APr muss über festgestellte Tatsachen berichten, welche die Entwicklung des geprüften Unternehmens wesentlich beeinträchtigen oder seinen Bestand gefährden können
» Bei Eilbedürftigkeit kann ggf. vorab ein Teilbericht erstattet werden → muss später vollständig in den PrB aufgenommen werden

Bei PIE Berichterstattung über:

» Festgestellte Ereignisse oder Gegebenheiten, die erhebliche Zweifel an der Fähigkeit zur Fortführung der Unternehmenstätigkeit aufwerfen können und ob diese eine wesentliche Unsicherheit darstellen
» Berücksichtigte Maßnahmen bei der Beurteilung der Fähigkeit des Unternehmens zur Fortführung seiner Tätigkeit

Unregelmäßigkeiten (42 ff.)

Unregelmäßigkeiten in der Rechnungslegung

» APr muss über Unregelmäßigkeiten in der Rechnungslegung berichten, soweit dies für die Überwachung der Geschäftsführung und des geprüften Unternehmens von Bedeutung ist
» Über im Verlauf der Prüfung behobene Unregelmäßigkeiten ist nur zu berichten, wenn diese für die Wahrnehmung der Überwachungsfunktion des Aufsichtsrats relevant sind (vor allem bedeutsame Schwächen im IKS)

Sonstige Unregelmäßigkeiten

» Verstöße der gesetzlichen Vertreter oder der Arbeitnehmer gegen Gesetze, Gesellschaftsvertrag oder Satzung, die sich nicht unmittelbar auf die Rechnungslegung beziehen
» Festgestellte bedeutsame Schwächen in nicht auf den JA/LB bezogenen IKS-Bereichen

Bei PIE Berichterstattung über:

» Festgestellte bedeutsame Sachverhalte im Zusammenhang mit der Nichteinhaltung von Rechtsvorschriften oder des Gesellschaftsvertrags / der Satzung, soweit für die Wahrnehmung der Aufgaben des Prüfungsausschusses relevant

Gegenstand, Art und Umfang der Prüfung (51 ff.)

Prüfungsbericht über die Jahresabschlussprüfung

Gegenstand der Prüfung

- » Gegenstand der Abschlussprüfung sind Buchführung, JA, LB und ggf. das Risikofrüherkennungssystem
- » Angewandte Rechnungslegungsgrundsätze sind deutsche, internationale oder andere nationale Grundsätze
- » Ggf. Angaben bezüglich der nicht inhaltlichen Prüfung der Erklärung zur Unternehmensführung und der nichtfinanziellen Berichterstattung
- » Ggf. Hinweis, dass der dem LB als Anlage beigefügte Entgeltbericht nicht Gegenstand der Prüfung ist
- » Ggf. Erläuterung von Erweiterungen des Prüfungsauftrags
- » Hinweis, dass die Prüfung sich nicht darauf zu erstecken hat, ob der Fortbestand des Unternehmens oder die Wirksamkeit und Wirtschaftlichkeit der Geschäftsführung zugesichert werden kann

Art und Umfang der Prüfung

Art der Prüfung
- » Bezugnahme auf die vom IDW festgestellten deutschen Grundsätze ordnungsmäßiger Abschlussprüfung (GoA)
- » Ggf. Verweis auf International Standards on Auditing (ISA)

→ Weicht der APr in sachlich begründeten Einzelfällen von den GoA ab, sind die entsprechenden Gründe zu nennen

Umfang der Prüfung
- » Beschreibung der zugrunde gelegten Prüfungsstrategie sowie des Prüfungsvorgehens (z.B. festgelegte und vereinbarte Prüfungsschwerpunkte, Prüfung des rechnungslegungsbezogenen IKS und deren Auswirkungen auf Art und Umfang der aussagebezogenen Prüfungshandlungen)
- » Feststellung, dass von den gesetzlichen Vertretern alle erbetenen Aufklärungen und Nachweise erbracht wurden, sowie Hinweis auf die Einholung einer Vollständigkeitserklärung
- » Übersicht über alle erstatteten Teilberichte und deren Gegenstand

Bei PIE ergänzende Angaben: verantwortlicher Prüfungspartner, Umfang und Zeitplan der Prüfung, bei mehreren Abschlussprüfern: Aufgabenverteilung und ggf. Gründe für Uneinigkeit, Angaben zu besonders wichtigen Prüfungssachverhalten, ggf. Angaben zu Arbeiten von „fremden" Abschlussprüfern oder externen Sachverständigen, Beschreibung der verwendeten Methode, Angaben zu Wesentlichkeitsgrenzen, bedeutsame Schwierigkeiten, bedeutsame kommunizierte Sachverhalte, weitere überwachungsrelevante Sachverhalte, Beschreibung der Kommunikation mit dem Überwachungs- und dem Unternehmensleitungsorgan

IDW PS 450 n.F.

Feststellungen und Erläuterungen zur Rechnungslegung

Ordnungsmäßigkeit der Rechnungslegung (61 ff.)

Prüfungsbericht über die Jahresabschlussprüfung

Feststellung, ob Buchführung und weitere geprüfte Unterlagen / Jahresabschluss / Lagebericht **in allen wesentlichen Belangen** den gesetzlichen Vorschriften einschließlich der ergänzenden Bestimmungen des Gesellschaftsvertrags oder der Satzung **entsprechen**

Außerdem: Berichterstattung über Beanstandungen, die zwar nicht zur Modifizierung des Bestätigungsvermerks geführt haben, die aber für die Überwachung der Geschäftsführung und des geprüften Unternehmens von Bedeutung sind

Buchführung und weitere geprüfte Unterlagen (63 ff.)	Jahresabschluss (67 ff.)	Lagebericht (71)
» Zusätzliche Beurteilung der Sicherheit der rechnungslegungsrelevanten Daten und hierfür eingesetzten IT-Systeme » Hinweis auf bestehende und wesentliche zwischenzeitlich behobene Mängel » **PIE:** Angabe bedeutsamer Schwächen im rechnungslegungsbezogenen IKS und ob sie beseitigt wurden oder nicht	» Feststellung zur ordnungsmäßigen Ableitung von Bilanz und GuV aus der Buchführung und den weiteren geprüften Unterlagen » Feststellung, ob die Ansatz-, Ausweis- und Bewertungsvorschriften in allen wesentlichen Belangen beachtet wurden » Stellungnahme zur Ordnungsmäßigkeit der Anhangangaben » Ggf. Angabe bei Kleinstkapitalgesellschaften, ob alle erforderlichen Angaben unter der Bilanz gemacht sind	» Feststellung, ob der LB in allen wesentlichen Belangen den gesetzlichen Vorschriften entspricht

IDW PS 450 n.F.

Prüfungsbericht über die Jahresabschlussprüfung

Gesamtaussage des Jahresabschlusses (72 ff.)

APr hat darauf einzugehen, ob und inwieweit der Jahresabschluss insgesamt unter Beachtung der GoB aufgrund der gewählten Bewertungsannahmen und -methoden sowie der sachverhaltsgestaltenden Maßnahmen ein den tatsächlichen Verhältnissen entsprechendes Bild der VFE-Lage der Kapitalgesellschaft vermittelt

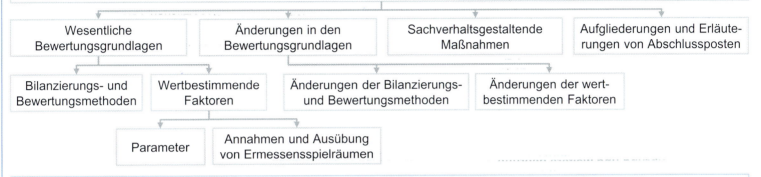

- Wesentliche Bewertungsgrundlagen
  - Bilanzierungs- und Bewertungsmethoden
  - Wertbestimmende Faktoren
    - Parameter
    - Annahmen und Ausübung von Ermessensspielräumen
- Änderungen in den Bewertungsgrundlagen
  - Änderungen der Bilanzierungs- und Bewertungsmethoden
  - Änderungen der wertbestimmenden Faktoren
- Sachverhaltsgestaltende Maßnahmen
- Aufgliederungen und Erläuterungen von Abschlussposten

Bei PIE Berichterstattung über:
» Bei den verschiedenen Posten des Jahres- oder konsolidierten Abschlusses angewandte Bewertungsmethoden einschließlich etwaiger Auswirkungen von Änderungen an diesen Methoden
» Auswirkungen von bestimmten erbrachten Steuerberatungs- und Bewertungsleistungen auf den JA

Feststellungen zum Risikofrüherkennungssystem (104 ff.)

Beurteilung, ob der Vorstand ein Überwachungssystem i.S. von § 91 Abs. 2 AktG eingerichtet hat und dieses seine Aufgaben erfüllen kann (inkl. Eingehen darauf, ob Maßnahmen zur Verbesserung des Risikofrüherkennungssystems erforderlich sind)

Feststellungen aus Erweiterungen des Prüfungsauftrags (108)

» Berichterstattung über das Ergebnis von Erweiterungen des Prüfungsauftrags aus Gesellschaftsvertrag/Satzung oder Vereinbarung mit dem Auftraggeber
» Getrennte Berichterstattung über freiwillige Erweiterungen und Erweiterungen, die sich aus gesetzlichen Vorschriften ergeben

IDW PS 450 n.F.

Prüfungsbericht über die Jahresabschlussprüfung

Bestätigungsvermerk (109)

» Aufnahme des Bestätigungs- oder Versagungsvermerks in den PrB unter Angabe von Ort der Niederlassung, Tag der Unterzeichnung und Namen der Unterzeichnenden
» Keine gesonderte Unterschrift

Anlagen zum Prüfungsbericht (110 ff.)

» Geprüfter JA und LB
» Ggf. weitere Anlagen (z.B. Auftragsbedingungen, Darstellung der rechtlichen Verhältnisse)

Unterzeichnung und Vorlage des Prüfungsberichts (114 ff.)

» PrB ist vom beauftragten Wirtschaftsprüfer zu unterzeichnen und zu siegeln
» Verwendung der Bezeichnung „Wirtschaftsprüfer(in)" ohne Hinzufügung anderer Berufsbezeichnungen
» Angabe von Ort der Niederlassung, Datum und Name der Unterzeichnenden
» Vorlage des unterzeichneten Prüfungsberichts bei den gesetzlichen Vertretern bzw. Aufsichtsrat und ggf. gleichzeitig Prüfungsausschuss mit anschließender unverzüglicher Zuleitung des (endgültigen) PrB an den Vorstand mit Gelegenheit zur Stellungnahme (falls Aufsichtsrat den Prüfungsauftrag erteilt hat)
» Der APr hat den PrB nicht später als den Bestätigungsvermerk vorzulegen

Prüfungsbericht zur Konzernabschlussprüfung

Allgemein (118)

» Gesonderte Berichterstattung über Konzernabschlussprüfung (unabhängig von Prüfung des Mutterunternehmens)
» Es gelten die allgemeinen oben genannten Berichtsgrundsätze mit nachfolgenden Besonderheiten

Prüfungsauftrag (119)

Angaben zur Wahl und Beauftragung
(ggf. zur Fiktion nach § 318 Abs. 2 HGB)

Grundsätzliche Feststellungen (120 f.)

Geprüfte Unterlagen umfassen auch die im Konzernabschluss zusammengefassten Jahresabschlüsse

Gegenstand, Art und Umfang der Prüfung (122 ff.)

» Angaben zur Prüfung des Konsolidierungskreises, zu in den Konzernabschluss einbezogenen Jahresabschlüssen und zu den Konsolidierungsmaßnahmen
» PIE: ggf. Angaben zu Prüfern aus einem Drittland und zu „fremden" Prüfern
» Angaben bezüglich der nicht inhaltlichen Prüfung der Konzernerklärung zur Unternehmensführung und der nichtfinanziellen Konzernberichterstattung

Feststellungen und Erläuterungen zur Konzernrechnungslegung (125 ff.)

Konsolidierungskreis und Konzernabschlussstichtag (125 f.)

» Berichterstattung über die zutreffende Angabe des Konsolidierungskreises im Konzernanhang
» **PIE**: Erläuterung des Umfangs der Konsolidierung und etwaige angewandte Ausschlusskriterien bei Nichtkonsolidierung sowie Angabe, ob Ausschlusskriterien mit Rechnungslegungsregeln in Einklang stehen
» Stichtage der Jahresabschlüsse der Tochterunternehmen weichen vom Stichtag des Konzernabschlusses ab + keine Zwischenabschlüsse für Tochterunternehmen erstellt → Feststellung, ob die Voraussetzungen hierfür vorgelegen haben und ob auf Vorgänge von besonderer Bedeutung für die VFE-Lage der Tochterunternehmen zwischen diesen Stichtagen eingegangen wurde

Prüfung der in den KA einbezogenen Abschlüsse (128 ff.)

» Bedeutsame Ergebnisse der Prüfung der in den Konzernabschluss einbezogenen Jahresabschlüsse
» Angabe, ob die Anpassung der Jahresabschlüsse der einzubeziehenden Unternehmen an die konzerneinheitliche Bilanzierung und Bewertung im Konzernabschluss ordnungsmäßig durchgeführt wurde

Konzernabschluss

Ordnungsmäßigkeit des Konzernabschlusses (132 ff.)

» Im Konzern-PrB ist festzustellen, ob der Konzernabschluss den gesetzlichen Vorschriften und den ergänzenden Bestimmungen des Gesellschaftsvertrages oder der Satzung des Mutterunternehmens entspricht
» Zum Konzernanhang und ggf. zu weiteren Elementen ist festzustellen, ob die gesetzlich geforderten Angaben in allen wesentlichen Belangen vollständig und zutreffend sind

Gesamtaussage des Konzernabschlusses (136 f.)

» Es ist auf das Prüfungsurteil im Bestätigungsvermerk einzugehen, ob der Konzernabschluss unter Beachtung der GoB ein den tatsächlichen Verhältnissen entsprechendes Bild der VFE-Lage des Konzerns vermittelt
» Beschreibung der Auswirkungen ausgeübter Wahlrechte, ausgenutzter Ermessensspielräume und sachverhaltsgestaltender Maßnahmen auf die Darstellung der VFE-Lage

Prüfungsbericht zur Konzernabschlussprüfung

Konzernlagebericht (137a f.)

Prüfungsbericht zur Konzernabschlussprüfung

Einschränkung oder Versagung des Prüfungsurteils zum Konzern-LB im Bestätigungsvermerk bei Nichtbeachtung von DRS-20-Anforderungen, wenn

| die DRS-20-Anforderungen einschlägig sind | + | die DRS-20-Anforderungen Konkretisierungen des HGB darstellen | + | das Gesetz nicht anderweitig erfüllt wird | + | es sich um falsche Darstellungen handelt, die nach IDW PS 350 n.F. wesentlich sind |

Ausschließlich Berichterstattung im PrB unter Würdigung der Begründung der gesetzlichen Vertreter, wenn einzelne einschlägige DRS-20-Anforderungen im Konzern-LB nicht beachtet werden, die

| nach DRS 20.32 wesentlich sind | + | keine Konkretisierung des HGB darstellen oder das Gesetz anderweitig erfüllt wird |

Zusammengefasster Prüfungsbericht für Jahres- und Konzernabschluss (138)

Konzernabschluss wird zusammen mit Jahresabschluss des Mutterunternehmens oder mit einem von diesem aufgestellten Einzelabschluss bekannt gemacht → Bestätigungsvermerke und PrB zu beiden Abschlüssen können zusammengefasst werden

Berichterstattung über die Prüfung von nach internationalen Rechnungslegungsstandards aufgestellten Einzelabschlüssen und Konzernabschlüssen (139 ff.)

Besonderheiten und Offenlegungspflicht

Prüfung von Einzel- oder Konzernabschlüssen, die nach Rechnungslegungsstandards i.S. von § 315e HGB aufgestellt wurden, d.h. nach den von der EU aufgrund der IAS-Verordnung übernommenen Rechnungslegungsstandards (EU-IFRS)

| PrB nach § 321 HGB für Einzelabschlüsse bzw. Konzernabschluss erstellen | Prüfungsbericht des Einzel- und des Jahresabschlusses können zusammengefasst werden | Gegenstand der Prüfung sind die nach EU-IFRS geforderten Unterlagen + JA + LB | Feststellung, ob die geprüften Unterlagen den EU-IFRS entsprechen |

Die Berichterstattung ist darauf auszurichten, dass der Einzelabschluss bzw. Konzernabschluss unter Beachtung der EU-IFRS ein den tatsächlichen Verhältnissen entsprechendes Bild der VFE-Lage der Kapitalgesellschaft bzw. des Konzerns vermittelt

Stellungnahme zur Beurteilung der Darstellung der Lage des Unternehmens bzw. Konzerns durch gesetzliche Vertreter nur, soweit die geprüften Unterlagen dies erlauben

Sonderfälle der Berichterstattung bei Abschlussprüfungen

Nachtragsprüfung (144 ff.)

- » Eigenständiger Nachtragsprüfungsbericht (Ausnahme: Ergänzung ursprünglicher PrB, wenn alle ursprünglich ausgehändigten PrB zurückgegeben werden können)
- » Hinweis, dass der ursprünglich erstattete PrB und der Nachtragsprüfungsbericht nur gemeinsam verwendet werden dürfen
- » Allgemeine Gliederungsanforderungen grundsätzlich nicht anwendbar → nur über vorgenommene Änderungen berichten
- » Wortlaut des ergänzten bzw. geänderten Bestätigungsvermerks ist im Bericht über die Nachtragsprüfung wiederzugeben
- » Geänderter JA bzw. Konzernabschluss und LB bzw. Konzern-LB sind als Anlagen beizufügen

Ergänzende Prüfung (149a)

- » Durchführung einer ergänzenden Prüfung vier Monate nach dem Abschlussstichtag bei Erstellung eines gesonderten nichtfinanziellen (Konzern-)Berichts mit Veröffentlichung auf der Internetseite
- » Berichterstattung über das Ergebnis der ergänzenden Prüfung im PrB

Kündigung von Prüfungsaufträgen und Prüferwechsel (150 ff.)

Grundsätze dieses IDW Prüfungsstandards sind bei Kündigungen von Prüfungsaufträgen aus wichtigem Grund, bei Prüferwechseln und beim Widerruf des Prüfungsauftrags durch die zu prüfende Gesellschaft entsprechend anzuwenden

Offenlegung des Prüfungsberichts im Insolvenzfall (152a ff.)

- » Ein Gläubiger oder Gesellschafter kann gemäß § 321a Abs. 1 Satz 1 HGB Einsicht in die PrB des Abschlussprüfers über die aufgrund gesetzlicher Vorschriften durchzuführende Jahresabschlussprüfung der letzten drei Geschäftsjahre nehmen
- » **PIE:** der (zusätzliche) Bericht an den Prüfungsausschuss fällt ebenfalls unter die Offenlegungspflicht nach § 321a HGB

Besonderheiten und Offenlegungspflicht

IDW PS 470 n.F.
IDW Prüfungsstandard: Grundsätze für die Kommunikation mit den für die Überwachung Verantwortlichen

Zusammenfassung:

IDW PS 470 n.F. transformiert die in ISA 260 (Revised) enthaltenen internationalen Anforderungen unter Berücksichtigung nationaler Besonderheiten und enthält ein übergreifendes Regelwerk für die regelmäßige wechselseitige Kommunikation zwischen dem Abschlussprüfer und den für die Überwachung Verantwortlichen. Eine wirksame wechselseitige Kommunikation stärkt die Rolle des Abschlussprüfers im System der Corporate Governance und unterstützt sowohl den Abschlussprüfer als auch die für die Überwachung Verantwortlichen maßgebend in ihrer jeweiligen Tätigkeit.

IDW PS 470 n.F. verpflichtet den Abschlussprüfer, bei jeder Abschlussprüfung eine oder mehrere geeignete Personen innerhalb der Überwachungsstruktur des Unternehmens zu bestimmen, mit denen zu kommunizieren ist, und gibt Hinweise, wie diese Personen in Abhängigkeit von der jeweiligen Überwachungsstruktur und Rechtsform eines Unternehmens bestimmt werden können.

Im Rahmen der Abschlussprüfung ist zwingend über bestimmte Sachverhalte zu kommunizieren. Hierzu zählen die Verantwortung des Abschlussprüfers, der geplante Umfang und geplante zeitliche Ablauf der Abschlussprüfung, bedeutsame Feststellungen aus der Abschlussprüfung und die Unabhängigkeit des Abschlussprüfers.

Der Abschlussprüfer hat sich mit den für die Überwachung Verantwortlichen über Form, Zeitpunkte und erwartete Themenbereiche der Kommunikation auszutauschen. Zu den Kommunikationspflichten, die zwingend schriftlich zu erfüllen sind, zählen eine Erklärung über die Unabhängigkeit, bedeutsame Feststellungen aus der Abschlussprüfung, falls nach pflichtgemäßem Ermessen des Abschlussprüfers eine mündliche Kommunikation nicht angemessen ist, und bedeutsame Schwächen des internen Kontrollsystems. Darüber hinaus überlässt es IDW PS 470 n.F. dem Abschlussprüfer, in welcher Form er welche Inhalte kommuniziert.

Der Abschlussprüfer hat zu beurteilen, ob die wechselseitige Kommunikation zwischen ihm und den für die Überwachung Verantwortlichen für den Zweck der Abschlussprüfung angemessen verlaufen ist.

Verweise:
— ISA 260 (Revised): Kommunikation mit den für die Überwachung Verantwortlichen
— IDW PS 450 n.F.: Grundsätze ordnungsmäßiger Erstellung von Prüfungsberichten
— IDW PS 475: Mitteilung von Mängeln im internen Kontrollsystem an die für die Überwachung Verantwortlichen und das Management

IDW PS 470 n.F.: Grundsätze für die Kommunikation mit den für die Überwachung Verantwortlichen

Die für die Überwachung Verantwortlichen (14)

Die Personen oder Organe, die zumindest verantwortlich sind für die Aufsicht über die strategische Ausrichtung des Unternehmens und die Überwachung der Einhaltung der Verpflichtungen im Zusammenhang mit der Rechenschaftslegung des Unternehmens. Dazu gehört die Aufsicht über den Rechnungslegungsprozess.

Bestimmung der für die Überwachung Verantwortlichen (16, A4 ff.)

Der Abschlussprüfer hat eine oder mehrere geeignete Personen innerhalb der Überwachungsstruktur des Unternehmens zu bestimmen, mit denen zu kommunizieren ist.

Trennung von Management und den für die Überwachung Verantwortlichen	Einheitlichkeit von Management und den für die Überwachung Verantwortlichen	Beurteilung des Einzelfalls erforderlich
» Bei einigen Unternehmen ist aufgrund der Rechtsform ein nicht an der Geschäftsführung beteiligtes Aufsichtsgremium vorgeschrieben (dualistisches System) » Beispiel: bei AG ist verpflichtend ein Aufsichtsrat zu bestellen » Eingerichtetes Überwachungsgremium entspricht i.d.R. den für die Überwachung Verantwortlichen i.S. von IDW PS 470 n.F.	» Aufsichts- und Geschäftsführungsfunktion liegen in der rechtlichen Verantwortung eines einheitlichen Gremiums (monistisches System) » Beispiel: Ein-Mann-GmbH mit einem Gesellschafter-Geschäftsführer » Geschäftsführung insgesamt entspricht dann i.d.R. den für die Überwachung Verantwortlichen i.S. von IDW PS 470 n.F.	» Beispiel: GmbH ohne Aufsichtsrat » Beurteilungskriterien z.B. Regelungen im Gesellschaftsvertrag, tatsächliche Handhabung der Aufsichts- und Überwachungsfunktion » Zur Vermeidung von Konflikten mit der Verschwiegenheitspflicht kann es sinnvoll sein, mit dem Auftraggeber die Personen, mit denen nach IDW PS 470 n.F. zu kommunizieren ist, zu vereinbaren und dies z.B. im Auftragsbestätigungsschreiben zu dokumentieren

Kommunikation mit einer Untergruppe der für die Überwachung Verantwortlichen (17)

Kommuniziert der Abschlussprüfer mit einer Untergruppe der für die Überwachung Verantwortlichen (z.B. mit einem Prüfungsausschuss oder einer Einzelperson), hat der Abschlussprüfer festzustellen, ob er auch mit den für die Überwachung Verantwortlichen insgesamt kommunizieren muss.

IDW PS 470 n.F.

Zu kommunizierende Sachverhalte (19 ff.)

Verantwortung des Abschlussprüfers	» Abschlussprüfer ist für die Bildung und Abgabe eines Prüfungsurteils zum Abschluss und – sofern einschlägig – zum Lagebericht verantwortlich » Prüfung des Abschlusses befreit die gesetzlichen Vertreter oder die für die Überwachung Verantwortlichen nicht von ihrer Verantwortung
Geplanter Umfang und geplanter zeitlicher Ablauf der Abschlussprüfung	» Überblick über den geplanten Umfang und den geplanten zeitlichen Ablauf der Abschlussprüfung » Dabei auch eingehen auf die identifizierten bedeutsamen Risiken

Bedeutsame Feststellungen aus der Abschlussprüfung	a) Ansichten des Abschlussprüfers zu bedeutsamen qualitativen Aspekten der Rechnungslegungspraxis des Unternehmens, z.B. zu Rechnungslegungsmethoden und geschätzten Werten in der Rechnungslegung
	b) während der Abschlussprüfung aufgetretene bedeutsame Probleme
	c) sofern nicht alle für die Überwachung Verantwortlichen in das Management des Unternehmens eingebunden sind:
	   i) bedeutsame während der Abschlussprüfung auftretende Sachverhalte, die mit dem Management besprochen wurden oder Gegenstand des Schriftverkehrs mit diesem waren, und
	   ii) vom Abschlussprüfer angeforderte schriftliche Erklärungen
	d) Umstände, die sich auf die Form und den Inhalt des Bestätigungsvermerks auswirken
	e) sonstige während der Abschlussprüfung aufgetretene bedeutsame Sachverhalte, die nach pflichtgemäßem Ermessen des Abschlussprüfers für die Aufsicht über den Rechnungslegungsprozess relevant sind

Mündliche Berichterstattung an den Aufsichtsrat	Teilnahme des Abschlussprüfers an den Verhandlungen des Aufsichtsrats oder des Prüfungsausschusses über den Jahresabschluss und den Lagebericht sowie über den Konzernabschluss und den Konzernlagebericht (Bilanzsitzung)
Unabhängigkeit	Erklärung über die Einhaltung der Unabhängigkeitsanforderungen sowie schriftliche Mitteilung über Beziehungen und Sachverhalte, die sich auf die Unabhängigkeit auswirken können und über die in diesem Zusammenhang getroffenen Schutzmaßnahmen

Kommunikation über die Unabhängigkeit (23 f.)

Alle Unternehmen →

Bestätigung der Unabhängigkeit im Prüfungsbericht (§ 321 Abs. 4a HGB)

Unternehmen von öffentlichem Interesse (PIE) →

Schriftliche Erklärung der Unabhängigkeit (Art. 6 Abs. 2 Buchst. a) EU-APrVO)

Aufnahme dieser Erklärung in den Prüfungsbericht (Art. 11 Abs. 2 Buchst. a) EU-APrVO)

Erörterung der Gefahren für die Unabhängigkeit sowie der für die Verminderung dieser Gefahren angewendeten Schutzmaßnahmen mit dem Prüfungsausschuss (Art. 6 Abs. 2 Buchst. b) EU-APrVO)

Kapitalmarktorientierte Unternehmen i.S. von § 264d HGB, die PIE sind →

Schriftliche Erklärung der Unabhängigkeit erstreckt sich zusätzlich, sofern einschlägig, auf die Mitglieder eines Netzwerks, dem der Abschlussprüfer angehört

Schriftliche Mitteilung über Beziehungen, sonstige Sachverhalte und Schutzmaßnahmen

Der Kommunikationsprozess (25 ff.)

Festlegung des Kommunikations-prozesses	» Austausch über Form, Zeitpunkte und erwartete Themenbereiche der Kommunikation (ggf. im Auftragsbestätigungsschreiben)

Formen der Kommunikation	» Grundsätzlich keine Anforderungen, aber:
	» Schriftliche Kommunikation über
	  » Unabhängigkeit
	  » bedeutsame Feststellungen aus der Abschlussprüfung, falls nach pflichtgemäßem Ermessen des Abschlussprüfers eine mündliche Kommunikation nicht angemessen ist, und
	  » bedeutsame Schwächen des internen Kontrollsystems

Zeitpunkte der Kommunikation	» Zeitgerechte Kommunikation » Angemessene Zeitpunkte für die Kommunikation hängen von den Umständen des jeweiligen Prüfungsauftrags ab
Angemessenheit des Kommunikations-prozesses	» Beurteilung, ob die wechselseitige Kommunikation zwischen Abschlussprüfer und den für die Überwachung Verantwortlichen für den Zweck der Abschlussprüfung angemessen verlaufen ist » Falls nicht: Auswirkungen auf die Beurteilung der Risiken wesentlicher falscher Darstellungen und auf die Möglichkeit, ausreichende geeignete Prüfungsnachweise zu erlangen, beurteilen und geeignete Maßnahmen ergreifen

Zusammenspiel mit dem Prüfungsbericht (30 f.)

» Schriftliche und mündliche Kommunikation des Abschlussprüfers mit den für die Überwachung Verantwortlichen darf eine nach IDW PS 450 n.F. gebotene Berichterstattung im Prüfungsbericht nicht ersetzen

IDW PS 475
IDW Prüfungsstandard: Mitteilung von Mängeln im internen Kontrollsystem an die für die Überwachung Verantwortlichen und das Management

Zusammenfassung:

IDW PS 475 behandelt die Verantwortlichkeiten des Apr, identifizierte Mängel im IKS den für die Überwachung Verantwortlichen und dem Management in geeigneter Weise mitzuteilen. Dazu werden zunächst die Begriffe „Mängel im IKS" und „bedeutsame Mängel im IKS" definiert.

Gemäß IDW PS 475 sind dem Management bedeutsame Mängel im IKS zeitnah und schriftlich mitzuteilen. Die Mitteilung von sonstigen Mängeln kann hingegen auch mündlich erfolgen.

Bedeutsame Mängel sind zudem auch den für die Überwachung Verantwortlichen zeitnah und schriftlich mitzuteilen. Der Inhalt der schriftlichen Mitteilung muss eine Beschreibung der Mängel und eine Erläuterung ihrer möglichen Auswirkungen sowie ausreichende Informationen zum Verständnis des Kontextes dieser Mitteilung enthalten.

Zu beachten ist ferner, dass die schriftliche oder mündliche Kommunikation eine nach IDW PS 450 n.F. gebotene Berichterstattung im Prüfungsbericht nicht ersetzen darf und die Berichterstattungen nach IDW PS 475 und nach IDW PS 450 n.F. nicht in Widerspruch zueinanderstehen dürfen.

Verweise:

— ISA [DE] 240: Verantwortlichkeiten des Abschlussprüfers bei dolosen Handlungen
— ISA [DE] 250 (Revised): Berücksichtigung von Gesetzen und anderen Rechtsvorschriften bei einer Abschlussprüfung
— ISA 265: Mitteilung von Mängeln im internen Kontrollsystem an die für die Überwachung Verantwortlichen und das Management
— ISA [DE] 450: Beurteilung der während der Abschlussprüfung identifizierten falschen Darstellungen
— IDW PS 450 n.F.: Grundsätze ordnungsmäßiger Erstellung von Prüfungsberichten
— IDW PS 470 n.F.: Grundsätze für die Kommunikation mit den für die Überwachung Verantwortlichen

IDW PS 475: Mitteilung von Mängeln im internen Kontrollsystem an die für die Überwachung Verantwortlichen und das Management

Feststellung, ob auf Grundlage der durchgeführten Prüfungstätigkeiten ein oder mehrere Mängel im IKS identifiziert wurden (11, A1-A4)

» Feststellung z.B. durch Diskussion der relevanten Tatsachen und Umstände mit angemessener Managementebene

Bedeutsame Mängel
(einzeln oder in Kombination)

» Bedeutsamkeit kann z.B. abhängen von
  » Wahrscheinlichkeit wesentlicher falscher Darstellungen
  » Anfälligkeit für dolose Handlungen
  » Komplexität und Subjektivität geschätzter Werte
  » Bedeutung für Rechnungslegungsprozess

Zeitgerechte, schriftliche Mitteilung an *die für die Überwachung Verantwortlichen* (13, A9-A15)

» spätestens im Prüfungsbericht
» Detaillierungsgrad abhängig von jeweiligen Umständen
» Bezugnahme auf vorherige Mitteilungen möglich

Zeitgerechte, schriftliche Mitteilung an *angemessene Managementebene* (14(a), A11, A17, A18)

» regelmäßig Geschäftsleitung
» Mitteilung kann unzweckmäßig sein, wenn Mängel die Integrität oder Kompetenz in Frage stellen

Inhalt der schriftlichen Mitteilung über bedeutsame Mängel im IKS (15, A24-A26)

» Beschreibung der Mängel
» Erläuterung der möglichen Auswirkungen der Mängel
  » Quantifizierung nicht erforderlich
  » Zusammenfassung in Gruppen möglich
  » Verbesserungsvorschläge möglich
» Erläuterung des Zweckes der Abschlussprüfung
» Erläuterung, dass sich das Prüfungsurteil nicht auf die Wirksamkeit des IKS bezieht
» Erläuterung, dass die berichteten Sachverhalte nur solche Mängel betreffen, die während der Abschlussprüfung identifiziert wurden und die nach Auffassung des Abschlussprüfer eine schriftliche Mitteilung erforderlich machen

IDW PS 475: Mitteilung von Mängeln im internen Kontrollsystem an die für die Überwachung Verantwortlichen und das Management

Feststellung, ob auf Grundlage der durchgeführten Prüfungstätigkeiten ein oder mehrere Mängel im IKS identifiziert wurden (11, A1-A4)

» Feststellung z.B. durch Diskussion der relevanten Tatsachen und Umstände mit angemessener Managementebene

Sonstige Mängel

» von ausreichender Bedeutung, um Aufmerksamkeit des Managements zu verdienen
  » abhängig von jeweiligen Umständen
  » Wahrscheinlichkeit und Ausmaß wesentlicher falscher Darstellungen

Mitteilung an *angemessene Managementebene* (14(b), A19-A23)

» kann auch mündlich erfolgen
» keine erneute Mitteilung erforderlich, wenn bereits
  » in vorherigen Prüfungen mitgeteilt
  » durch Andere mitgeteilt
» Unterlassene Beseitigung eines sonstigen Mangels kann einen bedeutsamen Mangel darstellen